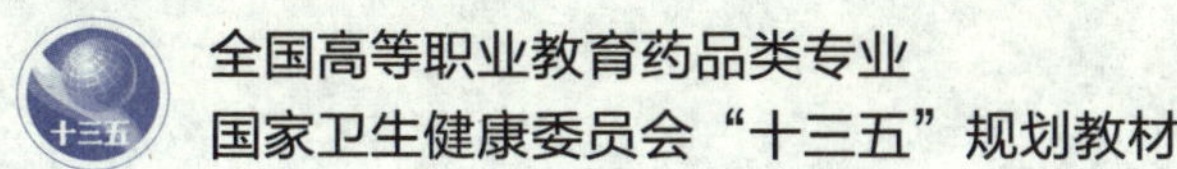

全国高等职业教育药品类专业
国家卫生健康委员会“十三五”规划教材

供药学类、药品制造类、食品药品管理类、
食品工业类专业用

# 公共关系基础

第3版

主　编　秦东华　惠　春

副主编　汪长如　夏　曼

编　者（以姓氏笔画为序）

刘潇蔓（山东医学高等专科学校）
汪长如（安徽医学高等专科学校）
陈　昱（湖北中医药高等专科学校）
秦东华（山东医学高等专科学校）
夏　曼（南阳医学高等专科学校）
惠　春（长春医学高等专科学校）
温晓会（大庆医学高等专科学校）
雷　明（长春医学高等专科学校）

人民卫生出版社

图书在版编目（CIP）数据

公共关系基础／秦东华，惠春主编.—3版.—北京：人民卫生出版社，2018
ISBN 978-7-117-26304-7

Ⅰ.①公… Ⅱ.①秦…②惠… Ⅲ.①公共关系学－高等职业教育－教材 Ⅳ.①C912.31

中国版本图书馆CIP数据核字（2018）第294149号



公共关系基础
第3版

主　　编：秦东华　惠　春
出版发行：人民卫生出版社（中继线 010-59780011）
地　　址：北京市朝阳区潘家园南里19号
邮　　编：100021
E - mail：pmph @ pmph.com
购书热线：010-59787592　010-59787584　010-65264830
印　　刷：三河市博文印刷有限公司
经　　销：新华书店
开　　本：850×1168　1/16　　印张：13
字　　数：306千字
版　　次：2009年1月第1版　　2019年3月第3版
2019年3月第3版第1次印刷（总第10次印刷）
标准书号：ISBN 978-7-117-26304-7
定　　价：38.00元

# 全国高等职业教育药品类专业国家卫生健康委员会<br>“十三五”规划教材出版说明

随着《国务院关于加快发展现代职业教育的决定》《高等职业教育创新发展行动计划(2015–2018年)》《教育部关于深化职业教育教学改革全面提高人才培养质量的若干意见》等一系列重要指导性文件相继出台,明确了职业教育的战略地位、发展方向。为全面贯彻国家教育方针,将现代职教发展理念融入教材建设全过程,人民卫生出版社组建了全国食品药品职业教育教材建设指导委员会。在该指导委员会的直接指导下,经过广泛调研论证,启动了全国高等职业教育药品类专业第三轮规划教材的修订出版工作。

本套规划教材首版于2009年,于2013年修订出版了第二轮规划教材,其中部分教材入选了“十二五”职业教育国家规划教材。本轮规划教材主要依据教育部颁布的《普通高等学校高等职业教育(专科)专业目录(2015年)》及2017年增补专业,调整充实了教材品种,涵盖了药品类相关专业的主要课程。全套教材为国家卫生健康委员会“十三五”规划教材,是“十三五”时期人卫社重点教材建设项目。本轮教材继续秉承“五个对接”的职教理念,结合国内药学类专业高等职业教育教学发展趋势,科学合理推进规划教材体系改革,同步进行了数字资源建设,着力打造本领域首套融合教材。

本套教材重点突出如下特点:

1. **适应发展需求,体现高职特色**　本套教材定位于高等职业教育药品类专业,教材的顶层设计既考虑行业创新驱动发展对技术技能型人才的需要,又充分考虑职业人才的全面发展和技术技能型人才的成长规律;既集合了我国职业教育快速发展的实践经验,又充分体现了现代高等职业教育的发展理念,突出高等职业教育特色。

2. **完善课程标准,兼顾接续培养**　本套教材根据各专业对应从业岗位的任职标准优化课程标准,避免重要知识点的遗漏和不必要的交叉重复,以保证教学内容的设计与职业标准精准对接,学校的人才培养与企业的岗位需求精准对接。同时,本套教材顺应接续培养的需要,适当考虑建立各课程的衔接体系,以保证高等职业教育对口招收中职学生的需要和高职学生对口升学至应用型本科专业学习的衔接。

3. **推进产学结合,实现一体化教学**　本套教材的内容编排以技能培养为目标,以技术应用为主线,使学生在逐步了解岗位工作实践,掌握工作技能的过程中获取相应的知识。为此,在编写队伍组建上,特别邀请了一大批具有丰富实践经验的行业专家参加编写工作,与从全国高职院校中遴选出的优秀师资共同合作,确保教材内容贴近一线工作岗位实际,促使一体化教学成为现实。

4. **注重素养教育,打造工匠精神**　在全国“劳动光荣、技能宝贵”的氛围逐渐形成,“工匠精神”在各行各业广为倡导的形势下，医药卫生行业的从业人员更要有崇高的道德和职业素养。教材更加强调要充分体现对学生职业素养的培养，在适当的环节，特别是案例中要体现出药品从业人员的行为准则和道德规范，以及精益求精的工作态度。

5. 培养创新意识，提高创业能力　为有效地开展大学生创新创业教育，促进学生全面发展和全面成才，本套教材特别注意将创新创业教育融入专业课程中，帮助学生培养创新思维，提高创新能力、实践能力和解决复杂问题的能力，引导学生独立思考、客观判断，以积极的、锲而不舍的精神寻求解决问题的方案。

6. 对接岗位实际，确保课证融通　按照课程标准与职业标准融通，课程评价方式与职业技能鉴定方式融通，学历教育管理与职业资格管理融通的现代职业教育发展趋势，本套教材中的专业课程，充分考虑学生考取相关职业资格证书的需要，其内容和实训项目的选取尽量涵盖相关的考试内容，使其成为一本既是学历教育的教科书，又是职业岗位证书的培训教材，实现“双证书”培养。

7. 营造真实场景，活化教学模式　本套教材在继承保持人卫版职业教育教材栏目式编写模式的基础上，进行了进一步系统优化。例如，增加了“导学情景”，借助真实工作情景开启知识内容的学习；“复习导图”以思维导图的模式，为学生梳理本章的知识脉络，帮助学生构建知识框架。进而提高教材的可读性，体现教材的职业教育属性，做到学以致用。

8. 全面“纸数”融合，促进多媒体共享　为了适应新的教学模式的需要，本套教材同步建设以纸质教材内容为核心的多样化的数字教学资源，从广度、深度上拓展纸质教材内容。通过在纸质教材中增加二维码的方式“无缝隙”地链接视频、动画、图片、PPT、音频、文档等富媒体资源，丰富纸质教材的表现形式，补充拓展性的知识内容，为多元化的人才培养提供更多的信息知识支撑。

本套教材的编写过程中，全体编者以高度负责、严谨认真的态度为教材的编写工作付出了诸多心血，各参编院校对编写工作的顺利开展给予了大力支持，从而使本套教材得以高质量如期出版，在此对有关单位和各位专家表示诚挚的感谢！教材出版后，各位教师、学生在使用过程中，如发现问题请反馈给我们（renweiyaoxue@163.com），以便及时更正和修订完善。

人民卫生出版社<br>2018年3月

## 全国高等职业教育药品类专业国家卫生健康委员会“十三五”规划教材

## 教材目录

| 序号 | 教材名称 | 主编 | 适用专业 |
|---|---|---|---|
| 1 | 人体解剖生理学(第3版) | 贺　伟　吴金英 | 药学类、药品制造类、食品药品管理类、食品工业类 |
| 2 | 基础化学(第3版) | 傅春华　黄月君 | 药学类、药品制造类、食品药品管理类、食品工业类 |
| 3 | 无机化学(第3版) | 牛秀明　林　珍 | 药学类、药品制造类、食品药品管理类、食品工业类 |
| 4 | 分析化学(第3版) | 李维斌　陈哲洪 | 药学类、药品制造类、食品药品管理类、医学技术类、生物技术类 |
| 5 | 仪器分析 | 任玉红　闫冬良 | 药学类、药品制造类、食品药品管理类、食品工业类 |
| 6 | 有机化学(第3版)* | 刘　斌　卫月琴 | 药学类、药品制造类、食品药品管理类、食品工业类 |
| 7 | 生物化学(第3版) | 李清秀 | 药学类、药品制造类、食品药品管理类、食品工业类 |
| 8 | 微生物与免疫学* | 凌庆枝　魏仲香 | 药学类、药品制造类、食品药品管理类、食品工业类 |
| 9 | 药事管理与法规(第3版) | 万仁甫 | 药学类、药品经营与管理、中药学、药品生产技术、药品质量与安全、食品药品监督管理 |
| 10 | 公共关系基础(第3版) | 秦东华　惠　春 | 药学类、药品制造类、食品药品管理类、食品工业类 |
| 11 | 医药数理统计(第3版) | 侯丽英 | 药学、药物制剂技术、化学制药技术、中药制药技术、生物制药技术、药品经营与管理、药品服务与管理 |
| 12 | 药学英语 | 林速容　赵　旦 | 药学、药物制剂技术、化学制药技术、中药制药技术、生物制药技术、药品经营与管理、药品服务与管理 |
| 13 | 医药应用文写作(第3版) | 张月亮 | 药学、药物制剂技术、化学制药技术、中药制药技术、生物制药技术、药品经营与管理、药品服务与管理 |

| 序号 | 教材名称 | 主编 | 适用专业 |
| --- | --- | --- | --- |
| 14 | 医药信息检索（第3版） | 陈　燕　李现红 | 药学、药物制剂技术、化学制药技术、中药制药技术、生物制药技术、药品经营与管理、药品服务与管理 |
| 15 | 药理学（第3版） | 罗跃娥　樊一桥 | 药学、药物制剂技术、化学制药技术、中药制药技术、生物制药技术、药品经营与管理、药品服务与管理 |
| 16 | 药物化学（第3版） | 葛淑兰　张彦文 | 药学、药品经营与管理、药品服务与管理、药物制剂技术、化学制药技术 |
| 17 | 药剂学（第3版）* | 李忠文 | 药学、药品经营与管理、药品服务与管理、药品质量与安全 |
| 18 | 药物分析（第3版） | 孙　莹　刘　燕 | 药学、药品质量与安全、药品经营与管理、药品生产技术 |
| 19 | 天然药物学（第3版） | 沈　力　张　辛 | 药学、药物制剂技术、化学制药技术、生物制药技术、药品经营与管理 |
| 20 | 天然药物化学（第3版） | 吴剑峰 | 药学、药物制剂技术、化学制药技术、生物制药技术、中药制药技术 |
| 21 | 医院药学概要（第3版） | 张明淑　于　倩 | 药学、药品经营与管理、药品服务与管理 |
| 22 | 中医药学概论（第3版） | 周少林　吴立明 | 药学、药物制剂技术、化学制药技术、中药制药技术、生物制药技术、药品经营与管理、药品服务与管理 |
| 23 | 药品营销心理学（第3版） | 丛　媛 | 药学、药品经营与管理 |
| 24 | 基础会计（第3版） | 周凤莲 | 药品经营与管理、药品服务与管理 |
| 25 | 临床医学概要（第3版）* | 曾　华 | 药学、药品经营与管理 |
| 26 | 药品市场营销学（第3版）* | 张　丽 | 药学、药品经营与管理、中药学、药物制剂技术、化学制药技术、生物制药技术、中药制药技术、药品服务与管理 |
| 27 | 临床药物治疗学（第3版）* | 曹　红　吴　艳 | 药学、药品经营与管理 |
| 28 | 医药企业管理 | 戴　宇　徐茂红 | 药品经营与管理、药学、药品服务与管理 |
| 29 | 药品储存与养护（第3版） | 徐世义　宫淑秋 | 药品经营与管理、药学、中药学、药品生产技术 |
| 30 | 药品经营管理法律实务（第3版）* | 李朝霞 | 药品经营与管理、药品服务与管理 |
| 31 | 医学基础（第3版） | 孙志军　李宏伟 | 药学、药物制剂技术、生物制药技术、化学制药技术、中药制药技术 |
| 32 | 药学服务实务（第2版） | 秦红兵　陈俊荣 | 药学、中药学、药品经营与管理、药品服务与管理 |

| 序号 | 教材名称 | 主编 | 适用专业 |
| --- | --- | --- | --- |
| 33 | 药品生产质量管理(第3版)* | 李　洪 | 药物制剂技术、化学制药技术、中药制药技术、生物制药技术、药品生产技术 |
| 34 | 安全生产知识(第3版) | 张之东 | 药物制剂技术、化学制药技术、中药制药技术、生物制药技术、药学 |
| 35 | 实用药物学基础(第3版) | 丁　丰　张　庆 | 药学、药物制剂技术、生物制药技术、化学制药技术 |
| 36 | 药物制剂技术(第3版)* | 张健泓 | 药学、药物制剂技术、化学制药技术、生物制药技术 |
|  | 药物制剂综合实训教程 | 胡　英　张健泓 | 药学、药物制剂技术、化学制药技术、生物制药技术 |
| 37 | 药物检测技术(第3版) | 甄会贤 | 药品质量与安全、药物制剂技术、化学制药技术、药学 |
| 38 | 药物制剂设备(第3版) | 王　泽 | 药品生产技术、药物制剂技术、制药设备应用技术、中药生产与加工 |
| 39 | 药物制剂辅料与包装材料(第3版)* | 张亚红 | 药物制剂技术、化学制药技术、中药制药技术、生物制药技术、药学 |
| 40 | 化工制图(第3版) | 孙安荣 | 化学制药技术、生物制药技术、中药制药技术、药物制剂技术、药品生产技术、食品加工技术、化工生物技术、制药设备应用技术、医疗设备应用技术 |
| 41 | 药物分离与纯化技术(第3版) | 马　娟 | 化学制药技术、药学、生物制药技术 |
| 42 | 药品生物检定技术(第2版) | 杨元娟 | 药学、生物制药技术、药物制剂技术、药品质量与安全、药品生物技术 |
| 43 | 生物药物检测技术(第2版) | 兰作平 | 生物制药技术、药品质量与安全 |
| 44 | 生物制药设备(第3版)* | 罗合春　贺　峰 | 生物制药技术 |
| 45 | 中医基本理论(第3版)* | 叶玉枝 | 中药制药技术、中药学、中药生产与加工、中医养生保健、中医康复技术 |
| 46 | 实用中药(第3版) | 马维平　徐智斌 | 中药制药技术、中药学、中药生产与加工 |
| 47 | 方剂与中成药(第3版) | 李建民　马　波 | 中药制药技术、中药学、药品生产技术、药品经营与管理、药品服务与管理 |
| 48 | 中药鉴定技术(第3版)* | 李炳生　易东阳 | 中药制药技术、药品经营与管理、中药学、中草药栽培技术、中药生产与加工、药品质量与安全、药学 |
| 49 | 药用植物识别技术 | 宋新丽　彭学著 | 中药制药技术、中药学、中草药栽培技术、中药生产与加工 |

| 序号 | 教材名称 | 主编 | 适用专业 |
|---|---|---|---|
| 50 | 中药药理学(第3版) | 袁先雄 | 药学、中药学、药品生产技术、药品经营与管理、药品服务与管理 |
| 51 | 中药化学实用技术(第3版)* | 杨　红　郭素华 | 中药制药技术、中药学、中草药栽培技术、中药生产与加工 |
| 52 | 中药炮制技术(第3版) | 张中社　龙全江 | 中药制药技术、中药学、中药生产与加工 |
| 53 | 中药制药设备(第3版) | 魏增余 | 中药制药技术、中药学、药品生产技术、制药设备应用技术 |
| 54 | 中药制剂技术(第3版) | 汪小根　刘德军 | 中药制药技术、中药学、中药生产与加工、药品质量与安全 |
| 55 | 中药制剂检测技术(第3版) | 田友清　张钦德 | 中药制药技术、中药学、药学、药品生产技术、药品质量与安全 |
| 56 | 药品生产技术 | 李丽娟 | 药品生产技术、化学制药技术、生物制药技术、药品质量与安全 |
| 57 | 中药生产与加工 | 庄义修　付绍智 | 药学、药品生产技术、药品质量与安全、中药学、中药生产与加工 |

说明:*为"十二五"职业教育国家规划教材。全套教材均配有数字资源。

# 全国食品药品职业教育教材建设指导委员会
# 成员名单

徐一新　上海健康医学院
莫国民　上海健康医学院
袁加程　江苏食品药品职业技术学院
顾立众　江苏食品药品职业技术学院
晨　阳　江苏医药职业学院
黄丽萍　安徽中医药高等专科学校
黄美娥　湖南食品药品职业学院
景维斌　江苏省徐州医药高等职业学校
葛　虹　广东食品药品职业学院
蒋长顺　安徽医学高等专科学校
潘志恒　天津现代职业技术学院

# 前　言

随着我国社会主义经济的飞速发展，公共关系受到了各行各业的普遍重视。经济全球化的进程进一步加快，全球的市场竞争日益激烈，各行各业充分运用公共关系发展经济、开拓事业。经济越发展，社会组织的联系就越紧密，交往就越频繁，公共关系对社会组织或个人显现的作用就越大。良好的公共关系能够使社会组织树立良好的信誉，增加组织的发展机遇。

对于高等职业教育而言，应为社会提供具备专业知识和公共关系才能的应用型人才。为了适应高等职业技术教育和满足社会经济发展对公共关系教学的要求，特组织部分高职高专院校长期从事公共关系教学和研究的教师编写了《公共关系基础》这本教材。

本书总结和吸收了公共关系的相关理论，结合高等职业教育的特点进行编写，对部分内容做了一定程度的创新，使整个内容体系更合理，更适合高职教学的需要。本书包括“导学情景”“点滴积累”“目标检测”“课堂活动”“知识链接”“案例分析”等栏目，对学生学习知识点、掌握基本理论方法、分析解决问题起到了积极的作用。

全书共有九章。第一章、第四章由汪长如编写，第二章由温晓会编写，第三章由陈昱编写，第五章由雷明编写，第六章由秦东华、刘潇蔓编写，第七章由秦东华编写，第八章由夏曼编写，第九章由惠春编写。全书由秦东华主编，编写过程中各位编者参考了国内外专家学者的精辟论述，在此一并表示衷心感谢！本书不足之处，敬请读者不吝指教，以便再版时修改。

编者

2018 年 3 月

# 目　录

# 第一章

# 公共关系概述

导学情景

情景描述

2016年7月，某市儿童医院一名年轻护士在给一名3岁的患儿进行静脉穿刺时，由于没能一次成功，在护士毫无防备的情况下被其母亲用iPad直接砸向面部，造成额头长达1.5cm的伤口！

学前导语

近年来，医患关系矛盾愈演愈烈，患者辱骂殴打伤害医护人员的事件频频发生，严重伤害了广大医护工作者和普通群众的感情，破坏了医疗环境。已有许多专家、学者分别从各个方面分析原因，寻求破解困境的办法，如电视剧《心术》在反映国内医患关系尖锐现状的同时，力图打开医患关系之间的那扇"生死门"。本课程以公共关系的角度进行分析，可对医疗机构摆脱信任和形象危机提供有益的启示。

公共关系诞生于20世纪初，源自英文(public relations，PR)。公共关系从实践到理论均是一门正在发展中的学科，而且涉及不同的学科领域，因此对于"公共关系"的理解和定义的表述有多个方面，它既可以被认为是一种状态，也可以被认为是一种活动，还可以被认为是一种学说、一种观念和职业。虽然人们对其翻译、表述、理解不尽相同，但是随着市场经济和现代传播技术的发展，许多国家已经把公共关系应用于政治、经济、军事、文化等社会生活的各个方面，其社会作用也越来越重要。

## 第一节　公共关系的定义和要素

### 一、公共关系的定义

▶▶ 课堂活动

请同学们分别翻译英文"public"和"relations"的中文含义，讨论如何理解"public relations"。

从辞源学上，我们把"public relations"翻译为"公共关系"，学术界对于其定义众说纷纭，其中最具有代表性的有以下几类。

#### (一) 传播说

英国学者弗兰克·杰夫金斯(Frank Jefkins)认为，"公共关系就是一个组织为了达到与其公众之间相互了解的确定目标，而有计划地采用一切向内和向外的传播沟通方式的总和”。

（二）管理说

美国学者雷克斯·哈罗博士（Rex L. Harlow）认为，“公共关系是一种独特的管理职能。它帮助一个组织建立并维持与公众之间双向的交流、理解、认可和合作；它参与处理各种问题与事件；它帮助管理者及时了解公众舆论，并对之作出反应；它明确并强调管理部门为公众利益服务的责任；它作为社会变化趋势的监视系统，帮助管理者及时掌握并有效地利用社会变化，保持与社会变化同步；它以健全的、正当的传播技能和研究方法作为主要工具”。美国学者卡特利普和森特（Scott M. Cutlip & Ailen H. Center）认为，“公共关系是确定、建立和维持一个组织与决定其成败的各类公众之间的互益关系的一种管理功能”。

（三）社会关系说

美国普林斯顿大学的希尔兹教授（H. L. Chils）认为，“公共关系是我们所从事的各种活动、所发生的各种关系的通称。这些活动与关系都是公众性的，并且都有社会意义”。

（四）形象说

中山大学的王乐夫教授在《公共关系》一书中说，“公共关系是一种内求团结、外求发展的经营管理艺术。它运用合理的原则和方法，通过有计划而持久的努力，协调和改善组织机构的对内、对外关系，使本组织机构的各项政策和活动符合广大公众的需求，在公众中树立起良好形象，以谋求公众对本组织的了解、信任、好感和合作，并获得共同利益”。

（五）咨询说

1978 年 8 月，国际公共关系协会发表的《墨西哥宣言》中指出，“公共关系是一门艺术和社会科学。它分析趋势、预测后果，向机构领导人提供意见，履行一系列有计划的行动，以服务于本机构和公众的共同利益”。

另外，还有传播管理说、协调平衡说、决策咨询说、处理危机说等。各种定义从不同的角度揭示公共关系的本质，都有其合理性。从公共关系的不同定义中，可以归纳出以下几个方面：

1. 公共关系是一个组织与其公众之间的关系。这种关系是一个组织在与公众的相互作用和相互影响中形成的，它对于组织和公众都具有确定的意义和内容。公共关系有别于各种具体的政治关系、经济关系、法律关系等，而是在实现某种具体关系时，通过双向信息传播与沟通，达成组织与具体对象（客户、消费者）之间的相互了解、理解、信任与合作。

2. 公共关系是一种特殊的思想和活动。作为一种思想，它渗透在一个组织的全部活动之中；作为一种活动，它又具有区别于组织的其他活动的特殊性和特殊要求。

3. 公共关系是现代组织管理的独立职能。公共关系的主要任务就是协调组织与公众的相互关系，使组织适应于公众的要求，使公众有利于组织的成长与发展。

4. 信息沟通与传播是公共关系的特殊手段。公共关系用以协调组织与公众的主要手段就是信息沟通与传播。

综上所述，公共关系就是社会组织为了塑造自身形象，通过运用传播手段，与公众进行双向交流沟通，以达到相互了解、信任与支持的合作关系的科学和艺术。

**知识链接**

公共关系的相关概念

公共关系状态即一个组织所处的社会关系和社会舆论的状态，即这个组织在公众心目中的现实形象。 可以通过知名度和美誉度来评价组织的公共关系状态：低知名度、低美誉度通常是组织的原始状态；低知名度、高美誉度是一种比较稳定和安全的状态，说明组织有很好的发展前景；高知名度、高美誉度是组织最理想的状态；高知名度、低美誉是一种危机状态，是最不理想的状态。

公共关系活动即组织为创造良好的社会环境，争取公众舆论支持而采取的政策、行动和手段，主要包括协调、传播、沟通等活动，主要有日常公共关系活动和专门性（专项）公共关系活动。 日常的公共关系活动有赖于组织的全体成员，如接待工作；专门性的公共关系活动则由公共关系部门负责，如举办新闻发布会、社会赞助活动、广告制作与宣传、危机公关等。

公共关系观念是一种影响和制约着组织的政策和行为的经营理念和管理哲学，它渗透到管理者日常行为的各个方面，成为引导、规范组织行为的一种价值观念和行为准则。 如形象观念、公众观念、传播观念、协调观念、互惠观念、服务观念、创新观念等。

## 二、公共关系的基本特征

公共关系是社会关系的一种表现形态，科学形态的公共关系与其他任何关系都不同，有其独特的性质，了解这些特征有助于我们加深对公共关系概念的理解。

### （一）情感性

公共关系是一种创造美好形象的艺术，它强调的是成功的人和环境、和谐的人事气氛、最佳的社会舆论，以赢得社会各界的了解、信任、好感与合作。我国古人办事讲究“天时、地利、人和”，把“人和”作为事业成功的重要条件。公共关系就是要追求“人和”的境界，为组织的生存、发展或个人的活动创造最佳的软环境。

### （二）双向性

公共关系是以真实为基础的双向沟通，而不是单向的公众传达或对公众舆论进行调查、监控，它是主体与公众之间的双向信息系统。组织一方面要吸取人情民意以调整决策，改善自身；另一方面又要对外传播，使公众认识和了解自己，达成有效的双向意见沟通。

### （三）广泛性

公共关系的广泛性包含两层意思：一层意思是公共关系存在于主体的任何行为和过程中，即公共关系无处不在、无时不在，贯穿于主体的整个生存和发展过程中；另一层意思指的是其公众的广泛性。因为公共关系的对象可以是任何个人、群体和组织，既可以是已经与主体发生关系的任何公众，也可以是将要或有可能发生关系的任何暂时无关的人们。

### （四）整体性

公共关系的宗旨是使公众全面地了解自己，从而建立起自己的声誉和知名度。它侧重于一个组织机构或个人在社会中的竞争地位和整体形象,以使人们对自己产生整体性的认识。它并不是要单纯地传递信息、宣传自己的地位和社会威望,而是要使人们对自己的各个方面都要有所了解。

### (五) 长期性

公共关系的实践告诉我们,不能把公共关系人员当作“救火队”,而应把他们当作“常备军”。公共关系的管理职能应该是经常性与计划性的,这就是说公共关系不是水龙头,想开就开、想关就关,它是一种长期性的工作。

### (六) 创造性

公共关系面对纷繁复杂的社会环境,其公众种类多样,从事公共关系活动的人员必须具备强烈的创新意识,只有不断创新,公共关系才会有生命力。所以,公共关系本质上是一种具有创造性的工作。

### (七) 全员性

公众与组织员工的关系会影响公众与组织的关系,甚至公众对个别员工的印象往往成为对组织的印象。同时,员工工作努力、积极参与公共关系活动,组织就有良好的公共关系状态;反之,就不会有好的公共关系状态。如某家新店刚开张人如蜂拥,非常火爆;不想 1 个月未到,某日有顾客因争座被殴打,期间餐厅的员工未能及时平息两人的争端,继而顾客向报社投诉,舆论影响不断升级,使组织形象受到严重损害,这起事件的深刻教训就是全员公关意识缺乏。

## 三、公共关系的三大构成要素

任何公共关系活动都发生在社会组织与公众之间,其媒介是传播。所以,社会组织、公众和传播是构成公共关系的三大最基本要素。社会组织是公共关系的主体,在公共关系活动中具有主导性;公众是公共关系的客体,在公共关系活动中具有效能性;传播是公共关系的媒介,在公共关系活动中具有权威性。这三大要素在公共关系活动过程中存在着多种多样的组合,要实现三者的统一协调,达到公共关系活动的最优状态和优化组合,必须充分重视三大要素的方方面面。

### (一) 社会组织

主体就是活动的发动者、组织者、控制者、实施者和利益者,它在公共关系活动中处于主动和主导地位。公共关系的主体是社会组织,尽管有些个人,如在竞选中的候选人、国家公务员、社会名流等为了某种特殊利益也举办公关活动,但他们在从事公共关系活动时不是以自然人的身份,而是以法人的面目出现的。全面研究组织是社会学的课题,而公共关系学主要是从公共关系活动的角度对组织的相关性质进行一些必要的分析。有关内容将在第三章中详细阐述。

### (二) 公众

公共关系活动的对象是与组织相关的公众。要做好公共关系工作,必须了解和研究公众,才能制订正确的目标、策略和方法,争取公众和舆论的认可与支持。在公共关系学中,公众与“大众”“群众”是有区别的。它不是泛指社会生活中的所有人或大多数人,也不是泛指社会生活中的某一方面、某一领域的部分人,而应具体地称为“组织的公众”。公众与组织之间必须存在着相互影响和相互作用。

### （三）传播

公共关系的工作手段是传播沟通媒介。传播是社会组织与其公众之间相互联系、相互沟通、相互影响的一种手段。媒介是连接社会组织和公众的桥梁，是完成沟通、实现公共关系目标的手段。公共关系作为一种经营管理方法，主要运用各种信息传播媒介去建立和维持组织和公众之间的有效沟通。当组织明确了公共关系目标，确定了目标公众，并有了公共关系活动的设想之后，便要考虑如何运用媒介把目标和设想变成行动。广泛地应用各种形式的人际传播媒介、大众传播媒介、组织传播媒介等，了解和影响公众的意见、态度和行为，是公共关系活动的特点，从而区别于生产活动、销售活动、行政人事活动等。有关内容将在第四章中详细阐述。

**课堂活动**

2018 年的全国两会是党的十九大后的首次全国两会，可谓意义非凡。

讨论：你了解 2018 年两会哪些热点问题？ 是通过哪些渠道了解的？ 两会精神传播的主体、客体分别是谁？

**点滴积累**

1. 公共关系是社会组织为了塑造自身形象，通过运用传播手段，与公众进行双向交流沟通，以达到相互了解、信任与支持的合作关系的科学和艺术。
2. 公共关系的基本特征包括情感性、双向性、广泛性、整体性、长期性、创造性、全员性。
3. 社会组织、公众和传播是构成公共关系的三个最基本的要素。

# 第二节　公共关系的作用

公共关系的作用实质是其对社会组织和个人以及对整个社会所发挥的积极、独特的促进作用或影响。这些作用既显示着公共关系对促进社会组织发展的积极、独特的价值和意义，同时也预示着它的存在和发展具有强大的生命力。公共关系作为一个独特的职业、作为一门专门的学科、作为一种专业活动，它对社会组织和个人以及对整个社会所发挥的作用不可忽视。

## 一、公共关系对社会组织的作用

### （一）有利于建立和维护组织信誉和形象

组织信誉不仅仅是组织文明经商、职业道德的反映，也是组织经营管理水平、技术水平、工艺设备、人才资源等组织素质的综合反映。信誉常和形象联系在一起，组织形象是社会公众和组织职工对组织整体的印象和评价。组织信誉高，形象自然就会好。公共关系的主要任务就是通过采用恰当的措施，如提供可靠的产品、良好的售后服务、保持良好的组织之间的关系等，树立良好的组织形象。

### （二）有利于建立组织与公众之间双向信息沟通的渠道

信息对现代组织来说是至关重要的。组织应该有计划、长期地向公众传递组织的信息，同时随时监测环境的变化,对外界的信息进行收集和反馈。在反馈中,既要报喜,也要报忧,应及时了解公众对本组织及其产品的意见及消费需求的变化趋势,从而生产或销售确实能满足公众需求的产品,增进组织及其产品的市场竞争能力。据报道,三菱重工曾经根据《中国画报》封面刊出的旨在宣传中国工人阶级伟大精神的大庆油田"铁人"王进喜的一张照片进行剖析,及时设计出适合的设备,做好充分准备,在不久后获得中国的巨额订单。

### (三)有利于组织改变公众的误解,传播正确的信息

在现代社会,大众传播业非常发达,为组织提供了更多的市场信息与机会,但同时也不可避免地将一些不真实的信息迅速传播,引起公众对组织的误解,损害了组织的形象。而良好的公关工作能消除组织形象危机,使组织容易渡过难关。在组织面临危机时,能有效地化解矛盾,缓和与消除冲突,变被动为主动,变不利为有利。

### (四)有利于增强组织内在的凝聚力,协调与外界的关系

组织要想顺利发展,其内部就要充满生机和活力。而组织活力的源泉,在于全体员工的积极性、智慧性和创造性。良好的公共关系有利于调动组织员工的积极性,充分发挥他们的智慧性和创造性。同时,良好的公共关系还有利于组织取得外界公众的理解和协作,为组织创造良好的外部环境,使组织能顺利地发展下去。

## 案例分析

案例

上海 RJ 医院是一所大型综合性教学三甲医院,已有百年历史,在一定程度上代表先进的医疗技术水平,有较高的行业学术地位。该院率先成立市场部,其在公共关系方面的主要职能有策划、组织大型学术会议活动;结合医院各项活动,通过媒体将各个项目的内容和意义推广到社会各界和细分市场,不断提升 RJ 医院的知名度和美誉度;协助医院有关部门策划、开展医院文化建设;与政府、兄弟医院、协作单位、业界知名人士等保持良好的关系,为医院的发展创造良好的环境和空间等。

1. 参与社会公益活动,承担社会责任 如派医疗队赴滇西、新疆、西藏扶贫,以及援外;开展各种大型咨询活动、医疗服务、远程医疗,赠送药材等,积极参加抗震救灾。注重回馈社会,关爱弱势群体。如在一次义诊活动中,某医生发现一个浑身发紫的孩子,凭着丰富的经验,判断他患有严重的先天性心脏病,当即将其带回医院进一步救治。这个义举得到社会各界的广泛关注。

2. 主办专题活动,提升专业形象和地位。医院充分利用"中美 21 世纪医学论坛"平台,精心策划,吸引媒体和公众的广泛关注,为医院在本行业中的领先地位、专业能力的宣传发挥了极大的作用。论坛结束后,上海市政府再次举办媒体座谈会,就论坛期间传递的医疗改革热点问题进行讨论、交流沟通,并及时向公众和社会宣传。论坛举办后的 1 个月,RJ 医院的普通门诊量比举办论坛前的 1 个月激增 20%;通过论坛,与国外的医疗机构达成合作项目 2 个,达成人员出国培养计划 6 个等。

3. 建设自身媒体,加强和外界的沟通 如《RJ 医院报》讲述医院感人的医务人员和医疗案例,以及取得的成果、医院发展的情况;同时向公众普及健康保健知识,提高大众的自我保健能力。

RJ 医院也积极与外部媒体做好公关，所有重要事件都邀请媒体报道，与媒体策划各种主题活动，借助媒体宣传医院先进的医疗技术、服务理念和医院文化等。

分析

面对激烈的市场竞争压力、恶劣的医患关系，进行品牌形象塑造，维持与公众长久的良好关系，才是医院赢取竞争胜利的可靠策略。 而 RJ 医院传承百年理念“广博慈爱，追求卓越”，从各个方面努力打造医院品牌，取得了可喜的成绩。 这些成果得益于医院的公关理念的落实和公关活动的切实可行，为其他医院的品牌塑造提供了典型案例。

## 二、公共关系对个人的作用

公共关系对个人的作用是公共关系的间接功能。公共关系对提高个人素质,使其适应现代社会发展有着积极的作用。

**1. 公共关系能够促使个人观念更新**　公共关系在给社会组织带来效益的同时,也把许多现代观念传入人们的大脑,进而促进了人们的观念更新。比如注重个人形象的观念、尊重他人的观念、交往沟通的观念、合作的观念等。

**2. 公共关系能够促使个人知识更新**　公关人员的知识结构是公共关系知识体系在公关人员头脑中的内化。随着社会的不断进步和发展,成功的公共关系活动在实现组织公共关系目标的同时,还能促使个人知识的更新。比如公关实务知识、相关学科知识等。

### 课堂活动

模拟求职情景，如何回答“你对待遇怎么看”“如果你没有被录取，你会怎么想”“如果你被录取，能处理好同事关系么”等问题。

**3. 良好的公共关系有助于个人能力的提高**　从事公共关系工作除了能够促使个人观念更新外,还有助于个人能力的提高。比如创新能力的提高、交际能力的提高、自我调节能力的提高、应变能力的提高等。

## 三、公共关系对社会的作用

公共关系对社会的作用是公共关系的间接功能。公共关系活动可以促进社会环境优化。社会环境包括社会互动环境、社会心理环境、社会经济环境和社会政治环境。

社会互动环境的优化主要通过沟通社会信息、协调社会行为和净化社会风气来实现;社会心理环境的优化是用真诚以及广泛的社会交往来帮助人们摆脱孤独、恐惧和忧虑,并且获得一种心理自控能力和心理释放能力来实现的;社会经济环境的优化有助于营利性组织争取最好的经济效益,从而促使整个社会经济繁荣和协调发展;社会政治环境的优化既能增强社会管理人员的公仆意识,又能满足人民群众积极参与社会公共事务决策和管理的愿望,从而达到优化政治环境的目的。

点滴积累 √

1. 公共关系有利于建立和维护组织信誉和形象；有利于建立组织与公众之间双向信息沟通的渠道；有利于组织改变公众的误解，传播正确的信息；有利于增强组织内在的凝聚力，协调与外界的关系。
2. 公共关系能够促使个人观念更新和知识更新，有助于个人能力的提高。
3. 公共关系活动可以促进社会环境优化。

## 第三节　公共关系学的研究对象和研究方法

公共关系学指以公共关系的客观现象和活动规律为研究对象的一门综合性的应用学科，是研究组织与公众之间传播与沟通的行为、规律和方法的一门学科。公共关系学是一门应用性很强的课程，适用于个人及任何组织。公共关系学涉及的学科十分广泛，历史唯物论、社会学、心理学、逻辑学、新闻学、传播学、管理学、舆论学、广告学、经济学、市场营销学等基础学科和应用性学科都与公共关系学有密切的联系。所以，应当把公共关系学理解为一门具有应用性、综合性、交叉性和边缘性的独立的学科。

公共关系学是随着我国改革开放的需要、社会的进步、经济的发展而形成的一门新兴的应用性很强的学科，是社会组织为了在公众中树立良好形象，运用传播、沟通媒介和手段，与其公众结成的利益一致的社会关系。

### 一、公共关系学的研究对象

作为一个学科，公共关系学的研究对象从总体上看，它必须包括所有的公共关系的社会现象和活动规律。公共关系作为社会组织运用传播手段处理其与各类公众的关系的行为，它的社会现象和活动规律可以具体化为以下三大方面，即公共关系学研究的三个具体对象：一是作为社会组织管理职能的公众关系的现象和规律；二是作为社会组织与其公众间的信息传播活动的公共关系的现象和规律；三是作为处理与各类具体公众的关系的公共关系的现象和规律。

从目前的研究现状来看，公共关系学可分为公共关系理论、公共关系实务和公共关系发展史三大部分，这三大部分的发展很不平衡，理论部分相对薄弱，实务部分活跃充实，发展史部分比较落后。

### 二、公共关系学的研究方法

公共关系学有自己特定的研究对象，也有自己独特的研究方法，一门成熟的科学理论是建立在成熟的科学研究方法论基础之上的，成熟的方法是确保理论科学走向成熟的基石。作为公共关系学的研究者一定要注意拓展自己的知识领域，形成合理的知识结构，坚持理论联系实际，注重操作能力的培养，掌握科学的研究方法。公共关系学的研究方法主要有以下几个方面：

**1. 马克思主义唯物辩证法**　马克思主义唯物辩证法是公共关系学研究的根本方法，公共关系学问题的研究离不开马克思主义世界观与方法论的指导。因为公共关系学不是一种简单实用的工具，而是一门社会科学。马克思主义唯物辩证法中的具体问题具体分析、实事求是、一切从实际出发和理论联系实际等都是公共关系学重要的研究方法。

**2. 系统分析法**　系统分析法是研究组织与管理问题的主要思维方法。系统论认为，系统中的任何一部分都不能脱离组织中的其他部分而孤立地存在。因此公共关系工作者在解决问题时必须把组织当作一个动态的整体，运用系统理论与观点来从事公共关系活动，以使组织在系统环境中获得生存与发展。

**3. 社会调查法**　对社会公共关系活动情况的调查研究，可以是正反典型调查，也可以是普遍调查（或抽样调查），可采取观察、统计、专题答卷、访问、座谈、民意测验等方式，了解收集材料并对材料进行分析研究，以求得公共关系活动的规律，提出新观点，作出新的理论解释。

**4. 案例分析法**　公共关系典型案例是从公共关系实践活动中挖掘出来的真实案例，可以为我们提供可利用的第二手公共关系实践材料。分析公共关系案例是理论与实践相结合的重要环节，它便于人们从案例现象中引发思考和判断，进而认识到事物的本质。这种方法适用于课堂教学，有利于帮助缺乏实践经验的学生从案例分析中由感性认识提高到理性认识。

**5. 情景模拟法**　情景模拟法就是创造一定的公共关系活动情景环境，按照公共关系要求，身临其境地进行模拟表演，以达到公共关系实践活动的效果。这种方法最有利于培养训练学习者公共关系实践活动技能，强化公共关系实践活动能力。

**6. 学科比较法**　利用“有比较才有鉴别”的原理，将公共关系学同其他相关学科加以比较，找出它们之间的相同点与不同点以及在公共关系学中的地位和作用，从而掌握公共关系学的本质特点和自身规律。比较法多用于学术理论研究，是促进公共关系学理论发展的一种重要方法。

### 点滴积累

1. 公共关系学的研究对象从总体上看，必须包括所有的公共关系的社会现象和活动规律。从目前的研究现状来看，公共关系学可分为公共关系理论、公共关系实务和公共关系发展史三大部分。
2. 公共关系学的研究方法主要有马克思主义唯物辩证法、系统分析法、社会调查法、案例分析法、情景模拟法、学科比较法。

## 目标检测

### 一、选择题

（一）单项选择题

1. 公共关系正式诞生的时间是（　　）

A. 1903 年　　B. 1913 年　　C. 1923 年　　D. 1933 年

2. 公共关系是社会组织对公众的一种有目的、有意识的调整和控制行为。这是公共关系（　　）方面的定义

A. 管理职能　　B. 传播沟通　　C. 社会关系　　D. 公共关系的通俗

3. 公共关系的主体是(　　)

A. 社会组织　　B. 公众　　C. 传播　　D. 政府

4. 建立和发展公众关系的前提是社会组织与公众之间存在(　　)

A. 差异性　　B. 互补性　　C. 对抗性　　D. 一致性

5. 公共关系客体在公共关系活动中具有(　　)

A. 主导性　　B. 权威性　　C. 效能性　　D. 衬托性

(二) 多项选择题

1. 公共关系的基本特征包括(　　)

A. 情感性　　B. 双向性　　C. 广泛性

D. 整体性　　E. 长期性

2. 公共关系对社会组织的作用包括(　　)

A. 塑造形象　　B. 信息收集　　C. 咨询建议

D. 沟通协调　　E. 宣传推广

3. 公共关系能够促使个人观念更新,具体内容包括(　　)

A. 注重个人形象的观念　　B. 尊重他人的观念　　C. 交往沟通的观念

D. 合作的观念　　E. 赢利的观念

4. 公共关系活动可以促进社会环境优化。社会环境包括(　　)

A. 社会政治环境　　B. 社会经济环境　　C. 社会人文环境

D. 社会互动环境　　E. 社会心理环境

5. 公共关系学的研究对象包括(　　)

A. 公共关系理论　　B. 公共关系实务　　C. 公共关系案例

D. 公共关系发展史　　E. 公共关系的基本规律

## 二、简答题

1. 什么是公共关系？其基本特征和构成要素有哪些？

2. 公共关系有哪些作用？

3. 公共关系与人际关系有何区别与联系？

## 三、案例分析题

2005 年,大批 A 品牌药品的忠实消费者在长期服用该品牌龙胆泻肝丸后,出现夜间尿量比白天多的现象,并有口渴、乏力、贫血、食欲减退、恶心等症状,医院诊断结果为马兜铃酸肾病。后来他们发现,该品牌龙胆泻肝丸中的一种重要原料关木通即含有可导致肾病的马兜铃酸。20 多名患者集聚于北京的一家律师事务所,准备联名起诉 A 品牌。

在得知患者准备集体起诉后,A 品牌方认为自己早于 2000 年就向有关监管部门报告了马兜铃酸可能导致肾病的情况,并于 2001 年下半年向国家有关部门提出申请,要求用不含马兜铃酸成分的木通代替关木通；而且《药品不良反应报告和监测管理办法》仅仅要求企业对药品的不良反应作出报告，并没有规定其他的法律义务和责任。但是，该事件还是给A品牌声誉造成了难以挽回的损失。

讨论：企业应该树立怎样的公共关系观念？

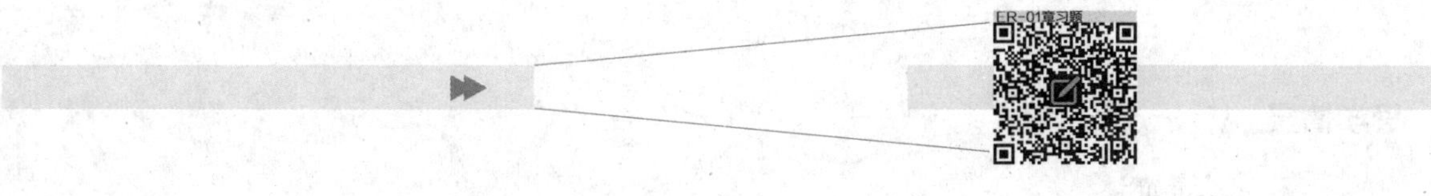

（汪长如）

# 第二章

# 公共关系的历史发展

导学情景

情景描述

《战国策》里有一个冯谖“焚券市义”的故事，讲的是齐国孟尝君叫他的门客冯谖到薛邑为他讨债。冯谖临行前问孟尝君回来时买点什么东西。孟回答说：“视吾家所寡有者”。冯到薛邑后，召集全部债户到一起宣布孟尝君不要他们还债了。于是烧毁了全部债券，百姓们欢呼雀跃。冯回来后，孟尝君问他：“以何市而反？”冯回曰：“臣窃计，君宫中积珍宝，狗马实外厩，美人充下陈，君家所寡有者，以义耳。窃以为君市义”。意思是说，我见你家什么都有了，唯缺少“义”这样一件东西，所以就买了你家没有的“义”。孟尝君听后怏怏不乐。一年以后孟尝君遭贬回邑，未至百里，民扶老幼，迎君道中。见到这情景，孟尝君才明白当初冯谖“市义”的远见卓识，感激之情，难以言状，对冯谖说：“当年你焚券市义，今日所见功德无量。”

学前导语

古代许多贤士早就认识到“得民心者得天下，失民心者失天下”“水能载舟，亦能覆舟”的道理。古时候已经有一些贤明的君主和智慧的谋士善于运用诱导、劝说、宣传等手段来影响民众的态度和社会舆论，礼贤下士，尽可能地在民众当中树立自己的良好形象以实现自己特定的政治目的。故事中的门客冯谖称得上是当时“公关”高手，他的“焚券市义”之举真可谓远见卓识，从而使孟尝君“为相数十年，无纤介之祸”。

千百年来历史的车轮不断前行，在人类所经历的自然变迁、社会变革中记载了无数的文明与发展，人类社会从未脱离相互间的作用与交流，那些朴素的、自发的公共关系思想与活动始终贯穿于整个人类历史中。然而，公共关系学作为一门独立的学科则始于20世纪初。回望公共关系从萌芽到发展成熟的百余年历史，我们可以更加深入地探究公共关系的历史渊源，深刻认识现代公共关系的产生与发展，了解公共关系产生与发展的社会条件。

## 第一节　公共关系的历史渊源

在人类社会生活早期，我们就可以搜寻到带有公共关系特征的思想和公共关系色彩的活动，可谓公共关系的原始状态。这一时期的公共关系状态并非现代意义上的公共关系，无论东方还是西方社会生活中都产生了这样一种思想和实践活动的萌芽，且各有千秋。追溯公共关系的历史渊源更有利于理解其产生与发展的脉络，对现代公共关系的学习亦大有益处。

## 一、公共关系的萌芽

### （一）古代国外公共关系的萌芽

有这样一种朴素的观点认为，“世界上有了两个人，就有了人际关系；世界上有了两群人，就产生了公共关系”。美国学者卡特李普和森特在1952年出版的《有效的公共关系》一书中阐述了“利用宣传材料去影响公众的观点和行为，可以追溯到人类文明出现的最早阶段”。在古代一些国家人们借助各类艺术形式、宣传工具、演讲和人际交往等手段去影响公众的观点和行为不胜枚举，这些准公共关系意识与活动不仅具有鲜明的时代性，同时也为公共关系的进一步发展和成熟奠定了坚实的基础。

**1. 伊拉克**　伊拉克历史悠久，两河流域是世界古代文明的发祥地之一，公元前4700年就出现了城邦国。考古学家探究发现，早在公元前1800年，伊拉克政府官员就以发布农业公告的形式，告知农民怎样播种灌溉，怎样应对田地里的老鼠，怎样收获庄稼作物等，这与现代社会中某些农业组织公关部的宣传材料极为相似，是早期的准公共关系活动。

**2. 古希腊**　古希腊是西方历史的开源，是西方最早的民主制国家。公元前500年雅典政治家克里斯提尼创立了“贝壳放逐法”，方法是在每年召开的年终大会上，每人发一个贝壳，人们在贝壳上刻上一个人的名字，贝壳上出现次数最多的名字往往是一些公众厌恶和痛恨的人，最终他们会被公众选出后放逐到国外流浪，以此维护民众的民主利益。这项立法在雅典实行了80多年，体现了普通民众参与和主宰国家命运的主动性，亦是古代希腊早期的准公共关系活动。

公元前4世纪，古希腊出现了一批从事法律、道德、宗教、哲学研究与演讲的教师和演说家，其中苏格拉底、柏拉图和亚里士多德是他们的代表。亚里士多德是柏拉图的得意弟子，他潜心研究后写出著作《修辞学》，该书强调语言修辞艺术在人际交往和宣传中的重要性。他强调在人际交流中，运用情感对增强宣讲和劝说艺术的巨大作用。他从语言修辞和情感感化等诸多方面，阐述了传播和沟通的必要性，以及其基本原则与手段。《修辞学》中蕴含着丰富的公共关系思想与技术，被西方学者视为公共关系学史最古老的经典之作，也可谓是第一本公关著作。

**3. 古罗马**　公元前454年罗马共和国早期，古代罗马元老院被迫承认人民大会制定法典的决议，于是法律被刻在12块铜牌上向公众公布，被称作《十二铜表法》。由于当时平民和贵族之间的矛盾不断激化，《十二铜表法》成为了当时历史的必然产物，是古罗马的第一部成文法典。它包括债务法、继承法、婚姻法等，该法典表现出了维护贵族和富裕平民利益的倾向，但它还是在一定程度上限制了贵族法官随心所欲解释法律的权力，是平民的胜利，是古罗马时期原始状态公共关系活动的代表产物。

公元前52年古罗马的统治者凯撒大帝为了在战争中得到更多的民众支持，特别编著了一部记载他个人功绩的纪实性著作《高卢战记》。这本书采用第三人称记录，行文力图保持客观冷静的叙述，使得民众深深折服于凯撒的高尚境界，对其怀有崇敬和顺从之心，曾被西方一些著名的公关专家称为“第一流的公共关系著作”。凯撒大帝是一位精通沟通技术的统治者，他同时还通过散发各种传单来开展大规模的宣传活动，以便于获得子民们的支持。可见当时的帝国领袖和贵族们已经意识到了民众的作用，甚至宣称“民众的声音就是上帝的声音”。《高卢战记》及凯撒巧妙的宣传和沟通艺术是古代君主公关意识的经典代表。

**课堂活动**

请结合西方古典故事讨论公共关系的萌芽状态。

（二）古代中国公共关系的萌芽

中国古代的准公关活动和准公关思想大约始于春秋战国时期，可谓历史悠远。在多个时期与朝代的不同领域的历史画卷上勾勒出了准公关的色彩。

**1. 政治领域**　春秋战国时期，谋士作为当时社会上具有声望、地位的知识分子，在社会上具有举足轻重的作用，深受各诸侯贵族们的器重与信赖，如楚国江夏的春申君、齐国的孟尝君等，都以“养士”为时尚，最多时可达数千人。士大夫在当时主要起提供参谋和意见、收集信息情报和外交说服的作用，他们的行为类似于当今公共关系部的功能。《战国策》中记载的每一篇章，都是谋士游说、论辩成功的生动写照。战国时期的游说典范是苏秦和张仪的纵横之争。苏秦主张弱国联合共同对付强国，他成功地游说燕王、赵王、魏王等，得到了他们的信任和支持，并于公元前 333 年促成六国诸侯集会洹水联盟，他被推为“纵约长”。张仪则与苏秦意见不同，他也游说六国，宣传弱国倚仗强秦以保自身安全。纵横两派的策士们，游说列国的行为有组织、有计划、有目标，堪称世界古代策划游说的典范。苏秦和张仪所从事的游说和宣传、劝服和沟通工作，十分类似于现代公共关系的策划与传播活动。另外，古代政治领域中唐太宗善纳良言，文成公主入藏和亲；三国时期刘备三顾茅庐请诸葛亮出山等都包含着朴素的公共关系思想。

**2. 商业领域**　中国古代民间的“酒肆”“茶楼”的牌幌，店铺门口写有“童叟无欺”“公平交易”“百年老店”等的条幅和匾额都与现代社会的广告极为相似。北宋时期的济南刘家印制了四寸见方的广告，上端横刻“济南刘家功夫”，正中刻有白兔手持玉杵的图标，图两侧刻有文字“认门前问，兔儿为记”，下面刻有文字“收买上等钢条，造功夫细针，不误宅院使用，转卖兴贩，别有加饶，请记白”。仔细对济南刘家功夫针铺图文并茂的广告进行解读，无疑可以读出意蕴极大的公关信息，触摸到当时古人的广告创意。

**3. 社会生活领域**　春秋战国时期以孔孟为典型代表的儒家文化中渗透着许多现代公共关系活动遵循的基本原则和追求的美好目标。如孔子在儒家文化中强调“仁爱”，提倡“和为贵”“礼为尚”“己所不欲，勿施于人”“君使臣以礼，臣事君以忠”。主张广天下友人，“有朋自远方来，不亦乐乎”，这些都描绘了美好的人际交往愿景。孟子是儒家思想的继承人，他主张性善以及“仁”“义”“礼”“智”。他最重要的思想是民本思想，孟子提出“得民心者，得天下”“天时不如地利，地利不如人和”等民本、人本思想，对后世公关思想的进步影响很大。

**课堂活动**

请结合我国古典故事讨论公共关系的萌芽状态。

## 二、现代公共关系的开端

美国是一个移民国家，由于其思想活跃、发展迅速，所以成为最早利用公共关系的国家。因此，国内外公共关系学界的学者们普遍认同现代公共关系起源于美国。现代公共关系在美国的产生可在一些政治活动及商业事件中找到踪迹。

### （一）政治背景下的美国公共关系

在美国早期开展公共关系活动的先驱人物有许多，其中有深受美国民众爱戴和尊敬的记者潘恩，他在宣传资产阶级革命的斗争中撰写了《危机论文集》，为资产阶级革命提供了理论基础。本杰明·富兰克林则是一位善于自我宣传的著名人物，他在美利坚合众国成立之初成为美国驻法大使。为了在法国人心中塑造良好的美国形象，他装修宫邸，乘坐豪华马车，带上威武的骑兵侍卫活跃在法国的上流社会，使得法国人认为美国是一个庄重而富有的国家，同时也认为富兰克林是一位有修养的高贵的外交官。富兰克林巧妙地通过自我形象维护的公共关系手段为自己和国家赢得了声誉，是美国早期政治外交史上成功的公关案例。与潘恩和富兰克林同样出色的还有亚历山大·汉密尔顿，他在争取宪法获得批准的运动中撰写了《联邦党人文集》，通过此书宣传自己的立场和主张，引导公众舆论，最终促成了联邦制的实现。曾有一些学者赞誉他为“今天公共关系的方法和途径的先驱”，《联邦党人文集》更是被誉为“迄今为止美国公共关系领域取得的最大成果”。

### （二）商业背景下的美国公共关系

19 世纪 30 年代在美国风行一时的报刊宣传代理活动是有组织、有意识的公共关系活动。1833 年 9 月，本杰明·戴伊创办了第一张面向大众的通俗化报纸——《纽约太阳报》，从此开启了美国报刊史上以大众读者为对象的大量发行的、价格低廉的“便士报”时期。由于这种报纸发行量大，广告费用也迅速上涨，一些大的公司和财团为了节省广告费，便雇佣专门人员在报刊上制造关于自己的煽动性新闻，以扩大影响。而报刊为迎合下层读者的需要，增加发行量，也乐于接受发表，于是出现了美国历史上有名的报刊宣传代理活动。

## 三、现代公共关系职业化时期

19 世纪末，美国掀起了一场“揭丑运动”，又称“扒粪运动”，其目的是揭穿政府或资本家的某些丑行和骗局，这与巴纳姆时期的宣传活动思想截然不同。艾维·李作为代表“说真话”的新时期代表人物登上了公共关系的历史舞台。他出生在美国佐治亚州，曾就读于哈佛大学法学院，早期作为记者就职于美国报业大王斯特的《纽约世界报》。1903 年，艾维·李辞去了记者工作，次年与资深记者乔治·帕克联合在纽约创办了历史上第一家“宣传顾问事务所”，成为第一个职业公共关系人员。艾维·李始终坚持认为在公共关系活动中信息公开透明，永远呈现事实给公众是最明智的做法。他坚持自己的信念，积极开展公众工作，使他的公司成为公共关系公司的前身，公共关系也从此步入了职业化时期。

1906 年美国无烟煤矿业发生了工人大罢工，同时新闻界舆论进行了猛烈抨击，矿主们相互指责、推诿责任，致使整个无烟煤业陷入一片混乱，矿主们想尽办法仍无法使罢工的工人们复工，劳资双方僵持不下。后来他们聘请赫赫有名的艾维·李来协调好劳资、矿主内部、矿主与新闻界之间的关系，但艾维·李提出了两个先决条件：一是他有权与该行业的最高管理者接触并影响最高层的决策过程；二是他有权在他认为必要时向全社会公开全部事实真相。于是，艾维·李积极协助记者了解罢工情况，安排劳资双方接受记者采访，记者写出报道的内容真实且丰富，他们力图使劳资双方通过报纸了解对方的态度和立场、社会舆论对整个事件的看法等。最后，双方在互相理解的基础上，同时作出让步，解决了若干具体问题，企业又恢复了正常生产。

艾维·李以公众的需求为出发点，让重视公众利益的理念在当时成为不可逆转的潮流。他的公关思想是“说真话”，他的信条是“公众必须被告知”。艾维·李因对公共关系发展所作出了杰出贡献，而被誉为“公共关系之父”。

**课堂活动**

试讨论现代公共关系发展过程中不同时期的特点。

## 四、现代公共关系学科化的成熟

随着公共关系职业化逐渐趋于成熟，对其理论层面的研究也开始不断深入，并逐渐产生了公共关系学科。美国学者爱德华·伯纳斯出生于奥地利的维也纳，后移民美国，是著名的精神分析学家弗洛伊德的外甥。相对于艾维·李而言，伯纳斯更注重公共关系的理论研究，并努力使之形成一个独立的完整的科学体系。

1913 年，伯纳斯受聘于美国福特汽车公司并担任公关部经理。任职期间，他不断倡导与实施发展员工福利与社会服务计划，开创了企业开展社会公关、承担社会责任的先例。如福特“T”型小汽车在伯纳斯的公关策划下隆重推出，很快风靡美国。同一时期伯纳斯主张推行日工资 5 美元的薪金制度，使得福特公司的技术工人收入是其他公司的 2 倍，由于收入水平得到提高，福特公司的几十万员工自然也成为“T”型小汽车的用户。“T”型车以 260 美元的低价不仅赢得了公众的认可，也使得其公司和员工双重受益。福特汽车公司的这个做法被誉作“为美国造就了一个中产阶级”。

20 世纪 40 年代前后，伯纳斯致力于将公共关系实务推向正规化、科学化，他的努力被公众所认可，他也成为著名的公共关系理论家和实践家。伯纳斯致力于对公共关系理论的研究，归纳出公共关系的运作程序、方法、技巧，提出了整个运作过程的基本程序。由于他的努力付出，公共关系开始逐渐独立发展，不再依附于新闻传媒行业。他主张公共关系应重视赢得公众的谅解与合作，并将其视作公共关系的基本信条。1923 年伯纳斯出版了他的第一部著作《舆论明鉴》（又有译作《公众舆论之凝结》）一书，书中首次提出了“公共关系咨询”的概念。同年，伯纳斯首次在纽约大学开设并主讲公共关系课程。1952 年他撰写并出版了正式的用于教学的教材《公共关系学》，标志着公共关系开始成为一门学科。

伯纳斯公共关系思想的核心是“投公众所好”。他认为公关工作的出发点应该是关注公众的态度，继而围绕公众的态度进行有目的性的工作，这也是首次明确指出调查研究是公关工作的首要任务。爱德华·伯纳斯对于公关理论和实践活动的研究和探索为公共关系科学化、职业化、学科化作出了巨大的贡献,他也被赞誉为公共关系学的先驱者之一。

20世纪50年代以后,公共关系的实务活动与科学理论进入“发达期”阶段,为公共关系学科化的进一步成熟起到了重要作用。其中,美国人斯科特·卡特李普与其合作者合著了《有效的公共关系》一书,第一次明确提出了双向交流的公共关系原则,开创了“双向对称”公共关系模式。他们认为,公共关系的最终目的是要在组织与公众之间形成一种和谐的关系。因此,一方面要把组织的想法与信息传播给公众,另一方面要把公众的想法与信息反馈给组织。只有如此,才能营造双向交流、对称平衡的良好环境。

英国人弗兰克·杰夫金斯是著名的公共关系专家,是现代公共关系著名的代表人物之一。1968年,他在英国开办了公共关系学校,亲自教授公共关系学、广告学、市场营销等方面的课程,是一位出色的公共关系教育家。英国人弗兰克·杰夫金斯撰写的公共关系方面的著作非常多,他的许多著作被译成了中文,对我国的公共关系教育和理论发展起到了推进作用。

**点滴积累**

1. 在古代中国与古代西方国家社会生活中公共关系思想和活动可以追溯至很远，但都只是萌芽状态的公共关系。
2. 国内外公共关系学界的学者们普遍认同现代公共关系起源于美国。
3. 巴纳姆时期是现代公共关系的开端。
4. 艾维·李时期使公共关系进入了职业化时期。
5. 爱德华·伯纳斯促进了公共关系学科化的进程。

## 第二节　现代公共关系的产生与发展

**案例分析**

案例

瑞典家具巨头I公司生产的M系列抽屉柜仅在美国就造成了6名儿童死亡、36名儿童受伤，被称为“夺命抽屉柜”。 2016年6月29日，I公司宣布在美国召回该系列产品。 然而，虽然这款产品在中国市场大量销售，I公司方面却以“符合中国相关标准”为由，明确表示不予召回。 I公司对中外实施双重标准引发中国消费者不满。 I公司作为国际性跨国公司显然使用的是一个并不明智的公关策略。 而对待如此傲慢的跨国企业，我国相关部门则在公共手段上明显有所进步，先是上海、深圳、天津的质检部门和消费者协会进行沟通，之后相继约谈I公司。 不过I公司似乎执意在错误的公关道路上碰个头破血流，其出台的两项针对中国地区的补救措施再次招来一片斥责。 I公司的中国地区补救措施是：一是免费提供墙体连接配件并提供免费上门安装支持；二是如果墙体不能满足固定要求，I 公司接受退货。这样的两条措施显然与美国地区无条件召回截然不同。针对这样的处理态度，我国媒体发挥其公关作用，《法制晚报》记者随机抽取 1 万条网友留言，统计显示超过 60% 的网友表示不再信赖 I 公司，44.8% 的网友呼吁完善国内召回制度。2016 年 7 月 12 日，国家质检总局约谈 I 公司，最终 I 公司（中国）宣布召回中国市场 1999 年至 2016 年期间销售的 M 系列抽屉柜。据该公司统计，此次在中国召回数量共计 1 660 845件。

分析

1. I 公司从拒不召回，到有条件退货，再到决定召回，短短数日，态度几经反复。在此次召回事件中 I 公司傲慢地对待中国市场，搞“双重标准”的失败危机公关使其不再被中国消费者信赖。

2. 由于近年来我国公共关系政策的进步，公共关系学科的发展，公共关系人才与组织公关能力的提升，使得中国人在复杂的国际公关事件里可以走得更加从容。

公共关系是现代公众社会沟通、传播、劝说需求的产物，是一种公众关系，是一种传播活动。公共关系如同其他学科或研究领域一样，是一种有章可循的劝说活动、一个有法可依的行业、一门有理论可支撑的学科，它经历了一个从萌芽到成熟、从低级到高级的构建、发展和系统化的过程。

## 一、国外公共关系的产生与发展

### （一）美国的公共关系

20 世纪 20 年代，公共关系首先诞生于多元文化国家美国。1924 年，美国《芝加哥论坛报》发表社论称，公共关系已成为一门科学和管理艺术，公关活动已经成为一种职业和专业，企业家和社会各界都应该重视它，该篇社论被评价为公共关系科学化的标志。1929 年，美国暴发历史罕见的经济危机，无数企业陷入危机以致倒闭破产，而那些拥有稳定客户关系网和较强公关能力的企业则生存了下来，这场危机考验了企业在公众心中的信任度、支持度，而这些都源自于长期以来的公关合作。该事件启示了更多的企业去重视公共关系的重要性。随着公共关系作为一门职业发展起来，美国从事公关事业的人群也开始壮大起来。1937 年，美国《企业周刊》统计分析报告指出，同年在美国从事公共关系事业的专家有 54 人，公共关系从业人员有 5000 人，公共关系顾问公司有 250 家。1948 年美国成立了最具权威性的公共关系组织——美国公共关系协会，并制定了从业法规《公共关系人员职业规范守则》。到 20 世纪 70 年代中期，美国公共关系从业人员已达 10 万人，顾问公司已超过 1350 家，超过 3/4 的企业设有公关部。20 世纪 80 年代美国的公共关系教育进入了较高层次的发展阶段，约有 400 所高校正式开设公共关系课程，60 多所大学设置了公共关系专业，37 所大学同时授予公共关系学士和硕士学位，13 所大学同时授予学士、硕士和博士学位。目前，美国排名前 100 的学校中，约有十几所开设了公共关系专业。根据美国劳动统计局最新公布的数据，2008—2018 年，美国公共关系人才需求增长 24%，远超过美国所有行业的需求增长的平均水平。

### （二）英国的公共关系

1920 年，公共关系由美国传入英国，并受到英国政府的重视。1926 年皇家营销部成立，这是英国的第一个公共关系机构。该组织开展的活动促进了英国市场经济的发展，特别是在经济大萧条时期，皇家营销部组织了声势浩大的公共关系活动，支持英国首相提出的购买国货的号召，这次活动使人们认识到公共关系能创造社会价值和经济价值。1948 年，英国公共关系协会成立，其是欧洲最大的公共关系协会，拥有一些著名的公共关系专家。该协会的成立与活动，在英国得到了政府与社会公众的承认，并对当代世界的公共关系事业作出了贡献。1955 年，国际公共关系协会（International Public Relations Association，IPRA）在英国伦敦正式成立，它是世界性的权威组织，现有来自于六七十个国家和地区的 1000 多名会员。目前，英国是仅次于美国的公共关系第二大国。

### （三）法国的公共关系

1946 年先进的公关思想和技术手段得到了法国经济学家们的广泛认可。当时法国经济闭塞、劳资关系紧张、生产与消费者关系脱节等弊端不断出现，公关专家们针对这一问题，呼吁企业家们离开“象牙塔”，面向社会扩大知名度，走进向社会和公众敞开的“玻璃之屋”，进行现代营销管理，建设开明的现代企业。这项运动改变了很多企业家的观念和做法，为法国经济的稳定发展起到了明显的作用。

## 二、中国公共关系的产生与发展

20 世纪 60 年代初公共关系在我国香港和台湾地区开始迅速发展，他们将来自于西方公共关系的先进理念和做法融入企业的管理中，在企业形象和经济效益等方面获得了很好的收益，产生了良好的社会影响。受到港台地区的影响，我国内地沿海发达城市也敏锐觉察到了公共关系这一新鲜事物。公共关系在中国内地的发展，大致经历了以下三个阶段。

### （一）引进萌芽时期

1980 年，深圳、珠海、汕头、厦门被定为经济特区。作为一种经营管理技术，公共关系首先在这些开放城市的合资企业中出现了。一些发达城市的中外合资企业和外商独资企业在管理模式上十分重视公共关系的作用，他们设有专门的海外公关培训部门，定期为总公司及分公司的公关人员提供培训，使得这些企业的公共关系部发挥了很重要的作用。受到这些先进思想及做法的影响，1980 年深圳蛇口华森建筑与工程设计顾问有限公司率先成立，这是我国第一家公共关系性质的专业公司。1982 年深圳竹园宾馆（深圳与香港合资）成立公共关系部；1983 年北京长城饭店（中外合资）成立公共关系部；1984 年广州中国大酒店以及广州的花园酒店、东方宾馆、白天鹅宾馆等设立公共关系部。公共关系在引入我国之初，使得许多领域有所受益，但这一阶段的公共关系活动具有明显的效仿和简单照搬的特点。尽管如此，人们对公共关系已经有了初步的认识，并且在尝试开展有创新性的公共关系活动，为公共关系的进一步发展奠定了基础。

**课堂活动**

请分析我国改革开放初期的公共关系活动是否存在照搬西方的情况。

### （二）迅速兴起时期

20 世纪 80 年代中后期，我国的公共关系公司、公共关系社会组织、公共关系教育培训等多个领域快速发展。

**1. 公共关系公司的成立**　1985年,成立于美国俄亥俄州的世界上最早的公关公司之一的伟达国际公关顾问公司和博雅公司应我国新华社邀请进入我国。同年8月,博雅公司与中国新华社所属的中国新闻发展公司签订协议,共同为在我国从事贸易的外国机构提供公共关系服务。中国新闻发展公司为此成立了中国环球公共关系公司,这是我国第一家公共关系公司。

**2. 公共关系社会组织的成立**　1986年1月,中山大学在广州成立了我国第一个公共关系研究会,同年11月,我国第一个省级公共关系协会——上海市公共关系协会成立;1987年5月,全国权威性的公共关系社团组织——中国公共关系协会在北京正式成立。

**3. 公共关系教育的发展**　1985年1月,深圳市总工会率先创办了公共关系培训班,成为我国公共关系教育的领头羊。1985年6月,北京大学研究生院举办正式的公共关系讲座,代表着公共关系教育水平的进一步提升。1985年9月,深圳大学首先增设了公共关系专业,公共关系在国内的学科化地位显现出来。此后,中山大学、国际关系学院等近百所大学相继开设公共关系课程,从而使公共关系这种全新的思想观念和理论知识在高等学校得到迅速传播和普及。有关公共关系的科学论著也如雨后春笋般涌现出来,1986年11月,中国社会科学院新闻研究所公共关系课题组编著的《公共关系学概论》率先问世;同年12月,王乐夫、廖为建等人的著作《公共关系学》也很快出版。此时,还有一些学者潜心钻研西方公共关系著作的翻译工作,英国著名公共关系专家弗兰克·杰夫金斯的著作《公共关系学》就在此时期被译成中文出版。1988年1月,中国第一家公共关系专业报纸——《公共关系报》在杭州创刊,向全国发行。1989年1月,中国第一份公共关系杂志——《公共关系》在西安创刊,再次扩大了公共关系学的受众群体范围,推动了公共关系教育的发展。

### （三）稳步发展时期

从20世纪90年代初开始,公共关系在我国进入了稳步发展时期,公关学术活动有序开展、公关专业教育日趋成熟、公关理论研究符合国情需要、公关实践活动效果显著、公共关系职业化程度进一步提高。

**点滴积累**

1. 20世纪20年代，公共关系首先诞生于多元文化国家美国。1920年，公共关系由美国传入英国，并受到英国政府的重视。
2. 20世纪60年代初公共关系在我国香港和台湾地区开始迅速发展。
3. 公共关系在中国内地的发展，大致经历了引进萌芽时期、迅速兴起时期、稳步发展时期三个阶段。

## 第三节　公共关系产生与发展的社会条件

公共关系的产生与发展并非偶然,而是有着多重因素的促成。20世纪初期的美国社会经济、政治、文化等发展到了一定程度,公共关系作为一种当时社会背景下的必然产物出现了,并且带来了巨大的变革。事实上，萌芽状态的公共关系作为一种思想、一种不够成熟的实践性艺术早就存在于古代中国及其他地域。但显然萌芽状态的公共关系对整个社会的影响还不够，现代公共关系则对现今和未来社会影响深远。因此，我们有必要深入探究其产生和发展的社会条件，以利于我们更好地利用这门学科。

**案例分析**

案例

一年一度的3.15消费者权益保障日，是企业品牌公关的一个重要节点。2016年的“3.15晚会”，网上订餐平台“ELM”很不幸被“打了脸”，ELM平台供应商中有大量黑作坊的事实被曝光，平台引导商家虚构地址、上传虚假实体照片，甚至默认无照经营的黑作坊入驻等问题被揭了出来。但遗憾的是，和以往被曝光企业先“认错悔罪”的套路不同，ELM公共团队最先诉诸舆论的动作竟是——“对不起，今天忘记给央×续费了”。这是由一个认证为“ELM员工”的微博发出来的。这样挑衅的态度让不少人惊讶了一把，相关图文迅速在社交平台上传播发酵。最后，在媒体和各方压力下，ELM进入认错环节，正式发布公告，称“ELM高度重视央视3.15晚会报道的问题，紧急成立专项组，下线所有涉事违规餐厅，并连夜部署，核查在全国范围内的餐厅资质。”

分析

互联网时代的公共关系模式发生了巨大变化，合理应用现代传媒与技术可能促进各项公共事业的发展，也可能由于对其不当的使用导致公共关系活动的失败。

## 一、经济发展

商品经济的出现是公共关系产生与发展的经济基础。由于在商品经济环境下，无论个人还是社会组织都需要将自己的产品和劳动用以市场交换，从而实现其价值，这就需要人们通过沟通与交流去获得社会的认可和支持。商品经济打破了原有的狭隘的、封闭的经济活动模式，也突破了以往人与人之间的局限性交往，经济的发展促进了整个社会的交流互动，从而促进了公共关系的发展。

从奴隶社会到封建社会，商品经济在整个社会经济中所占的比重很小，而主流的经济模式是自给自足的自然经济，如小农经济和庄园经济。自然经济是自给自足的封闭性经济，仅局限于“血缘”与“土地”的经纬之中。小农经济中的人们生活在一定地域，通过耕种和小范围的物品交换实现物质需求的满足，几乎不需与外界发生联系。庄园经济中的一座庄园好似小社会或独立的王国，其中农、林、牧、副、渔等行业几乎应有尽有，也可不必与外界发生联系。所以，他们对社会和他人的依赖性相对较小，人与人之间关系的维系主要是靠血缘、地缘关系，靠传统的伦理观念和义务，这种与生俱来的客观现实使他们不需要刻意地去努力建立、维持某种关系。而在商品经济的兴起过程中，市场交换活动经历了鲜明的由卖方市场向买方市场的逐步转变。在最初生产力不够发达的阶段，市场中供需关系存在明显的不平衡，呈现出供小于求的状态，这就使得卖方处于极度的优越地位，以至于出现了价格不稳、随意涨价、态度恶劣、无视公众等不平等的市场交易乱象。由于卖方占据了主导地位，使得市场交换中无须对商品进行宣传和与买家进行沟通，自然不需要公共关系。19 世纪末 20 世纪初，在工业革命的影响下，商品经济快速崛起，市场中的供需关系发生了变化，产品日益充分，消费者有了更多的选择，市场形式从“卖方市场”转向“买方市场”。在这样的背景下，企业与商家必须主动与消费者建立良好的联系，要想在同类竞争者中获胜，企业必须得到社会的广泛认同、获得公众的信任和支持，这就直接促进了公共关系的兴起。

**课堂活动**

情景模拟：一位注重赢得消费者认可的促销员，正在宣传其产品的优越特性。

## 二、社会政治

社会政治生活的民主化及民主政治制度的产生是公共关系产生和发展的社会政治条件。从奴隶社会、封建社会到资本主义社会的漫长变革历程中，普通民众始终处于专制制度的统治之下。统治者在政治上施行专制独裁或强权高压，民众在思想与行为上都长期被枷锁锁住，他们不需要关心政治也几乎没有话语权，民众的声音不被重视，也没有任何作用。统治者在政治独裁中的角色既高高在上得令人不敢仰望，又显得很孤独。法国国王路易十四曾公开声称“朕即国家”；中国古代的皇帝自称“真龙天子”，宣扬“普天之下，莫非王土；率土之滨，莫非王臣”，享有九五之尊，“君要臣死，臣不得不死”。在西方国家，随着文艺复兴和宗教改革撼动了封建统治的霸权地位，《自由大宪章》《人权宣言》的主导思想深入人心，人民渴望自由民主的巨大力量挑战了统治者的独裁嗜好。人们提倡“自由、平等、博爱”的精神，为民主政治的建立奠定了坚实基础，“得民心者得天下”在资本主义民主政治中得到了充分体现，重视和处理好与民众的关系，争取绝大多数公众的理解和支持已经成为民主政治中竞争的最重要的内容。在中国，自 1949 年新中国成立就建立了社会主义民主政权，1952 年全国普遍召开了各级人民代表大会，发挥了人民群众对政府工作的监督和参与作用。我国的民主政治拉近了人民群众与国家政府的沟通交流，也促进了我国现代社会对公共关系这一先进学科的运用。民主政治的社会中，政治生活的特征由以往的“民怕官”转变为了“官怕民”，为现代公共关系的产生和发展奠定了政治基础。

## 三、物质技术

传播手段和通信技术的进步是现代公共关系进一步发展的物质基础。

中国古代的信息传播手段种类繁多，如流行于民间的“捎口信”；应用于官方的驿站通信；应用于战争中传递边疆军事情报的“烽火”“击鼓”“号角”；起源于汉代的“鸿雁传书”；广泛出现于唐代的“飞鸽传书”；隋朝时期的“竹筒传书”等，都让我们看到了古代信息传播手段的朴素性，同时也看到了其对人们沟通交流的限制性。可见在古代社会中，人与人之间的相互沟通与联系受到了当时落后的交通工具和信息传播手段的限制，使得人们不可能发生广泛而深刻的社会交往和联系。

**知识链接**

让世界认识北斗

中国北斗卫星导航系统（BeiDou Navigation Satellite System，BDS）是中国自行研制的全球卫星导航系统，是继美国全球定位系统（GPS）、俄罗斯格洛纳斯卫星导航系统（GLONASS）之后的第三个成熟的卫星导航系统。北斗卫星导航系统（BDS）和美国GPS、俄罗斯GLONASS、欧盟GALILEO是联合国卫星导航委员会已认定的供应商。

北斗卫星导航系统由空间段、地面段和用户段三部分组成，可在全球范围内全天候、全天时为各类用户提供高精度、高可靠定位、导航、授时服务，并具短报文通信能力，已经初步具备区域导航、定位和授时能力，定位精度为10m，测速精度为0.2m/s，授时精度为10纳秒。2012年12月27日，北斗系统空间信号接口控制文件正式版1.0正式公布，北斗导航业务正式对亚太地区提供无源定位、导航、授时服务。2013年12月27日，北斗卫星导航系统正式提供区域服务一周年新闻发布会在国务院新闻办公室新闻发布厅召开，正式发布了《北斗系统公开服务性能规范（1.0版）》和《北斗系统空间信号接口控制文件（2.0版）》两个系统文件。2014年11月23日，国际海事组织海上安全委员会审议通过了对北斗卫星导航系统认可的航行安全通函，这标志着北斗卫星导航系统正式成为全球无线电导航系统的组成部分，取得面向海事应用的国际合法地位，中国的卫星导航系统已获得国际海事组织的认可。2017年1月10日，中国北斗系统预计于2018年率先覆盖“一带一路”国家，2020年覆盖全球。

随着工业革命和商品经济的发展，交通运输和信息传播技术飞速发展。汽车、火车、飞机、轮船的出现促进了人口的流动、经济和文化的交流；电报、电话、广播、电视、电脑走进了更多人的日常生活中，使得即使是远隔万里也如同近在咫尺。由于这些通信技术的进步大大改善了人与人之间的信息交流效率和范围，个人、团体、组织间的信息交流凭借着发达的信息交流技术变得更加容易，人们甚至可以通过卫星信息技术实现全球性的信息交流。由于传播技术的发展，一个多空间、多层次、多文化的传播体系逐渐在全世界形成。信息传播新技术的发展促进了信息的沟通交流，促进了有效信息反馈机制的形成，是信息化社会人们社会活动所离不开的技术，是公共关系得以发展的物质保障。

## 四、文化心理

社会文化由“理性”转向“人性”是公共关系产生和发展的文化动力。现代公共关系起源于美国，美国是由不同移民组成的国家，其文化体系具有三个突出的特征：个人主义、英雄主义、理性主义。个人主义的典型表现是富于自由浪漫的色彩；英雄主义的突出特点是富于竞争的精神；理性主义的明显标志是遵规守法、崇尚教条、重视数据和实效。19世纪末和20世纪初，被称为“管理科学之父”的泰罗曾在一家钢铁公司当工长，他通过计算工人每一项工作的每一动作所需的时间得出完成该项工作所需的总时间，他的研究十分符合当时社会一句代表性的口号——“人是机器”。这一主流观点使得生产力在短期内获得了提高，但同时也加大了劳资间的矛盾，甚至日趋激化。泰罗的理论中对人的管理过于简单化，基本找不到公共关系开展的痕迹。20世纪30年代初，主持“霍桑试验”的哈佛大学教授梅奥创立的“人群关系理论”和20世纪40年代末兴起的行为科学理论为公共关系的产生和成长提供了理论依据。人群关系学理论和行为科学理论的核心理念是组织的管理活动要先从以往的以“事”为中心转变为以“人”为中心,这就从理论上对开展公共关系活动提供了支持。

### 点滴积累

1. 商品经济的出现是公共关系产生与发展的经济基础。
2. 社会政治生活的民主化及民主政治制度的产生是公共关系产生和发展的社会政治条件。
3. 传播手段和通信技术的进步是现代公共关系兴起的物质基础。
4. 社会文化由“理性”转向“人性”是公共关系产生和发展的文化动力。

## 目标检测

### 一、选择题

（一）单项选择题

1. 早在公元前1800年,以发布农业公告的形式告知农民怎样播种灌溉、怎样应对田地里的老鼠、怎样收获庄稼作物的国家是(　　)

A. 古中国　　B. 古印度　　C. 古巴比伦　　D. 伊拉克

2. 许多现代公关学者认为,古希腊的《修辞学》是最早问世的公关理论著作,其作者为(　　)

A. 柏拉图　　B. 亚里士多德　　C. 凯撒　　D. 亚瑟

3. 公元前500年雅典政治家克里斯提尼创立了类似于现今公民投票的一种公共关系活动,叫作(　　)

A. 竹签法　　B. 贝壳放逐法　　C. 举手法　　D. 计数法

4. 近代公共关系的萌芽首先出现的国家是(　　)

A. 英国　　B. 法国　　C. 德国　　D. 美国

5. 19世纪50年代,制造了轰动美国的“海斯事件”虚假神话的主角是(　　)

A. 巴纳姆　　B. 艾维·李　　C. 伯尼斯　　D. 卡特里普

（二）多项选择题

1. 美国人的三个突出特征是(　　)

A. 个人主义　　B. 英雄主义　　C. 理性主义
D. 金钱主义　　E. 自由主义

2. 现代公共关系产生和发展的社会条件主要包括(　　)

A. 商品经济的高度发展　　B. 民主政治制度的出现　　C. 现代管理理论的发展
D. 人本主义的产生　　E. 通讯技术的进步

3. 有关公共关系的描述正确的是(　　)

A. 是现代公众社会沟通、传播、劝说需求的产物

B. 是一种公众关系

C. 是一种传播活动

D. 是个人与个人的关系

E. 只是处理矛盾的策略

4. 公共关系在中国内地的发展，大致经历了几个阶段（　　）

A. 引进萌芽时期　B. 迅速兴起时期　C. 稳步发展时期

D. 自我调整时期　E. 理念构建时期

5. 中国古代朴素的公关信息传播手段有（　　）

A. 应用于官方的驿站通信　B. 流行于民间的“捎口信”

C.“飞鸽传书”　D.“竹筒传书”

E.“鸿雁传书”

## 二、简答题

1. 简述艾维·李在现代公共关系发展过程中所作出的重要贡献。

2. 简述现代公共关系产生和发展的社会条件。

## 三、案例分析题

1. 美国某玩具公司董事长布希耐有一次在郊外散步，偶然看到几个儿童爱不释手地玩一只肮脏并且丑陋的昆虫。布希耐突发异想：市面上销售的玩具一般都是形象优美的，假若生产一些丑陋的玩具，结果又将如何呢？于是，他让自己的公司研制了一套“丑陋玩具”，并迅速推向市场。结果一炮打响，“丑陋玩具”给某玩具公司带来了巨大的收益，并使同行们也受到了启发，于是“丑陋玩具”接踵而来。如“疯球”就是一串小球上面印上许多丑陋不堪的面孔；又如橡皮做的“粗鲁陋夫”，长着枯黄的头发、绿色的皮肤和一双鼓胀且带血丝的眼睛，眨眼时发出非常难听的声音。这些丑陋玩具的售价虽然超过正常玩具，却一直畅销不衰，而且在美国掀起了一场行销“丑陋玩具”的热潮。试分析此玩具公司获得成功的原因。

2. 某牌压力锅厂面对的危机是由于外来的故意行为造成的。危机的根本点就是公众对某牌的产品质量不再信任，某牌压力锅厂在公众心目中的形象受到了损害。针对这一事件，某牌压力锅厂应如何果断采取措施，有效制止事态扩大？

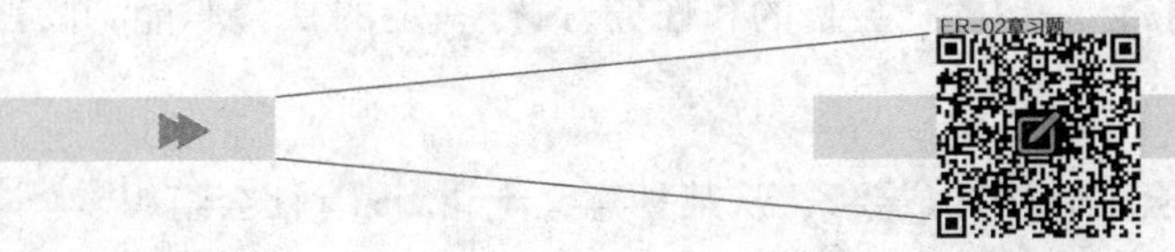


（温晓会）

# 第三章

# 公共关系的主体与客体

导学情景

情景描述

某医药企业在其生产经营的 20 年间，多次为贫困地区人民、受灾群众、特困病患等各种人群捐款、捐物、送药。据不完全统计，该集团为社会公益事业投入的资金达 6000 万元以上。

该企业还投资 3000 万元与原国家卫生计生委联合，开展了"提高乡村医生水平，促进基层合理用药"的送医下乡工程，让乡村医生走进课堂接受教育。

近年来，该企业成立专项基金，关注农村安全用药，关注空巢老人，展开了一系列反响热烈的专题活动。

学前导语

作为公共关系主体的医药企业，针对各种类型的公众展开了一系列的公共关系活动。它们虽投入巨大，但为自己树立了良好的社会形象，会获得更加长远的利益。

## 第一节　公共关系的主体

所谓公共关系主体，是指在公共关系活动中处于主导地位的社会各类组织与机构，是公共关系活动的策划者、组织者和实施者。

### 一、社会组织概述

#### （一）社会组织的含义

社会组织是指按照一定的社会目的和任务，执行一定的社会职能，并且以一定形式构成的社会群体或社会集团。

社会组织是社会的首要构成要素，从某种意义上讲，没有社会组织，就不会有社会的存在。

社会组织大小不同，目标各异，功能不一。大到国家，小到只有一两个人的个体企业。例如公司、企业、政府、学校、医院、酒店、商场、社会团体等。

#### （二）社会组织的基本特征

从社会组织的含义可以看出社会组织具有以下几个特征：

**1. 目的性**　社会组织的生存和发展都是为了达到某个特定的目的，这种目的性有效地区分了不同社会组织的类型、性质和职能。同时这种目的性也引导了组织的生存与发展，规范统一了组织成员的认识及行为。

**2. 整体性**　每一个社会组织都是一个结构严密的系统，组织内部的各个部门、各个成员各司其职，又相互依存，有机地构成一个整体。组织要实现其目的，需要各部门、各成员之间的良好配合和协调。

**3. 变动性**　一方面，社会环境的变化是绝对的，只有适时地对组织的目标、功能、机构及人员等方面进行调整，才能使组织朝有利的方向发展；另一方面，社会组织本身的变化也是绝对的，在不同的发展阶段，组织的状况、目标、发展战略等也不尽相同。

（三）社会组织的分类

社会组织的存在纷繁复杂、形式各异，从研究和分析的需要出发，可以选择不同的分类标准。而从公共关系学的角度出发，一般将社会组织分为以下四种类型：

**1. 营利性组织**　以营利为目的，追求经济利益的最大化，如工商企业、服务业、金融机构等。

**2. 非营利性组织**　以服务对象的利益为目标，包括学校、医院、慈善机构、社会公用事业机构等。

**3. 公共性组织**　以保证社会安定为目标，为整个社会和一般公众服务，如政府、军队、消防部门、治安机关等。

**4. 互利性组织**　以组织内部成员间互获利益为目标，追求组织内部成员之间的互惠互利，如政党、工会组织、职业团体、宗教团体等。

## 二、社会组织与公共关系机构

公共关系机构是由专业公共关系人员组成的、专门从事公共关系工作的部门或机构，其实质是公共关系的实施主体。主要分为三类：第一类是社会组织内部设立的公共关系部门；第二类是专门承接公共关系委托业务，代理其他社会组织公共关系业务的服务性机构，一般称公共关系公司；第三类是公共关系社团。

（一）公共关系部（以下简称“公关部”）

**1. 公关部的设置**　公关部是指组织内部针对一定的目标，为开展公共关系工作而设立的专业职能机构。随着社会的不断发展，各组织越来越意识到公关部的重要性，公关部也担任起大量的工作，具体概括起来有：

(1)举办或参加各种专题活动：包括新闻发布会、展览会、经销会及各种纪念活动等。

(2)对外联络工作：包括与新闻界和社会各界人士保持密切联系，安排本组织参与相关外联活动等。

(3)编辑出版工作：包括编写各类报告和各种宣传资料，出版内部刊物，制作新闻图片、影像资料，设计企业标志等。

(4)调研工作：包括民意调查、资料检索、市场分析、数据整理等。

(5)礼宾接待工作：包括定期接待、日常接待等。

(6)协助组织进行决策:如负责提供成套的可供选择的决策方案。

(7)对内协调工作:如加强研发、生产、销售、财务等各部门间的信息沟通与合作。

#### 2. 公关部的组建原则

(1)精简原则:这是组织在组建公关部时首先要考虑的原则。公关部下属的机构、人员岗位和编制要精简,不能因人设岗而导致机构和人员冗杂、人浮于事、效率低下。

(2)效能原则:公关部的每一项工作都可能涉及组织的声誉和形象,因此在设立公关部时,一定要考虑让公关部充分发挥其效能、行使其职能。

(3)灵活机动原则:公关部的工作既包括一些如信息收集和整理分析、常规公关宣传等日常性工作,也包括一些如大型专题活动的组织、突发事件的处理等临时性的工作。这就要求公关部能适应客观的环境变化和组织工作的调整,保持高度的灵活性和应变能力。

#### 3. 公关部的优势与劣势

(1)优势

1)能够最大限度地发挥组织内部各种因素的作用,提高组织公关工作的成绩和效益。

2)能够充分提高组织公关工作的针对性和及时性。

3)有利于保持组织公关工作的连续性和稳定性。

4)有利于节约经费开支。

(2)劣势

1)部门职责不明晰,导致负担过重。

2)作为组织内部机构看待问题难免不够客观公正。

### (二)公共关系公司(以下简称"公关公司")

公共关系公司又称公共关系咨询公司或公共关系顾问公司,它是由具有专业特长的专家组成的,专门从事公共关系咨询或受理委托为客户开展公关活动的社会服务性机构,具有独立的法人资格和地位。

**知识链接**

公共关系公司的发展

公共关系公司是随着公共关系作为一种职业的出现而产生和发展起来的。它诞生于20世纪初的美国,被誉为"现代公共关系之父"的艾维·李于1903年首创了具有公共关系公司性质的事务所。1920年,N. W. 艾尔正式开办了公共关系公司。而如今,美国已有不计其数的公共关系公司。中国公共关系咨询市场已走过了30年,与这个市场同步成长的中国环球公共关系公司是中国内地成立的第一家专业性公共关系顾问公司,他的客户遍及信息技术、通信、医疗保健、金融、机械、化工、房地产及日用消费品等各个领域。根据《中国公共关系业2016年度调查报告》,整个市场的年营业规模约为500亿元人民币,年增长率约为11.5%。近年来,中国公关公司总数逐年增长,从业人数也不断攀升,整个行业呈现一派欣欣向荣的景象。

**1. 公关公司的主要职能**

(1)咨询诊断:为客户提供各种咨询服务,包括设计产品形象、提供公关的咨询等。

(2)联络沟通:协助客户与有关公众加强联络、沟通交流,建立和维持良好的政府关系、社区关系与名流关系等。

(3)搜集信息:为客户搜集、整理各种信息资料,为客户制定组织各项发展战略决策提供依据。

(4)新闻与广告代理:接受客户委托,设计、制作产品和形象广告,开展撰写新闻稿件、选择新闻媒介、组织新闻发布会、制造新闻事件等传播活动。

(5)策划专题活动:为客户策划和组织各种公关专题活动,如展示会、公关谈判、庆典活动、参观、赞助活动等。

**2. 公关公司的服务原则**

(1)利益原则:公关公司的宗旨是信誉第一、客户至上,追求客户利益与公司利益的双赢。

(2)保密原则:公关公司应严格保守委托组织的信息,不能泄露客户信息或用客户信息牟利,损害客户利益。

(3)尊重原则:公关公司在为客户提供服务的过程中,应充分尊重客户的意愿,努力满足客户的需求,尽最大努力帮助客户实现组织目标,且同时不能为竞争双方提供服务。

(4)诚信原则:公关公司对服务客户要绝对诚信。不论是对客户有利与否,都不应欺瞒,也不能故意夸大工作难度,借机抬高价格,欺骗客户。

(5)节约原则:公关公司为客户代理业务时,应站在客户的角度,进行合理的财务预算,尽可能降低成本,制订明确的收费标准,并严格执行。

**3. 公关公司的优势与劣势**

(1)优势

1)具有人员、信息、财物、经验方面的优势,能对趋势有比较准确的判断。

2)社会关系广泛,信息来源丰富,渠道通畅。

3)能以客观公正的态度去分析问题。

(2)劣势

1)对客户服务的连续性差。

2)对客户的历史、现状和面临的问题缺乏深入全面的了解。

**(三)公共关系社团**

公共关系社团是社会上自发组织起来的、非营利性的群众性组织或团体,从事公关理论研究、学术探讨、咨询服务、教育培训、竞赛评比等活动。包括综合型社团组织、学术型社团组织、行业型社团组织和联谊型社团组织。

**1. 综合型社团组织**　是指不同地域范围的公共关系协会,其主要职能是服务、指导、监督、协调,如中国公共关系协会和各省市公共关系协会。

**2. 学术型社团组织**　是指公共关系学会、公共关系研究会、公共关系研究所等学术团体,致力于公关教育与研究、开展公益活动等事务,为公关人员提供理论信息,进行理论指导。

**3. 行业型社团组织**　是指各行业、各部门、各系统的公共关系社团，主要开展行业公关需要的形象建设、专业培训等事务。

**4. 联谊型社团组织**　是指公共关系联谊会、公共关系俱乐部、公共关系沙龙等社团组织，主要作用是在成员之间沟通信息、联络感情，建立良好的人际关系。

## 三、医药企业的公共关系

### 课堂活动

讨论：结合所学的知识及生活中见到的实际情况，说说医药企业开展的公共关系活动有哪些？相较其他企业的公关活动有什么特点？

医药企业是指医药行业的企业，由于医药行业具有政策性、专业性和限制性等特征，因而医药企业也体现出一定的特殊性，与社会民生息息相关。近年来，医药企业面临着由于媒体的负面报道和违法广告带来的各种问题，这些问题促使政府加大监管力度，而这正是公共关系大有可为的地方。

### （一）医药企业的主体特征

**1. 营利性**　医药企业涉及中药、化学制药、生物制药、医疗器械、医疗服务等生产与销售领域，覆盖范围广，构成复杂多元，一般按其职能划分为医药生产企业和医药经营企业。医药企业通过生产、销售医药产品或服务，创造经济效益，获得其存在和发展的必要条件，因此从这个角度上看，医药企业属于营利性社会组织。

**2. 社会性**　虽然医药企业作为一个营利性社会组织必须通过创造经济收益才能立足和发展，但医药企业还具有比一般社会商业组织更突出的社会性。由于医药企业的产品和服务都涉及社会公众的生命健康，因此每一个医药企业不论其规模大小，都对公众的生命健康安全承担着不可逃避的社会责任。如果医药企业只注重其营利性，忽视其应担负的社会责任，那么就将对公众的生命安全带来严重的威胁。

### 案例分析

案例

2012 年河北的一些企业被媒体曝光用生石灰处理皮革废料，熬制成工业明胶，转售给某些企业制成药用胶囊，最终流入药品企业，进入患者腹中。 由于皮革在工业加工时要使用含铬的鞣制剂，因此这样制成的胶囊往往重金属铬超标。 经检测，共有 9 家药厂 13 个批次药品所用的胶囊重金属铬含量超过国家限值，其中超标最多的达 90 多倍，患者服用后会对身体造成巨大的伤害。

分析

这些企业抛弃了应承担的社会责任，只盲目地追求经济利益，置公众的生命健康于不顾，最终也将断送企业自己的生命。

### （二）医药企业的公共关系目标

受医药企业主体特征的影响，"塑造负责任的医药企业形象"是医药企业公共关系的主要目标。这个目标的实现，一方面要求医药企业促进内部和谐发展，对内部公众负责，获得他们的信任和支持，增强医药企业的凝聚力，从而提升医药企业的市场竞争优势；另一方面要求医药企业与社会各类公众进行有效的沟通交流，塑造并传播医药企业良好的社会形象，承担起社会责任，造福社会公众，提升医药企业的公信力，从而促进医药企业健康长远的发展。

**点滴积累**

1. 公共关系的主体是社会组织，是公共关系活动的策划者、组织者和实施者。
2. 公共关系机构主要分成三类：第一类是社会组织内部设立的公共关系部门；第二类是专门承接公共关系委托业务的公共关系公司；第三类是公共关系社团。
3. 医药企业具有营利性和社会性，承担着重要的社会责任。

## 第二节　公共关系的客体

**案例分析**

案例

英国某航空公司一架准备从伦敦飞往东京的航班因故障推迟 20 小时起飞，为了不使在东京等候此班机回伦敦的乘客耽误行程，英国某航空公司及时作出了妥善的安排，190 名乘客也欣然接受，取消或改乘别的班机。 但有 1 名日本乘客坚持原来的航班，原班机只好照旧到达东京后再飞回伦敦。 而东京飞往伦敦的航班飞机上有 353 个坐席、6 位机组人员和 15 位服务人员，却只有 1 名乘客，这位日本乘客 1 人独享了机组人员的周到服务。 有人估计，这趟航班英航公司至少损失约 10 万美元。

分析

英国某航空公司在公众的心目中树立了良好的形象，他们坚持"顾客第一"的观念，树立"顾客总是正确"的意识。 该公司尊重公关意识，虽然暂时损失了经济上的利益，但赢得公众的赞赏，收获了更加长远的经济和社会效益。

### 一、公众的定义和分类

社会组织是公共关系的主体，公众是公共关系的客体，没有公众，也就没有公共关系。因此，一个组织想要正确地制定公共关系的目标、策略和方法，开展科学的公共关系工作，就必须正确地认识和分析自己的公众对象。

#### （一）公众的定义

公众是与特定的公共关系主体发生联系并相互影响的个人、群体或组织的总和，是公共关系工作对象的总称。

### （二）公众的分类

从公众的定义可知，公众包含广泛、结构复杂，一个组织要想有效地开展公共关系工作，必须根据公众的内在规律性对其进行分类，使公关人员在对各类公众进行了解、分析和判断的基础上，有针对性地采取相应的策略，以取得更好的公关效果。以下介绍的是常用的分类方法。

**1. 根据公众与组织的所属关系分类**

（1）内部公众：指组织内部沟通、传播的对象，是直接归属于社会组织的内部成员，如员工、股东、董事等，还包括员工家属。他们既是对内公共关系工作的对象，又是对外公共关系工作的中坚力量，具有相对的稳定性。

（2）外部公众：指除内部公众之外的一切与组织发生相互影响、相互作用的组织或群体，如企业的客户、供应商、媒体等。处理好与外部公众的关系，可以为组织的发展创造良好的外部环境。

**2. 根据公众对组织的重要性程度分类**

（1）首要公众：指与组织的关系最密切、频繁，对组织的生存与发展具有重要影响力和决定性作用的公众，如组织中的员工、企业的顾客、学校的学生、医院的患者等都是相关主体的首要公众。任何一个组织都应该投入最多的资源来协调、维持和改善组织与他们之间的关系。

（2）次要公众：指对组织的生存与发展有一定影响，但不起决定性作用的公众，如社区公众、新闻媒介公众等。他们虽然不是公共关系工作的重点，但如果忽视他们的存在也会影响组织的公共关系状态。

划分首要公众、次要公众有利于组织在资源投入上区分轻重缓急。

**3. 根据公众发展过程中的不同阶段分类**

（1）非公众：指特定的环境下，既不受组织行为的影响，也不对组织产生作用的组织或群体。例如在一般条件下，我们说电影院可以被认为是药店的非公众。

（2）潜在公众：指未来可能与社会组织产生联系，或者事实上已与组织产生联系但其自身尚未意识到的组织或群体。例如突发交通事故，在一段时间内伤亡者家属还不知道他们的亲友发生意外，在此期间，对于医院来说，伤亡者家属就是潜在公众。

（3）知晓公众：指已经意识到组织行为所引起的问题，迫切需要了解与该问题有关的信息，并开始向组织提出有关权益要求的组织或群体。

（4）行动公众：指那些已经采取实际行动，迫使组织解决相应问题的组织或群体。在公共关系工作中，能否改善行动公众的态度，使他们与组织达到相互适应，就是检验公共关系工作效果的依据。

需要说明的是，从非公众到行动公众是一个连续发展的过程，应时刻关注公众的形成及其变化的动向。划分出非公众是为了减少公关传播的盲目性，避免不必要的资源投入；对于潜在公众应该加强预测；对于知晓公众则应及时传播沟通；对于行动公众必须采取相应更为积极的公关工作，将损失降到最低。

**4. 根据公众对组织的态度分类**

（1）顺意公众：是对组织的政策、行为和产品等持赞赏、支持、合作和信任态度的公众。一个组织的公共关系工作的首要目标就是细心维护和“保养”顺意公众。

(2)逆意公众:是对组织的政策、行为和产品等持否定、反对、质疑态度的公众。组织要做好逆意公众的转化工作,改变其敌意的态度。

(3)边缘公众:是对组织的政策、行为和产品等持中间态度,观点和意向不明确的公众。组织要争取这一部分公众变成顺意公众。

## 二、公众的基本特征

### (一)公众的群体特征

作为公共关系客体的公众,具有如下四个方面的群体特征。

**1. 同质性**　公众的形成原因是公众成员遇到了共同的事件或问题,且产生了共同的利益、需求、目的和兴趣等。这些共同点使一群人或一些团体和组织具有相同或类似的态度和行为,构成组织所面临的某类公众。例如某制药企业生产销售的某批次感冒药存在质量问题,本来彼此之间可能毫无联系的患者因都服用了该感冒药健康受到了威胁,使他们的态度和行为产生内在的联系,不约而同地或者有组织地对这家制药企业采取一致的行动以形成一定的公众、舆论压力,因此就成为该公司的公众了。

**2. 群体性**　公众不是单一的群体,而是一个复数概念,它是在公共关系中处于客体地位的个人、群体或组织的总和。公共关系所要解决的问题是与以群体状态出现的各类公众的关系,如果只注意其中某类公众而忽略其他公众,可能会导致整个公众环境的恶化。

**3. 相关性**　公众与特定社会组织之间由于某种因素而产生相互联系、相互作用。一方面,公众的意见、观念、态度和行为对组织具有实际或潜在的作用,甚至决定组织的成败;另一方面,组织的决策和运作也对公众利益的实现、需求的满足、问题的解决等产生实际或潜在的影响。

**4. 可变性**　公众不是永恒的,而是一个流动的概念,它处于不断变化发展的过程之中。公众的性质、形式、数量、范围、力量等方面都会随着客观环境和主体条件的变化而变化。由于"共同问题"形成了公众,而这个问题一旦解决,原先的公众在公共关系的意义上就不复存在了。

### (二)公众的心理特征

研究公众对象的一个重要内容就是对其心理特征进行分析,对于同一问题,不同的公众会有不同的反应,进而采取不同的行为,这些反应与行为的差异与公众的心理特征有关。要把握公众的心理特征,我们常从公众心理倾向和公众心理定势这两个方面入手。

**1. 公众心理倾向**　公众以其自身的兴趣、需要、价值取向、自我意识及决策风格反作用于公共关系的主体,两者之间相互联系和相互调适,因此必须高度重视对公众心理倾向的研究。

(1)公众的兴趣倾向:在公共关系工作中,公众的兴趣倾向表现为公众对某个组织以及组织开展的某项活动的选择性态度和积极的情绪反应。兴趣与公众的性别、年龄、职业、成长环境以及遗传等各个方面的因素有关。公众的兴趣倾向是影响公众与组织关系的重要因素,组织要研究不同公众的兴趣,在此基础上设计能让各类公众感兴趣的公共关系活动,让公众积极参与并配合,在引导建立兴趣的同时使组织从外部、内部都获得有益的帮助。

(2)公众的需要倾向:需要是公众对某个特定目标的渴望,是推动公众行为的直接动力。需要反映了公众对其现状的不满，并迫切地期望改变。公众的行为往往同时受多种需要的支配，在公关工作的具体实施中，要争取公众的支持，就必须注意到满足公众的不同需要。

**知识链接**

马斯洛的需要层次理论

美国心理学家亚伯拉罕·马斯洛于1943年在《人类激励理论》论文中提出，人类的需要像金字塔一样从低到高按层次分为五种，分别是生理需要、安全需要、社交需要、尊重需要和自我实现需要。这五种需要像阶梯一样按层次逐级递升，但这样的次序并不是完全固定的，现实生活中也有种种例外的情况。任何一种需要都不会因为更高层次需要的发展而消失。各层次的需要相互依赖和重叠，高层次的需要发展后，低层次的需要仍然存在，只是对行为影响的程度大大减小。

(3)公众的价值倾向：公共关系工作要促进公众去实现价值观的愿望，去引导公众的价值取向，组织与公众的价值取向统一后沟通就更加顺畅。值得注意的是，公共关系工作很难改变公众的价值观，但可以用生动的运作程序引导公众，使与组织利益目标相符的价值行为得到发扬。

**2. 公众心理定势**　人们对某一现象的共同心理与行为倾向构成公众心理定势。把握公众心理定势是组织与公众建立良好关系的必要前提。常见的有以下几种：

(1)首因效应：又称为“第一印象”。对于社会组织来说，传播给公众的第一印象非常重要，影响公众对组织的整体判断及长期看法，且一旦形成就很难改变。因此，组织在公共关系工作中要十分注意传播中的首因效应，应当极力营造良好的媒体形象，尽可能给公众留下良好的第一印象。

(2)近因效应：指最近或最后的印象的深刻作用。对一件事物接触的时间延长后，该事物的最近消息就会使公众对其产生新的认识和看法，甚至会改变原来的第一印象。所以，组织在开展公关活动时，应当始终如一，一旦有损害公众的行为或事件出现并传播，就意味着之前组织努力打造的良好形象有可能毁于一旦，而重塑形象将付出更高的成本。

(3)晕轮效应：实质上是一种以点概面或以偏概全的主观印象。当公众对某一对象的某种特征形成或好或坏的印象后，他们还倾向于据此推论该对象其他方面的特征。俗话说“儿不嫌母丑”“情人眼里出西施”等都是如此。公共关系活动可以适当利用这种效应来美化组织或产品的形象，如“名人广告”“偶像代言”，但必须把握尺度，不能蒙骗公众。

(4)定型效应：又称刻板效应，是公众个体在对对象进行认知时，总是自觉或不自觉地凭借经验对对象进行判断、评价的心理定势。由于定型效应在公关活动中广泛存在，会阻碍公众对事物的正确判断以及与组织间的交流，所以公关人员应特别注意此类效应，一旦因为某些事物使组织在公众心目中的形象受损，就要尽快改变公众的定型模式。

(5)移情效应：指公众把对待特定对象的情感迁移到与该对象相关的人或事物上，引起同类心理效应。具体表现为“爱屋及乌”，即由喜爱某人或事物而爱与其相关的一切。组织在公共关系活动中应当“投其所好”，针对公众的兴趣、爱好开展活动，使公众喜欢自己、信任自己。

综上所述，熟悉和了解了公众普遍的心理倾向和心理定势后，就可以有针对性地展开公共关系活动，正所谓“知己知彼，百战不殆”。

## 三、医药企业的公众

**课堂活动**

讨论：以你了解的医药企业为例，列出它主要的公众群体，分别说说他们对医药企业的影响；医药企业怎样才能构建起与他们的良好关系？

凡是与医药企业的生存和发展密切相关的个人和群体，都是医药企业的公众。由于医药行业的特殊性，医药企业的公众也体现出特殊性。在此，我们从内部公众和外部公众这两个方面来分析医药企业公众的特点。内部公众主要包括医药企业的员工；外部公众主要有消费者公众、媒介公众、社区公众和政府公众。

### （一）医药企业内部公众的构成特点

**1. 多元性和复杂性**　由于医药企业包括医药生产型企业、销售型企业以及研发型企业各种类型，因此它的员工构成呈现出多样性。医药生产型企业中员工主要以基层工人为主，文化水平普遍不高，但他们的工作场所相对固定；医药销售型企业的主要员工流动性较大，工作场所不固定；医药研发型企业的主要员工学历水平较高，专业性强，工作场所较为固定。

**2. 有明确的社会责任约束**　医药产品直接关系着人们的生命健康，因此医药企业的员工都必须树立强烈的社会责任意识。敬畏生命，关爱生命，不以利益为首要和唯一目的，为生命负责是医药企业的员工必须共同遵守的职业道德标准。

**3. 强烈实现个体利益的诉求**　医药企业员工面临着各自不同的职业生涯的发展需求，医药企业应当具有先进的员工意识，充分关注员工的各种利益诉求，不断满足员工的权利和利益，促进员工和企业同步发展，充分重视员工自我价值的实现，使员工对企业产生归属感和自豪感。员工是医药企业发展的最重要的资源，没有好的员工，也就没有好的企业。因此，医药企业重视员工的利益，也就是从根本上保障了企业的发展。

### （二）医药企业外部公众的构成

医药企业的外部公众构成比较复杂，主要包括消费者公众、媒体公众、社区公众和政府公众。

**1. 消费者公众**　医药企业的消费者公众的范围十分宽泛，在目前的医疗体制下，医药企业产品主要是在医院和零售药店进行销售，消费者相对缺乏购买的自主权。所以，医院和零售药店成了医药企业的最重要的消费公众，其次是自己买药的患者和其他个体消费者。

**2. 媒介公众**　医药产品关系着人们的生命健康，因此，医药企业一直是媒介高度关注传播的对象。医药企业应主动协调与大众媒介的关系，争取媒介对组织的理解与支持，以形成对本组织的生存与发展有利的舆论气氛，并通过媒介与公众进行广泛沟通，密切组织与社会公众之间的联系。

**3. 社区公众**　即医药企业所在地的区域关系对象，比如当地的管理部门、地方的团体组织、左邻右舍的居民百姓等。社区公众是医药企业的重要的潜在公众群体，医药企业应当通过展示良好的企业形象、积极为社区公众提供服务、履行社会责任来取得社区公众的支持和信赖，为组织创造一个有利的生存环境。

**4. 政府公众**　政府公众是所有外部公众中最具社会权威性的公众。医药企业主要通过良好的经营业绩和诚实守信、优良的口碑赢得政府公众的支持，为医药企业的发展争取良好的政策环境、法律环境、行政支持和社会政治支持，为组织赢得更好的发展条件。

由于医药行业的特殊性，各类公众都会非常关注医药企业的社会责任感。社会责任意识强的医药企业不会为了经济效益而忽视社会责任，将药品的质量安全放在第一，因而能赢得公众对企业的信任，促使企业长久地发展；反之，社会责任意识弱的医药企业为了追逐经济利益而损害公众利益，如制假售假、以次充好等，他们生产的医药产品严重危害公众的生命健康，失去了公众的信任，企业也终将被社会淘汰。因此，医药企业在公共关系管理中应具有强烈的公众意识，将公众的生命健康放在首位，并积极地与公众进行沟通交流，为他们提供各类医药相关知识与服务。

### 点滴积累

1. 公众是公共关系的客体，是社会组织开展公共关系活动、进行信息传播与沟通的对象。
2. 公众有着各种心理倾向和心理定势，组织开展公共关系工作时，应充分考虑公众的心理特征。
3. 医药企业从事的是健康事业，处理公众关系的首要原则应当是关爱生命，对公众的生命健康负责。

## 目标检测

### 一、选择题

（一）单项选择题

1. 公共关系的主体是（　　）

A. 社会组织　　B. 公众　　C. 公共关系人员　　D. 新闻媒介

2. 医院属于（　　）

A. 政府组织　　B. 公益组织　　C. 营利性组织　　D. 非营利性组织

3. 关系到组织生存死亡，决定组织成败的公众对象是（　　）

A. 个体公众　　B. 首要公众　　C. 边缘公众　　D. 潜在公众

4. 组织内部设置的公共关系机构是（　　）

A. 公关部　　B. 营销部　　C. 公共关系社团　　D. 公关公司

5. 按公众与组织的所属关系分类，组织中的员工、股东、董事等属于（　　）

A. 潜在公众　　B. 边缘公众　　C. 内部公众　　D. 外部公众

（二）多项选择题

1. 社会组织的基本特征有（　　）

A. 目的性　B. 营利性　C. 整体性
D. 变动性　E. 稳定性

2. 根据公众对组织的重要程度，公众可以分为(　　)

A. 首要公众　B. 次要公众　C. 顺意公众
D. 非公众　E. 潜在公众

3. 从公共关系学的角度，常将社会组织分为(　　)

A. 非营利性组织　B. 公共性组织　C. 营利性组织
D. 正式组织　E. 互利性组织

4. 公共关系公司服务的原则有(　　)

A. 利益原则　B. 保密原则　C. 尊重原则
D. 诚信原则　E. 节约原则

5. 公共关系部组建的原则有(　　)

A. 保密原则　B. 精简原则　C. 效能原则
D. 灵活原则　E. 自愿原则

## 二、简答题

1. 公共关系部设立的优缺点有哪些？
2. 简述公共关系公司的主要职能。
3. 简述医药企业的公共关系目标。

## 三、案例分析题

2007 年 5 月，一组质疑全国牙防组织合法地位的信息在网上广为传播，最后，牙防组织被认定为根本没有合法的认证资格，牙防组织被政府部门摘牌取消，随之一些曾经以“全国牙防组”认证为名进行宣传的品牌也开始受到质疑，这其中包括 A 公司的口香糖和 B 公司的 C 牌含氟牙膏。据了解，B 公司曾向中国牙防基金会捐资 1000 万元，并因此顺利取得由牙防组开出的各种认证。而今，随着全国牙防组被摘牌取消，B 公司也深陷借牙防组织名进行虚假宣传的危机之中，成为众矢之的，一时无法自圆其说。

思考题：

1. B 公司陷入危机的主要原因是什么？
2. 采取怎样的措施才能摆脱危机？

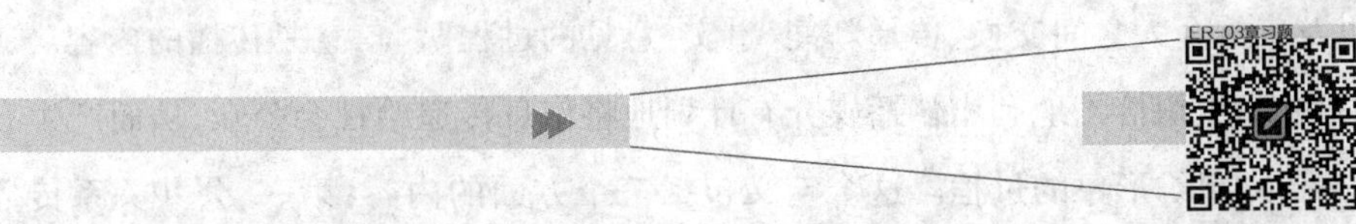


（陈　昱）

# 第四章

# 公共关系传播

导学情景

情景描述

2003—2004 年 SARS 蔓延至亚洲乃至欧洲的 20 多个国家和地区，造成 1000 多人死亡，全球陷入恐慌。TTSH 被政府指定为 SARS 专门诊疗医院，关闭了急诊部。由于开始对该病的传染途径不明确，导致无理由差别对待。为了坚定公众对 TTSH 医院的信赖，提高医院职工的士气，恢复医院的良好形象，医院开设了以下沟通渠道：

1. 内部渠道　医院的最高管理责任人每天用电子邮件通告情况；每天举行中层干部通气会、临床报告会，展览从市民那里收到的感谢信。

2. 外部渠道　媒体、简报、卫生行政部门的记者招待会。

此外，在时态进展的每个重要节点都举行一些活动，如母亲节向女性职工慰问、护士节举办盛大的赞颂护士的活动；通过大学生基金会举办康复者聚会，作为战胜 SARS 的实例，鼓励病毒携带者等。最终，公众对事件从忌讳、恐慌转变为对医疗卫生界的称赞、尊敬，医院员工不仅没有减少，2004 年反而有增加，各项诊疗指标也恢复到疫情发生之前的水平。

学前导语

在上述案例中，如果处理不当，将可能给政治、社会、经济带来巨大的负面影响。TTSH 充分利用传播沟通的手段，在现场及时应对的同时，坦诚、及时地提供正确的信息，说清事实、清除误解、避免猜疑，努力培养全民和 SARS 战斗的坚强意志，取得了很好的传播效果。

## 第一节　公共关系传播概述

### 一、公共关系传播的概念

1988 年出版的我国第一部《新闻学词典》将传播定义为“传播是一种社会性传递信息的行为，是个人之间、集体之间以及集体个人之间交换、传递新闻、事实、意见的过程”。信息是传播的内容。

公共关系传播则是社会组织恰当地利用传播媒介有计划地将信息传递给社会公众，从而产生有利于组织的态度、信念，树立组织形象的过程。这个定义包括三个方面的内容：第一，公共关系传播的主体是组织；第二，公共关系传播的客体由两部分组成，一部分是组织内部公众，另一部分是组织外部公众；第三，公共关系传播可以利用多种传播媒介，并相互渗透、整合。

通过公共关系传播可以向社会公众提供组织信息，使公众形成对组织有利的态度，实现公共关系的预期目的。

**知识链接**

公关传播的5B原则

1. 结合点（binding point）　公关传播是为品牌的长期存在发展打造服务的。公关传播的方向是否正确，最根本取决于是否符合品牌的个性；而公关传播是否有效和有力，则取决于有没有挖掘出品牌的核心内涵、有没有找到与品牌之间最牢固的结合点。

2. 支撑点（backstop）　品牌建设不是空中楼阁，一切传播都必须靠措施予以支撑。

3. 亮点（bright point）　必须要有能引起公众关注、媒体兴奋的亮点。

4. 沸点（boiling point）　公关传播一定要保证足够的传播量，才能达到预期的传播效果。

5. 保护点（body guard）　在媒体多元化和“草根媒体”时代，在公关传播的过程中引起关注的同时，势必引发一定的质疑。要真正使舆论始终按照预定的方向进行引导，使一切尽在掌控之中，就必须在事前找到各个层面及各个环节的保护点，做好危机管理，为公关传播当好保镖，保驾护航。

## 二、公共关系传播的特点

公共关系传播有其自己的特点，具体表现在以下几个方面：

### （一）传播行为的受制性

公共关系传播是一种重要的组织行为，是为实现组织目标服务的，因而要受到组织特性的制约。从时间上和空间上、内容上和形式上，都要受组织目标、组织制度、组织规范等的制约。

### （二）传播内容的求实性

公共关系传播是组织的一种公共关系行为，其目的是为了沟通公众、服务公众，在社会公众心目中树立良好的社会形象，进而求得公众的理解与支持。因此，公共关系传播首先必须讲求其内容的真实性和态度的诚实性，要使公众感觉到组织的公共关系传播是客观的、实在的和公正的。

### （三）传播渠道的多样性

公共关系传播的对象是公众，公众是一个类型复杂、层次多样的社会群体。他们当中有个人、群体，也有组织；他们的年龄、性别、阅历、个性等都不尽相同，各自喜欢的信息渠道也就不同。因此，公共关系传播必须针对目标公众，采取多种传播渠道进行信息传播，保证公共关系传播的针对性和影响面。

### （四）传播方式的策略性

公共关系是一门科学，也是一门艺术，公共关系传播在遵循传播规律和原则、确保传播内容真实和客观的前提下，根据不同的情况采取相应的策略，创造性地运用各种传播的技术与方法，巧妙地向公众传播公共关系信息，从而有效地影响公众、服务公众、沟通公众、赢得公众，取得最佳的公共关系传播效果。

### （五）传播活动的高效性

在公共关系传播中要注重传播时机的选择，按组织发展的不同时期的特点，注重选择传播渠道，确保公共关系传播的高效性。公共关系传播要受到人们追求最佳效益的欲望所驱动，并以传播的最佳效益为原则。

## 三、公共关系传播过程模式

传播模式是指采用简化而具体的图解模式来对复杂的传播过程进行描述、解释和分析，以求揭示传播要素之间的相互关系。有关传播的模式很多，在此列举几种比较有影响力的模式。

### （一）传播过程的直线模式

1948年美国传播学奠基者哈罗德·拉斯韦尔（Harold Lasswell）首次提出了构成传播过程的五种基本要素，并按照一定的结构顺序排列，形成了人们称之为“五W模式”或“拉斯韦尔程式”的传播过程模式，见图4-1。

图4-1　拉斯韦尔的传播过程模式

美国数学家香农（Claude Shannon）和韦弗（Warren Weaver）在研究电报通信问题的过程中，于1949年发表的《传播的数学理论》一文中也提出了一个过程模式，称为传播过程的数学模式或香农-韦弗模式，见图4-2。

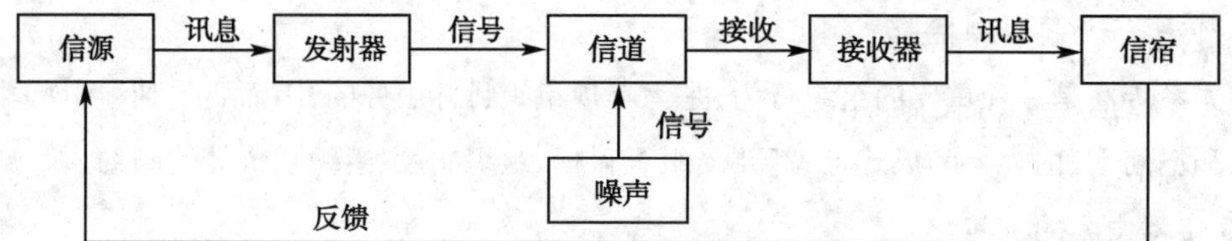


图4-2　香农-韦弗模式

拉斯韦尔模式首次将传播过程表述为五个环节和要素过程，在传播学史上具有重要意义。但是它还是不完全的，因为它是单向直线性的，虽然考虑到了受传者的反应（效果），却没有提供反馈渠道，没有揭示人类社会信息传播的双向性与互动性。香农-韦弗模式是描述通信过程的，这个模式导入了噪声的概念，表明了传播不是在封闭的真空中进行的，传播过程内外的各种障碍因素会形成对信息的干扰，这是一个不可忽略的重要因素，为进一步研究传播过程提供了重要的启发。

### （二）传播过程的循环和互动模式

1954年，传播学科的集大成者和创始人威尔伯·施拉姆（Wilbur Lang Schramm）在奥斯古德的观点的基础上，提出了“循环模式”，见图4-3。该模式与直线模式有明显的不同：

1. 没有传播者和受传者之分，传播双方都是传播行为的主体，通过信息的授受处于你来我往的相互作用之中。

2. 反馈对传播过程构成一种自我调节和控制，使整个传播过程处于良性循环状态。

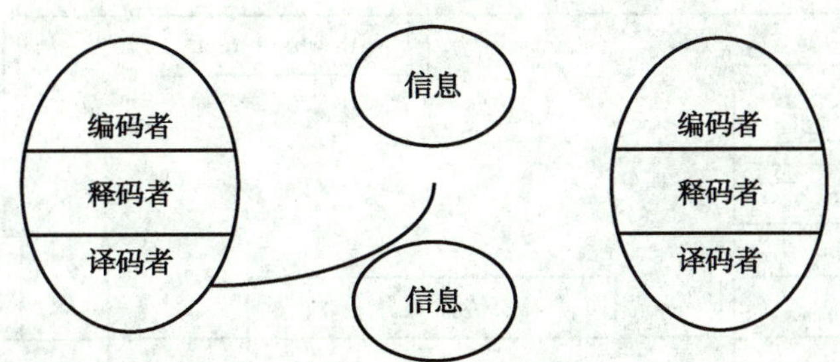


图 4-3　奥斯古德与施拉姆的循环模式

**课堂活动**

现实中，传播双方完全对等或平等的传播关系是普遍存在的吗？ 为什么？

这个模式能够体现人际传播特别是面对面传播的特点，却不能适用于大众传播的过程，施拉姆本人也认识到了这个问题，于是在同一篇文章中又提出了大众传播过程模式，见图 4-4。这个模式体现了大众传播的特点，传播双方分别是大众传媒和受众，两者之间存在着传播与反馈的关系。此外，还有传播过程互动模式等。

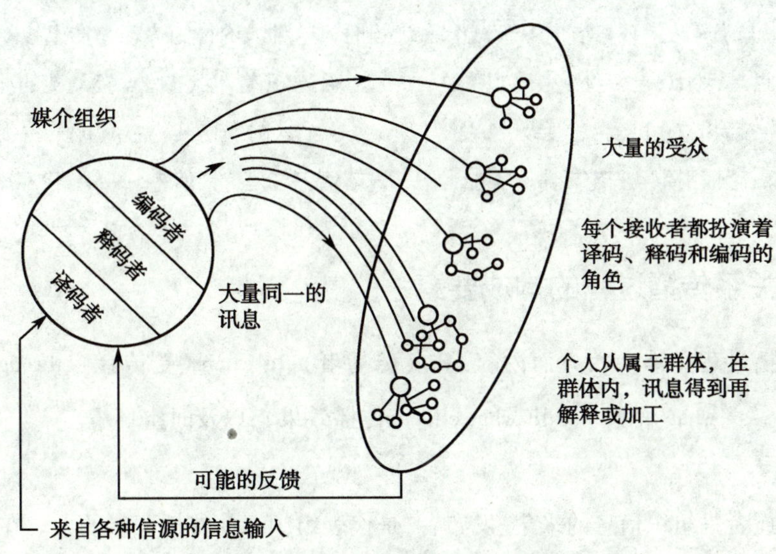


图 4-4　施拉姆的大众传播过程模式

### （三）公共关系传播过程模式

公共关系传播是社会组织选择媒介把信息传递给相关公众，公众接收信息后通过媒介反馈，社会组织接收反馈、调整策略的过程，见图 4-5。

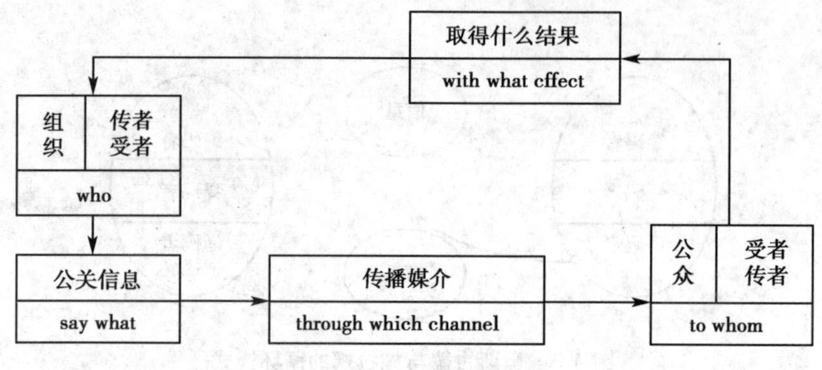


图 4-5　公共关系传播过程

**知识链接**

其他公共关系传播模式

1. 纽科姆 A-B-X 模式　在公共关系传播过程中，组织与公众的平衡总是相对的、暂时的，不平衡总是绝对的、永恒的，协调工作需要不断地求得平衡。

2. 柏恩“人格结构 PAC”理论　P：“父母”状态，以权威和优越感为标志，通常表现为统治、训斥、责骂等家长制作风。当一个人的人格结构中 P 成分占优势时，这种人的行为表现为凭主观印象办事、独断独行、滥用权威，讲起话来总是“你应该……”“你不能……”“你必须……”。A：“成人”状态，表现为注重事实根据和善于进行客观理智的分析。这种人能从过去存储的经验中估计各种可能性，然后作出决策。当一个人的人格结构中 A 成分占优势时，这种人的行为表现为待人接物冷静、慎思明断、尊重别人，讲起话来总是“我个人的想法是……”。C：“儿童”状态，像婴幼儿的冲动，表现为服从和任人摆布，一会儿逗人可爱，一会儿乱发脾气。当一个人的人格结构中 C 成分占优势时，其行为表现为遇事畏缩、感情用事、喜怒无常、不加考虑，讲起话来总是“我猜想……”“我不知道……”。

## 四、公共关系传播过程的构成要素

公共关系传播过程中涉及六方面内容：who（传播者）、to whom（受传者）、through which channel（通过什么渠道）、say what（信息）、with what effect（传播效果），以及时空环境。

### （一）传播者

公共关系传播者是组织信息的采集、发布者，是代表组织行使传播职能的人。在协调公众关系、改善周围环境和树立自身形象、提高信誉以及沟通内外联系、谋求支持与合作的过程中，公共关系传播者居于主动地位，起着控制者与组织者的作用。它的任务是将外部的信息传达给组织内部公众，将有关组织的信息发布出去，传递到目标公众那里。传播者的一些特性对传播效果的影响很大，权威传播者对疑难问题的认识比较深刻、准确，容易让人相信；如果传播者的动机是谋取不当利益，就容易招致猜疑甚至反感；如果传播者偏激、自我意识很强，就不容易说服别人。

### （二）传播内容

公共关系传播内容是指传播者发出的有关组织的所有信息。它大体上可以分为两类：一类是告知性内容，即向公众介绍有关组织的情况，如组织的目标、宗旨、方针、经营思想、产品和服务质量等，往往以动态消息或专题报道的形式出现。告知性内容必须是真实、客观公正、实事求是的，信息的加工和处理必须是准确的，能全面反映组织的基本状况，喜忧兼报，即公共关系之父艾维·李说的“公众应该被告知”。此类信息还应具有系统性，不是零零散散、支离破碎的，否则不仅不利于公众形成对社会组织的整体形象，反而容易对社会组织产生怀疑、猜忌和不信任。因此，社会组织要经常地、定期地向公众传播各种信息。另一类是劝导性内容，即号召公众响应某项决议，呼吁公众参与某项社会公益活动，或者劝说人们购买某种商品。在利用大众传媒进行宣传的过程中，企业发布的此类内容，则多以商业广告的形式出现。传播内容的吸引力、说服力、趣味性和可信性、与公众原有观念和态度的一致性等均会影响传播效果。

### （三）传播渠道

所谓传播渠道，是指信息流通的载体，也称媒介或工具。公共关系传播媒介各种各样，如口语、类语言、报纸、杂志、广播、电视、电影、磁带、唱片、网络等。详见本章第三节。

### （四）受众

即受传者，又称信宿，指那些与组织有着某种利益关系的特定公众，是组织意欲影响的重点对象。不同受众对组织及其信息有不同的要求，组织传递的信息如果不符合受众的要求，就引不起他们的兴趣，甚至会引起受众的不满意。受众的心理特征、心理倾向、心理定式同样对传播效果有影响。传播学者研究认为受众在接触媒介和接收信息时有很大的选择性，这个选择过程表现为三种现象，简称“3S”，包括：

**1. 选择性注意** 是指在接收信息的过程中，人们不可能对所有的信息作出反应，只能有选择性地加以注意。从这一角度看，提高信息的竞争能力应注意：①进行对比：将内容不同的稿件或节目编在一起，表现为强烈的对比，以引起消费者较大的注意；②增加强度：在其他条件相同的情况下，刺激性强的容易引起人们的注意；③选择位置：某个时段或位置能够减少或避免与不相干信息的碰撞与干扰，此时的信息就会显现出良好的传播效果；④适度重复：重复的刺激是使信息引人注意的一个重要手段；⑤适当变化：持续的时间太久，就会使人们对信息失去新鲜感而失去注意，因此，适当的变化是吸引注意的必要条件。

**2. 选择性理解** 是指不同的人对同一信息作出不同的意义解释和理解。影响受众的选择性理解的因素包括需要、态度和情绪三个方面。

**3. 选择性记忆** 人们只记忆对自己有利的信息，或只记自己愿意记忆的信息，而其余信息却被忘却，这种记忆上的取舍称为选择性记忆。

### （五）传播效果

公共关系传播效果是指公众对信息传播的反应，也是公共关系人员对传播对象的影响程度。详见本章第四节。

#### ▶▶ 课堂活动

国家食品药品监督管理局于2004年8月批准上市的由深圳市T制药有限公司研制生产的A药，其具有抑制病毒、增强免疫力的功能，是我国中草药治疗乙肝的一个新突破。2005年3月5日，在T制药有限公司的支持下，由吴阶平医学基金会主办、《科技日报》医药健康版协办，在北京举办了全民防治乙肝宣教专项活动暨 A 药科技成果报告会。

此次活动使公众清楚地认识到病毒性肝炎对人体健康的严重危害，了解科学防治肝炎的健康知识，并通过全国各级医疗机构开展广泛的肝病临床和科研协作研究，进一步推广应用各种优秀的新成果、新技术，不断提高我国肝病的治疗水平，让人们远离肝炎。《中国医药报》《医药经济报》《健康报》《人民日报》《科技日报》等数十家媒体对此进行了报道。 在随后的一系列药交会上，A 药受到了与会厂商的欢迎，成为乙肝防治新药的亮点。

讨论：T 制药有限公司实施的公共关系传播的各个要素分别是什么?

**（六）时空环境**

时间对传播的影响主要体现在如下几个方面：

1. 在特定时间内外在噪声的强弱。噪声是广义的，如果某个企业在一次捐款活动中捐了 80 万元，而在此前后恰有另外两个企业捐了 100 万元，那么该企业公关活动的社会影响就因其他企业发出的“噪声”而大打折扣。

2. 在特定时间中目标受众的情绪、精力状况的好坏。受众在情绪、精力都处于低潮时，对一切都会厌烦；找准在受众有好心情时传播，不仅容易使其关注信息，甚至还会作出超乎人们期望的举动。

3. 信息沟通时间的长短、提前、推迟和失约不仅影响信息传递的数量，还可能影响传播的质量，因为这些时间特性的变化将影响传播双方的情绪和感受。

空间环境如会谈地点、环境的舒适程度及技术条件（包括灯光照明、室内温度、音响、整洁程度等）、座位排列等都会影响信息交流。时空环境一部分是可控的，有些是不可控的。

**点滴积累** √

1. 公共关系传播是双向互动的信息交流与分享的过程。
2. 公共关系传播过程中有六个基本要素：传播者、受传者、传播渠道、传播内容、传播效果、时空环境。
3. 几种主要公共关系传播模式各有特点。

## 第二节　公共关系传播基本方式

为有效达成组织与公众的沟通，必须运用各种不同的传播方式。按人类传播的发展过程，传播有自身传播、人际传播、群体传播、组织传播和大众传播五种类型。各种类型既自成体系，又相互联系、互为补充，其关系如图 4-6 所示。在这个树状层级系统中，由下而上，传播形式出现了四个变化：第一，受众面越来越大；第二，传受双方在距离和感情上越来越远；第三，信息的个性化越来越淡；第四，社会组织系统和传播技术越来越复杂。

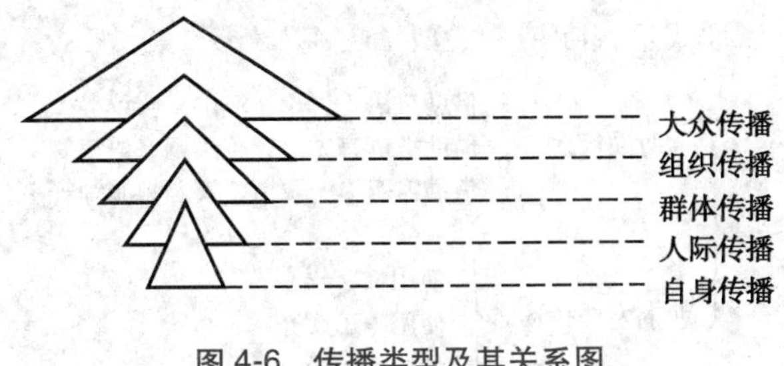


图 4-6 传播类型及其关系图

## 一、自身传播

自身传播又称自我传播、个人的自我交流，即传递信息的主体和接收信息的客体是同一个体，其表现形式是个人的自言自语、自我反省、自我发泄、自我陶醉、沉思默想等。个体的自身传播是其他一切传播活动的基础。

## 二、人际传播

**案例分析**

案例

小雪大学毕业后加入了某公司。她工作勤奋，2 个月后，业绩超过了部门的一些老员工。因此，大会、小会上，上司常把她挂在嘴边表扬。她性格沉稳、安静，有时下午闲下来大家在一起聊天喝茶时，她总是默默看报表、资料，或是为第 2 天的工作做一些安排。

某日，公司组织春游，一路上大家三三两两，谈笑风生，唯有她，时常落单。晚上，跟她同房间的女孩放下行李就到别的房间打牌，一夜都没回。小雪……

度假回来上班后，小雪被安排和同事张姐一起完成某任务。这次，小雪刻意迁就张姐的节奏，有时还帮她。完成工作后，张姐特意请小雪喝咖啡，她有意跟张姐诉苦，自己才工作，心中总忐忑不安，生怕做得不好被淘汰，弄得心很累……。看到部门的女同事穿了新衣服，她会感兴趣地问问价格、质地，夸赞几句；偶尔闲下来，她也主动和大家一起聊天。

3 年后，小雪升了职，上司表扬她：既能做好自己的工作又能协调好和同事的关系。

分析

现代社会特别重视团队精神，人际关系状况已经成为影响人们事业成功的主要因素。

人际传播是指在人们之间的交往活动中，人们相互之间传递和交换着知识、意见、情感、愿望、观念等信息，从而产生了人与人之间的互相认知、互相吸引、互相作用的社会关系网络。人际传播是企业形象（CI）传播的主要形式之一，表现在企业内部成员之间的沟通和企业的外部公众之间的沟通。人际传播是一种最常见、最广泛、最直观的传播方式。

### （一）人际传播的类型

人际传播的具体形式很多，如与员工的交谈，与客户的交流或电话联络，组织举办的报告会、恳谈会、洽谈会、联欢会、演讲会、座谈会等各种会议。应当根据不同的传播目的、对象、内容、情境等具体情况选择恰当的人际传播形式。人际传播类型见图4-7。

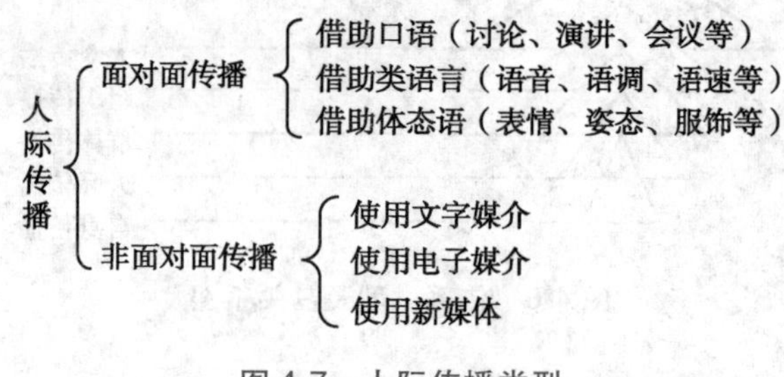


图4-7　人际传播类型

（二）人际传播的特点

人际传播特别是面对面的传播具有以下重要特点：

**1. 个体性**　人际传播是发生在两个人之间的传播行为，如同事、朋友、同学、兄弟、姐妹之间，具有显著的私密性和个体性，双方可以就一些不宜在公开场合传播的内容进行交流甚至深入探讨。

**2. 灵活多样性**　人际传播是真正意义上的"多媒体"传播。人际传播所使用的媒介除语言、文字外，还可以用图像、声音、表情、动作、姿态、服饰等多种渠道来传递信息。

**3. 反馈及时性**　人际传播基本上可以做到实时反馈，双方均可以通过对方的反应修改、补充传播内容或改变传播方式，提高双方达成一致意见的可能性。

**4. 情感性**　人际传播的感情色彩最浓，通过人际传播，不仅可以进行信息的交流，而且可以达成情感的沟通。个人感情的沟通一般随着对象的增加而递减，个人交往场合比在公众场合感情沟通效果更明显。因此，公共关系传播可以广泛使用人际传播。

人际传播最大的缺点是传播面窄，不利于信息迅速、广泛地传播，并容易受到个人见识、情绪等因素的影响，容易使信息在多次传播中失真。

（三）人际传播中的自身形象塑造

戴尔·卡耐基曾说过，一个企业家的成功有15%是靠他的专业知识，而有85%是靠他的人际关系和领导能力。为了建立良好的人际关系，公共关系人员要注意塑造良好的自身形象，充分发挥第一印象的重要作用。为此，应该注意以下几点：

**1. 精神饱满，神情自然**　美国心理学家艾伯特·梅拉比安认为情感表达中语言的作用占7%，声音的作用占38%，而表情的作用占了55%。在社会交往中要始终以极大的热情关注对方，对其所感兴趣的事物感兴趣，并随对方的言谈举止作出自然得体的反应。与他人交往时神采奕奕、精神饱满，显得充满自信，能激发对方交流的热情；如果萎靡不振、神情倦怠，则会使对方感到敷衍冷漠。

**2. 仪表整洁，衣着得体**　曾经有心理学家做过这样一个试验，让4个人分别扮演不同的角色，一位是挎着篮子、脸色疲惫的中年妇女，一位是戴着金丝眼镜、手持文件材料的青年学者，一位是打扮入时、妆容精致的美丽姑娘，还有一位是留着怪异头发、穿着邋遢的男青年，让他们在公路上找陌生司机搭车。结果表明，驾车者喜欢载那些"整洁顺眼"的人一程。人的身材、容貌属于先天因素、无法改变，但可以通过神情、态度、服饰等来修饰，比如衣着打扮与气质、职业、年龄、体形等相得益彰。

**3. 谈吐高雅，语言真诚** 一个不善言谈、沉默寡言的人很难引起他人的注意。在社交中应能侃侃而谈，语言简洁、准确、生动，对问题见解深刻，言之有物。如萧伯纳的戏剧剧作《卖花女》（后改编为电影《窈窕淑女》）中的女主人公通过训练从一个卖花姑娘变为贵族社交场合中光彩夺目的贵妇人。

**4. 自然大方，挥洒自如** 举止庄重得体、自然大方，如坐、立、行姿态正确雅观，能展现出一个人良好的教养，给人留下成熟信赖之感；反之，粗俗不雅的举动则令人生厌。

### 案例分析

案例

某日，上级单位财务监理来公司进行常规检查，本来账目很清楚，但是小李不知为什么非常紧张，在回答监理提问时结结巴巴、面红耳赤。事后，领导找她问话，也是这种情况。从此，小李怕见领导、怕与同事近距离的目光对视、怕开会发言，甚至不愿意到公司食堂就餐，渐渐地生活和工作都受到了很大的影响。

分析

小李患上了社交恐惧症，在心理学上被诊断为社交焦虑障碍（social anxiety disorder，SAD），是焦虑症的一种。患者对于在陌生人面前或可能被别人仔细观察的社交或表演场合，有一种显著且持久的恐惧，害怕自己的行为或紧张的表现会引起羞辱或难堪。

### （四）人际传播技巧

古人云："一言可以兴邦，一言也可以误国"。人际传播中要讲究说话的艺术和技巧，特别要根据不同的谈话对象灵活运用。

**1. 提问技巧** 一个问题如何问，常常比问什么更重要。尽量使用双方习惯和喜欢的提问方式（封闭式提问、开放式提问、探索式提问、偏向式提问、复合式提问），文明提问，注意提问时机。如在谈话开始时问一个开放式的问题，当发现话题跑偏时可问一个封闭式的问题。应避免连珠炮式提问，使人难以承受；少问为什么，可改为其他形式，如"你能不能再解释得清楚一些"；少问带有引导性的问题。

**2. 反馈技巧** 对对方的正确言行表示赞同和支持时，应适时插入"是的""很好"等肯定性的语言或点头、微笑等非语言形式予以肯定，以鼓舞对方。当发现对方不正确的言行或存在的问题时，应先肯定对方值得肯定的一面，然后以建议的方式指出问题的所在，使对方保持心理上的平衡，易于接受批评和建议。当需要暂时回答对方某些敏感的问题或难以回答的问题时，可作出无明确态度和立场的反应，如"是吗""哦"等。

**3. 积极聆听的技巧** 面对面的传播中，一要倾听回应，要积极反馈，并运用表情、体态表明对对方的理解和关注，激发说话人的谈话热情，如"好，我也这样认为的""不错"；二要提示提问，没听清楚时要及时提问；三要重复内容，要全神贯注，听完一段话后要简单重复一下内容，予以确认；四要归纳总结，善于将对方的话进行归纳总结，更好地理解对方的意图。避免一边听一边与自己的观点进行对比、评论，即听比善辩重要。如在接受领导指示任务时，可以利用 5W2H 的方法快速记录要求，即时间（when）、地点（where）、执行者（who）、为了什么目的（why）、需要做什么工作（what）、怎样去做（how）、需要多少工作量（how many）。当领导下达完指示后，立即简明扼要地向领导重复一遍，核实是否有遗漏或是自己没有领会清楚的地方，请领导加以确认。

**4. 非语言传播技巧**　表情、眼神、语音语调等是人们心理活动的自然反应，在人际传播中都有着丰富而真实的信息内涵。为保证有效的人际传播，一要安排安静整洁的交谈环境，给人以安全感和轻松感。二要注意仪表服饰、体态、姿势等形象，衣着整洁大方，举止稳重，使人易于信任、易于接近。三要与交流对象保持适当的距离（社交距离为 1.2~3.6m），它反映了人们之间已经建立或希望建立的关系，并常常受到民族文化和风俗习惯等社会因素的影响。四要恰当地运用肢体语言，如以注视对方的眼神表明在认真地听，表明对对方的重视和尊重；以点头的表情来表示理解和同情；用手势来强调某事的重要性等。五要在交谈中适时适度地改变声调、音量和节奏，引起注意，调节气氛等。如 1979 年邓小平访问美国时，有位美国记者故意提出挑衅性问题："决定实现两国关系正常化时，你在国内有没有遇到政治上的反对势力？"只见邓小平笑容可掬，不紧不慢地回答："有！"邓小平的回答使在场的人们无不瞠目结舌，人人都侧耳倾听他怎么说。邓小平停了一停，然后字字掷地有声说道："在中国的一个省——台湾——遇到了激烈的反对。"

**5. 与不同人际风格的人的沟通技巧**　要善于观察他人的沟通方式，并弹性地调整以使自己与对方同步，消除冲突，建立良好的人际关系。根据一个人在沟通过程中情感流露的多少，以及作出决策的速度，可以分为以下四种不同的类型。

（1）分析型：决策过程中果断性非常弱，感情流露非常少，语调单一，动作慢，喜欢较大的个人空间。与分析型的人沟通要注意细节、遵守时间，尽快切入主题，要一边说一边记录，不要有太多的眼神交流，多做计划，使用图表、专业术语。

（2）和蔼型：感情流露很多，经常微笑着看着你，说话很慢。与和蔼型的人沟通要先建立良好的关系，如赞美他办公室照片上的人；要注意保持微笑、频繁的目光接触，语速要慢，主动征求他的意见，否则他不会主动说。

（3）表达型：感情外露，做事非常果断、直接，热情、有幽默感、活跃、动作非常多而夸张。与表达型的人沟通声音要洪亮、有一些动作和手势，说话要直接；达成协议后，最好进行书面确认。

（4）支配型：果断、有计划、强调效率，说话快且有说服力，热情，语言直接，面部表情少，感情不外露，喜欢指挥人、命令人。与支配型的人沟通身体要略微前倾，要有强烈的目光接触；要非常直接，不要有太多的寒暄；要在短时间内给他非常准确的答复，而不是模棱两可；说话的声音要洪亮、充满信心。

**课堂活动**

如果你要向领导提建议、提议，请问是选择早晨上班时还是快下班时，或者是其他时间？

## 三、群体传播

群体传播是指传播主体面向相对集中、人数较多的公众群体进行的传播，如集会上的演讲、演出活动、发布会、招待会、展览会、各种庆典活动等，其特点有传播对象是人数较多、较集中的公众群体；受传者往往是为了共同的目的和兴趣而聚集在一起的。

## 四、组织传播

组织传播是指组织内部个人与个人、团体与团体、部门与部门、组织与成员的传播活动以及组织与相关的外部环境之间的交流沟通活动。这种传播分为内部传播和外部传播。组织传播既是保障组织内部正常运行的信息纽带，也是组织作为一个整体与外部环境保持互动的桥梁。会议是组织传播的常用形式，尤其是需要多部门协作的工作，如日常工作会议、报告会、讨论会等。大型会议的工作流程一般如下：

1. 组织会务工作小组，确定会务组领导及成员，制订会议准备工作部署。

2. 研讨会议主题、会议时间、会议地点、参会人员、会议内容、会议材料种类和数量。

3. 发布会议通知，包括会议时间和地点、提交会议材料的格式要求、参会人员。

4. 确定明确的会议议程，落实参会人员参加情况、会议具体地点情况、参会人员住宿安排情况、会议车辆情况、安全应急预案情况，形成会务指南样稿，经会议小组领导确认后开始印刷。

5. 根据确定的会议议程，制订会议预算，申请专项会务费用。

6. 确定横幅、参会证、桌签、路引的样式和内容，经会议小组领导确认后，开始制作横幅、参会证、桌签。

7. 组织布置会议室，并确定室内各项设备到位情况，包括桌椅摆设、投影仪、会议电脑、麦克风、电话会议机、打印机、录音笔、激光笔、电源、纸、笔、饮用水、鲜花、茶歇、应急药品、摄影摄像设备。

8. 检查各项宣传材料到位情况，包括横幅（电子屏）、路引、桌签、参会证。

9. 检查各项会务资料到位情况，包括汇报材料、会务指南。

10. 检查会议住宿、餐饮安排情况，如有晚宴，要协调好地点、酒水。

11. 跟踪参会人员行程安排，人员到位后发放资料袋，包括会务指南、参会证、纸笔、温馨提示。

12. 安排好会议车辆，迎接参会人员到达会议地点，安排参会人员住宿。

13. 会议前期，全面检查各项工作落实情况，安排好指引人员、会议记录人员、会议电脑投影仪操作人员、摄影摄像人员。

14. 会议开始前，做好参会签到，向会议主持人通报人员参会情况。

15. 会议开始后，安排会议期间茶歇的催要、会后的餐饮落实。

16. 会议结束后，回收自带设备，整理会议纪要，发布会议成果，总结会议组织的经验教训。

知识链接

谈判前期准备

谈判的组织工作主要是与对方取得联系，确立谈判内容、时间、地点、人选和方式等。组织者应设法选择对自己有利的时间，节假日后的第1个工作日、连续紧张工作之后、身体不适之时都会影响谈判工作。组织者还要善于利用谈判场所因素，如选择自己熟悉的地点，当然还要做好接待工作，如安排对方住宿、布置会场、确定座位，以及文秘、保密、交通等工作。

组织传播有正式传播和非正式传播两种类型，自上而下、自下而上、横向传播三种形式。组织传播具有如下特点：

**（一）传播的主体是组织**

传播活动受组织的目标和计划制约，整个传播活动处于组织的管理和控制之下。组织传播主体的组织性并不意味着只能以组织机构的名义进行传播，有时组织传播通过个人进行，但此时个人的传播活动代表组织。

**（二）组织内部正式传播的层次性和有序性**

组织内部正式传播主要有自上而下的下行传播、自下而上的上行传播和同级部门的平行传播，主要借助会议、文件、简报等媒介。组织内部传播的层次性和有序性保证了组织系统运行的效率，但如果组织机构臃肿、管理层次过多则会导致信息延误、衰减、失真。

**（三）组织内部非正式传播的自由性和平等性**

主要指组织内的人际传播和非正式的小群体传播。组织内部的非正式传播往往比正式传播更有力。通常在一个组织中有这样几种人："包打听"（"小广播"）、"元老"和（"老师傅"）、非正式团体的领袖、领导的"红人"或朋友等。他们是组织非正式传播的最活跃的因素，自发地形成了非正式传播网络。要恰当地利用这些网络，在组织内部营造一个积极、健康、活泼的人文环境，增进成员的向心力，弥补正式传播的不足；甚至可以有意识地透露一些信息，由他们自发地去传播，以达到控制舆论、扩大传播效果的目的。但同时也要防止和抑制非正式传播的负面效果，有意识地引导和加以间接调控。

**（四）组织外部传播的公众性和大众性**

组织外部传播的对象远比人际传播复杂和庞大，往往需要借助大众媒介。

课堂活动

因为经济危机的影响，某医药公司领导层决定全体员工年底奖金只发上年度的1/3。

讨论：如果直接公布要减发2/3的话会怎样？如果你是公司CEO，会怎么做？提示：可以应用非正式传播的特点。

## 五、大众传播

大众传播是指职业传播者通过大众传播媒介（报纸、杂志、广播、电视、书籍及电影、网络等），为人数众多的社会公众提供消息、知识、思想、见解、广告和娱乐活动的一种传播方式。大众传播是由专业性的媒介组织直接进行的传播，但任何其他组织和个人也可通过新闻稿、广告、文章、电视剧等形式，借助大众媒介传播信息。社会组织要善于策划新闻，借助媒体来为组织宣传。大众传播的主要特点是：

（一）传播主体职业化

大众传播的传播者是从事信息生产和传播的专业媒介组织，如报社、出版社、广播电台、电视台以及以大量发行为目的的音乐、影像制作公司。因此，大众传播具有相当的权威度和公信力，在一定程度上能够左右社会舆论。

（二）传播对象大众化

大众传播的对象即受众是社会上的普通大众，即“一般人”，不分群体和阶层。即只要接收到大众传播信息的人都是大众传播的对象，说明大众传播是以满足社会上一般大众的信息需要为目的的，信息的生产与传播不分阶层和群体。

（三）传播手段现代化、技术化

随着信息技术的发展，大众传播借助广播、电视、互联网等高新技术，信息传播进入了“光速”时代，因此传播距离远、速度快、覆盖面广。

（四）传播内容通俗化

大众传播对象众多、覆盖面极广，分布于不同的地区，涉及不同的领域、阶层，因此信息内容需要大众化、通俗易懂，才能为大众所接受。

（五）传播制度化

大众传播是大规模的信息生产、传播活动，其传播内容与社会行为规范和价值观念具有直接关系，其传播过程具有强大的社会影响力。每个国家的大众传播都有各自的传播制度和政策体系，这些制度和政策都在维护特定的社会制度上起作用。

（六）信息反馈间接化

大众传播属于双向性很弱的传播方式，缺乏直接、有效的反馈渠道。尽管受众可以通过读者来信、热线电话等形式对媒体信息进行反馈，但缺乏及时性和直接性。

实际工作中常常综合协调应用各种传播方式，全方位整合各种传播媒介，保证所有的传播“持续一致的声音，统一完整的形象”。

**点滴积累**

1. 五种公关传播类型既自成体系，又相互联系、互为补充。
2. 人际传播是一种最常见、最广泛、最直观的传播方式。
3. 组织传播有正式传播和非正式传播两种类型。
4. 大众传播是公共关系活动的主要传播方式。

## 第三节　公共关系传播媒介

信息是一种有意义却无形的东西，它需要通过媒介才能显现和表达出来。媒介作为传播信息的载体，是极为重要的传播要素，对传播效果有重要的影响。语言、文字是最明确、简练的信息载体，但它们往往要借助其他媒介如电视、广播、印刷物等才能广泛传播。随着信息技术的发展，传播媒介不断丰富，可以从不同的视角进行分类，这里就公共关系传播基本方式中常用的媒介加以介绍。

## 一、人际传播媒介

人际传播主要通过语言媒介（口头语言、文字）和非语言媒介等（图4-8）交流信息，联络感情，改变态度，引起行为。

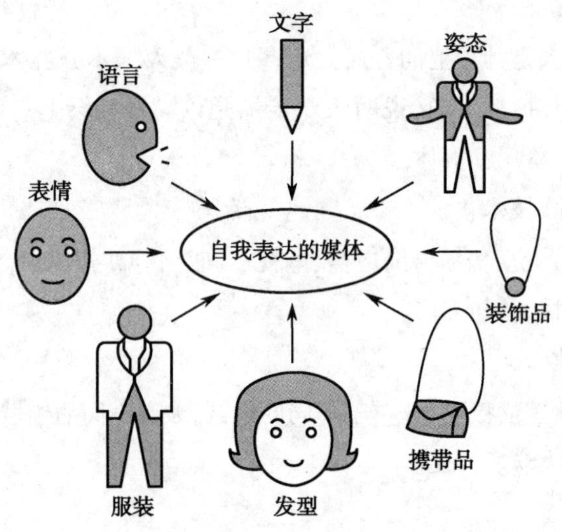


图4-8　人际传播的媒介

**1. 语言媒介**　语言媒介是人际交往的主要手段，语言表达能力是职业公关人员必备的能力素质之一。语言由语序、语音、语义（同义、多义）、语气、语境等要素构成，是传播者生活阅历、思维方式、语言表达能力的综合反映。要取得良好的表达效果，必须注重积累，讲究语言艺术，选择合适的表达方式。如有个信徒问神父："我可以在祷告的时候抽烟吗？"神父说："绝对不行！"另一个信徒问："我可以在抽烟的时候祷告吗？"神父高兴地说："当然可以！"可见，表达方式不同，效果迥然不同。

随着计算机和互联网技术的快速发展，人们的生活节奏加快导致对语言概括化、简省化、形象化的需求，网络用语浅白简洁、新奇诙谐、表现力惊人，大有蔓延到日常生活之势。

**2. 非语言媒介**　在一些特殊场合，非语言媒介在信息传播中显得更真实，更具有表现力、感染力和吸引力。最常见的非语言媒介有体语（如表情、动作、体态）、服饰、类语言（语调、语速、笑声、掌声）、空间的距离、实物媒介（如礼物、硬件环境）等，其中体语传达的信息最丰富而形象。心理学家阿尔伯特·麦洛宾曾列出这样一个公式："人际传播中信息的总效果=语言7%+声音38%+表情55%"。如通过眼神可以读出"真有意思""我明白了""我被你给弄糊涂了""我准备结束了"等。

**知识链接**

### 微表情

比起人们有意识地作出的表情，“微表情”更能体现人们真实的感受和动机。常见的微表情如下：

1. 单肩抖动　不自信时更容易单肩抖动（并不是所有的单肩抖动都是不自信）。

2. 注视对方眼睛　人在准备好谎言时，更容易注视对方眼睛，以使对方相信或观察对方是否相信（并不是注视对方眼睛都是撒谎）。

3. 回答时生硬地重复问题　回答时生硬地重复问题很有可能是典型的谎言。

4. 把手放在眉骨之间　当人感到羞愧时，很可能出现的动作是把手放在眉骨或者是额骨附近，用来建立一个视觉阻碍。

5. 揉鼻子　掩饰真相（男人的鼻子中的海绵体在撒谎时容易痒）。

6. 眼睛向左看通常是在回忆，向右看通常是在思考谎话（根据每个人的基线改变情况）。

7. 惊讶表情超过 1 秒就可能是假惊讶（对于普通人会有例外）。

8. 用手抚额头　表示羞愧。

9. 瞳孔放大　恐惧、愤怒。

10. 话语重复，声音上扬　撒谎。

11. 肢体阻抗，向后退一步　表示刚说的话不可信。

12. 抿嘴　经典的模棱两可的动作。

13. 摸脖子　人撒谎时会摸脖子，是典型的强迫行为，属于机械反应。

14. 手一直摩挲　是一种自我安慰的姿态，当你不相信自己在说什么时，使自己安心。

15. 下巴扬起，嘴角下垂　表示自责。

**3. 个体媒介**　传播中常借助的各种个体媒介包括电话、书信、传真、贺卡、名片、QQ、微信、微博、网络等。

## 二、组织传播媒介

组织传播活动中综合运用了各种媒介，主要有以下几种：

### （一）口语媒介

组织传播中有许多场合需要良好的口头表达，如各种会议、演讲、报告、会见、谈判等。

### （二）文字媒介

指各类印刷品，包装、建筑物也可负载文字，是组织传播信息的重要途径。如：

**1. 报刊**　组织自主出版，定期不公开发行，为免费赠送的内部报纸和刊物。

**2. 宣传手册**　指配合特定主题编制的宣传材料，不定期印刷，宣传主旨明确单一，往往用于对外宣传。

**3. 其他宣传材料**　组织为宣传组织形象、产品或服务特色而印制的宣传品，如海报、产品简介、产品报价单、邮寄广告等。

**4. 文件**　组织内部信息传递的主要正式途径，如会议纪要、通报、通知、总结等。

#### （三）视听类媒介

用于展览、展销、会议等传播活动的视听类媒介有如下几种：

**1. 图片资料**　如照片与图画、宣传图片和宣传资料的附图。可以向公众提供真实的形象资料，加深印象。

**2. 幻灯片**　主要用于会议或演讲中的文字、图表的显示，展览会上有关内容的重点介绍和连续展示、产品功能介绍及所提供的服务的详尽说明等。

**3. 录像片**　多用于展览、参观、会议、产品介绍和服务说明中，使宣传活动更富有生机，更具有吸引力和感染力，有利于增强传播效果。

#### （四）实物媒介

主要指用于展览、赠送的产品样品、产品或象征物、企业建筑微缩模型以及组织的硬件环境等，它们充当了组织对外传递信息、沟通与公众联系的特殊媒介。

#### （五）组织形象标志系列

组织形象标志由标准字、标准色及特殊图形构成，它可以广泛用于产品外观、包装、广告宣传、办公用品、交通工具、员工服饰上。

**课堂活动**

说说你所知道的组织形象标志，如学校校徽、企业标志。

#### （六）特别的活动媒体

在特别设计、策划的公关活动中，往往突出某种形象生动的媒体。如潍坊风筝节中的“风筝”、2008年在北京举行的第29届奥运会的吉祥物“福娃”等。

### 三、大众传播媒介

大众传播媒介是运用频率最高的媒介，主要包括报纸、杂志、广播、电视、网络五大媒体，其中报纸、杂志是印刷类媒介，广播、电视、网络又被称为电子媒介。对组织而言，与大众媒体的关系是极其重要而特殊的公共关系。一方面，大众媒体是组织实现公关目标的手段；另一方面，媒体界又是组织的重要公众，新闻记者是大众传播的“意见领袖”。

#### （一）报纸

报纸作为一种大众传播媒介，出现于广播、电视、电影之前。它是以客观事实报道和评论为主要内容，利用印刷文字，以比较短的间隔定期发行的媒体。报纸作为公共关系的传播媒介具有许多优点，如造价低廉，制作简便，便于保存信息，能给予受传者更大的时间、地点、内容等方面的主动权等。当然，报纸也有其不足之处，如即时性感染力差，使其传播不如广播、电视及时，地域、交通、气候、灾难等制约报纸发行的因素较多等。

#### （二）杂志

杂志是报纸向深度和广度发展的印刷品媒介。杂志按发行周期划分，可分为周刊、半月刊、月刊、双月刊、季刊;按性质划分,可分为专业性杂志(如《公共关系》)和非专业杂志(如《青年文摘》)。专业性杂志侧重于某个领域,并在其领域内可以形成权威。如很多杂志都可能刊载公共关系的文章,但《公共关系》杂志在这个领域是最具权威性的。

杂志的专业性强,传播信息比报纸更全面、准确,便于发行和贮存。杂志也具有一些本身无法克服的缺点,如因出版周期太长,而导致传播速度慢;因专业性太强,无法照顾一般读者的阅读水平,从而限制了读者群。

### (三)广播

广播分为有线广播和无线广播,它们在传播范围和传播设备上有较大的差异。有线广播受线路导引的限制,一般只在某一公共场所或地域(如车厢、宾馆、村镇)等范围内传播;而无线广播则借助于电波信号,只要发射机功率足够,就可将信号传至"天涯海角"。收音机就是接收无线广播信号的设备,我们所讨论的主要是无线广播。

广播具有极快的传递信息速度,感染力较强,可及性强,费用较低。但是广播信息难以贮存,形象感不强,受传者不能主动地选择信息。

### (四)电视

电视虽晚于广播产生,但其发展速度却相当迅速。电视是一种最主要、最有效的传播媒介,有关研究表明其公信力居各大众媒介之首。电视的优点表现在:

**1. 受传者能获得较强的真实感** 电视是文字、声音、图像三者的奇妙组合,观看电视更接近于面对面的人际传播,能给受传者以更真实的感受,电视经常采取现场直播的方式传播信息,时间上与被播放事件有同时性,空间上有同位性,使人如临其境、如闻其声、如见其人,增加了信息的可靠性。

**2. 传播效果持久** 电视节目的制作往往融多种艺术手法为一体,综合广播、报纸的长处,主题鲜明,重点突出,形象生动,能加深受传者的印象,给受传者更强烈的刺激,因而传播效果较为持久。

**3. 即时感染力很强** 聚集在电视屏幕前的是千百万个家庭和各种小群体,他们在同一时间共享同一信息,彼此进行交流与互动,因此情绪容易相互感染,并可能对传播的信息产生共鸣。

**4. 普及率高** 适合多层次的受传者,对受传者的文化水平没有太高的要求。

电视在传播中的缺点主要有:

1. 传播的声像信息瞬间即逝,保存性差。

2. 受经济发展水平的制约,电视传播的范围受限制,如贫困地区的公众收看电视的可能性较小。此外,有线电视未开通的地区电视频道较少,且收看时一般只能选择一个频道,受传者常常只能被动地选择节目,播什么看什么。

### (五)互联网

《长尾理论》的作者克里斯·安德森指出,"广播电视有一个了不起的地方,它可以用无可匹敌的效率将一个节目传送到数百万人面前,但是,相反的事情它却做不到——将数百万节目传送到同一个人面前,而这一点正是互联网的强项。"网络拥有丰富的信息资源,人们可以方便快捷地查询和使用,人们在网上可以寄送电子邮件、访问网上的其他用户、点播电视节目等。一些国家的新闻媒介向网络用户发行电子报纸,开设网络广播;许多组织都建立了自己的网站或网页,向新闻机构和公众提供本企业的相关信息,宣传本企业的良好形象。因此可以说,网络吸取了报纸、广播、电视、电影的诸多长处,越来越成为人们获取信息的重要渠道。

互联网对公共关系的影响巨大,公关活动不再受时间或地域的局限,组织与媒体、公众之间的即时互动成为可能,提供了多种多样的公关渠道和形式。适当发挥互联网的及时性、娱乐性、个性化、互动性等特点,可以增强公关的效果。网络传播的特征主要表现在下述几个方面:

**1. 传播范围广泛**　网络实际上是一个由无数的局域网(如政府网、企业网、学校网、公众网等)连接起来的世界性的信息传输网络,因此它又被称为"无边界的媒介"。

**2. 传播方式的交互性**　网络成功地融合了大众传播和人际传播的优势,实现了大范围和远距离的双向互动。在网上,不仅可以接触到大范围、远距离的受众,而且受众的主动性、选择性和参与性大大加强,使得传播沟通的双向性大大加强。

**3. 高度开放**　网络是一个高度开放的系统,在这个电子空间中不分政治制度、不分国界、不分种族,任何人都可以利用这个网络平等地获取信息和传递信息。无论对传播者还是受传者来说,都享有高度的自由。

**4. 个性化**　通过网络,无论信息内容的制作、媒体的运用和控制,还是传播和接收信息的方式,都具有鲜明的个性,非常符合信息消费个性化的时代潮流,使人际传播在高科技的基础上重放光彩。

**5. 多媒体,超文本**　网络以超文本的形式,使文字、数据、声音、图像等信息均转化为计算机语言进行传递,不同形式的信息可以在同一个网上同时传送,综合了各种传播媒介(报纸、杂志、书籍、广播、电视、电话、传真等)的特征和优势。

**6. 低成本**　相对其巨大的功能来说,网络的使用是比较便宜的。

网络在公共关系传播中的影响力不断增强,如何有效地利用网络媒体塑造组织良好的形象,预防网络公关危机,逐渐成为组织必须面对的重要课题,因而网络公关业逐渐兴起。

**知识链接**

新　媒　体

随着数字信息技术的发展，出现了数字杂志、数字报纸、数字广播、手机短信、移动电视、网络、桌面视窗、数字电视、数字电影、触摸媒体、博客、播客等新媒体形态。相对于报纸、杂志、广播、电视四大传统意义上的媒体，被形象地称为"第五媒体"。新媒体具有交互性与即时性、海量性与共享性、多媒体与超文本、个性化与社群化的特征。新媒体迎合了人们休闲娱乐时间碎片化的需求，满足了随时随地互动性表达、娱乐与信息需要，人们使用新媒体的目的性与选择的主动性更强，媒体使用与内容选择更具个性化，导致市场细分更加充分。据有关数据显示，截至 2012 年年底，我国手机上网用户达 4.2 亿，占到网民总数的 74.5%。用手机上网可以即时通信、搜索、欣赏网络音乐、发微博、阅读网络文学等。新媒体的发展将是未来媒体发展的新趋势。

## 四、传播媒介选择

了解各种传播媒介的特点的真正目的是更好地进行媒介的选择，取得最佳的传播效果。怎样做到正确地选择媒介呢？一般来讲，应着重考虑下列因素：

### （一）媒介本身的特点

不同的媒介有不同的特点，因此适用的传播类型也不同。报纸、广播、书籍、杂志、电视、电影等适合于大众传播；信函、电话、电报、传真等适用于人际传播；内部报刊、闭路电视适用于组织传播；互联网既适合于大众传播、组织传播，也适合于人际传播。媒介选用得当，在传播过程中可收到事半功倍的效果。

### （二）传播内容

不同的传播内容应选择不同的传播媒介。一般说来，比较形象浅显的内容应选用电子媒介，而思考性的信息内容适合用印刷媒介。同样是印刷媒介，要传播系统的理论、深奥的知识，应选择书籍；内容不太多，但专业性很强，应选择杂志；内容相对通俗易懂，易引起普通公众关注，应选择报纸。同为电子媒介，靠美好悦耳的声音就能打动公众，可选择广播；有丰富多彩的画面，有变化多端的动作，则可选择电视和电影。如果传播内容有一定的保密性，则宜选择电话、信函；如果内容要求迅速广泛传播，则广播、电视、报纸、互联网是理想选择。如医院或医药企业举办“社区健康行”活动，宜选择报纸的新闻版面或健康专栏进行报道。如果企业面向社会征集名称、广告语或者有奖竞猜等需要社会大众广泛参与的活动，可选择广播。

### （三）受传者的特点

受传者是传播的目标和对象，传播效果取决于受传者接收信息的多少和对信息的理解程度，因此应对受传者进行全面细致的考察。可以根据受传者的文化层次进行选择：对文化水平高、喜欢思考的知识分子，宜采用书籍、杂志、报纸；对文化程度不高的农民和生产一线的工人，宜采用电影、电视、广播。也可根据工作性质进行选择：对出租车司机和农民，宜采用广播；对政府职员、教师、企业白领，宜用报纸。还可以根据年龄特征进行选择：对于中老年人，宜采用广播、报纸作媒介；对于青年人，宜采用电视、互联网作媒介；对于儿童宜采用电视，如果能拍成动画片的形式，则效果会更佳。

**课堂活动**

请根据农村、城市社区老年人的认知特点，讨论如何指导高血压的老年人合理用药?

### （四）讲求经济效益

各种传播媒介的成本和使用费用相差极大，因此在选择传播媒介时，公关人员应进行成本-效益分析，遵守“花最少的钱争取最大的传播效果”的信条。就电子传播媒介为例，若效果相当，选用广播比选用电视经济得多。

### （五）注重时间安排

有些信息传播其目的是为了吸引公众的短时注意，有的则为了引起公众的持久注意；有的信息要求迅速传送出去，有的则无要求。因此，选择媒介应注意时效性和频率上的合理性。如在专题性公关活动前进行社会预热和告知时，一般采用报纸、广播和传单等媒介；在活动进行中多选择能够进行现场同步直播的媒体，而公关活动之后进行即时新闻发布，多以报纸、电视新闻的形式。又如一家卫生用品公司选择收视率高的晚饭前后这一黄金时间播放其卫生用品广告，正在吃饭的人们看见这则广告大倒胃口，于是将电视机愤然关掉，究其原因，就是传播时机不当。

点滴积累

1. 公关人员掌握语言表达艺术至关重要。
2. 每种媒介都有相应的特点，灵活地运用各种媒介是成功营造良好公共关系的必要条件。
3. 公关活动中，要因时、因事、因势选择、整合各种媒介。

## 第四节　公共关系传播效果

所谓传播效果是指通过传播媒介把信息传递给公众而产生的影响和结果。社会组织关心通过传播有多少目标公众在一定时间内的观点、态度、行为发生了多少变化，即传播效果如何。传播效果一般是渐进和累积性的，不能期望立竿见影的效果。常见的且普遍应用的公关效果评估方法有销售业绩评估法、字数评估法、广告价值评估法、公关价值评估法、抽样调查评估法、KPM 评估法等。

### 一、传播效果的四个层次

传播对于受众的影响可以达到四种程度，也就是四层次传播效果。

#### （一）信息层次

即将信息传播给目标受众，使之完整、清晰地接收到，并且较少有歧义、含混、缺漏，这是简单的传到、知晓层次，是任何传播行为首先应达到的传播效果层次。

#### （二）情感层次

指传播者传出的信息从知晓进而产生情感，使目标受众在感情上对传播内容产生认同，对这一传播活动感兴趣，从而与传播者接近，这是传播达到的较为理想的效果。

#### （三）态度层次

态度是人对事物或现象认识的程度、情感表达和行为倾向的总和。它已从感性层次进入了理性层次，是在感性认识的基础上经过分析判断、理性思维而产生的，一经形成就非常难以改变。传播如果能达到这一层次，对目标公众的影响就非常深入了。

#### （四）行为层次

这是传播效果的最高层次。它是指目标公众在感性、理性认识之后，行为发生改变，作出与传播者要求目标一致的行为，从而完成从认识到实践的全过程，使传播者的目标不仅有了同情、肯定者，而且有了具体的实施、执行者。试验研究证明，态度对行为的改变有着较密切的相关关系。

### 二、公共关系传播效果理论模式

传播效果的理论模式主要有以下四种：

### （一）枪弹论

“枪弹论”是20世纪20~30年代风行一时的传播效果理论，又称为“靶子论”“皮下注射论”。该理论认为传播具有强大的威力，受传者像射击场中的靶子或护士面前的患者，只要枪口对准靶子、针头扎进人体部位，子弹和注射液就会产生效果。“枪弹论”将受传者完全处于被动地位，抹杀了公众的个性。

### （二）有限效果论

有限效果论形成于20世纪40年代，20世纪50年代占明显优势，也称弱效果论、最低效果法则。该理论认为公众是成熟的，对信息是有选择性的，而且受到个人心理差异的制约，传媒的影响不是直接的、统一的和强大的，而是极其有限的。它是传播者的社会实践以及理论研究进一步深化的产物。有限效果论打破了枪弹论关于传播万能的神话，但过分强调了公众的能动性，淡化了传播者的主观能动性，悲观地看待传播的作用。

### （三）适度效果论

20世纪六七十年代，在对上述两种极端理论深入分析研究的基础上，适度效果论提出了折中的观点。有代表性的观点主要有创新扩散论、使用与满足论、议题设置论。议题设置论认为大众媒介对于传播信息具有过滤作用，对公众的信息接收客观上起到了“把关者”的作用。因此，组织应善于通过大众媒介形成热门话题，让这个话题能与组织及其产品挂钩。

### （四）强大效果论

这一理论既承认传播有相当强的效果，同时又否认其万能性。认为只要传播者长期地按照传播理论原则来巧妙地编排节目（版面）或策划宣传，就可产生强有力的效果。这些原则是在特定时期中反复传播比只传播一次的效果好，多种传播方式整合运用比只使用单一传播方式更有效；传播目标明确具体，并相对集中，信息的制作要为传播目标服务；确定并明确目标受众，且根据他们的心理特点和其他特征设置、编排信息内容和方式；将传播的累积性、普遍性、和谐性有机结合起来进行传播，比孤立的各自为政的传播起到更加强大的效果。

## 三、公共关系传播障碍

**案例分析**

案例

一则某汽车广告为一辆SUV引来路旁石狮的侧目，一只石狮抬起右爪敬礼，另一只则俯首低头，配文字为“霸道，你不得不尊敬”。新华社对“问题广告”报道后，国内许多媒体都进行了跟踪，在中国网友中引发轩然大波和强烈争议，多数网友认为这则广告具有侮辱中国的嫌疑。

分析

石狮在我国富有传统文化的内涵，会让国人想起卢沟桥，某汽车公司看似富有创意的广告实际上是对中国文化的极端不尊重，伤害了中华民族的感情。这个事件凸显在跨文化沟通中加强文化素养的重要性。

公共关系传播障碍是指在传播活动过程中，由于传播系统本身存在的结构性和功能性障碍，如不合理的传播制度、不畅通的传播渠道而导致的传播行为受到障碍。传播过程的每个基本要素都会影响传播效果，公关传播过程中经常会遇到各种障碍而降低效率。

传播障碍是指影响传播效果的那些因素，主要有：

（一）差别障碍

指由于传播双方的各种差别使之对传播情景缺乏统一理解而造成的障碍，包括语言、宗教、习俗、政治、经济、利益、生理、年龄、素质、观念、兴趣爱好等差别。这些差别常会导致对方不愿接收信息（观念、兴趣、利益差别等），或接收迟缓、难以理解（语言、素质、宗教、习俗差别等），甚至产生不信任感（利益、政治、观念差别等），最后都将难以使对方的态度和行为发生预期变化。例如一位年轻的、刚从大学毕业的学生应聘在公关部工作，而部门经理是一个资历深厚且富有经验的人。这位部门经理可能认为许多年轻人是自由主义、自私自利或缺乏奉献精神的，同时这位年轻人也认为老一代是顽固不化、呆板和抵制新观念的，于是两代人由于经验水平、知识结构上的差距过大，产生“代沟”，导致了严重的沟通障碍。又如财务部门的主管可能在与计划部门的主管进行交谈时用一些专业述评而使对方感到困惑，这就是语言障碍造成的。

克服各种差别导致的传播障碍的基本途径是通过频繁的接触，扩大双方的共同经验范围；同时要注意根据反馈的信息进行调整，要入乡随俗、互换角色；要避免运用专门术语，力求使用平常的、通俗的语言，才能促进沟通。

（二）心理障碍

传播双方的心理特征会影响传播效果。传播的心理障碍主要有：

1. 传播双方个人心理的特点会形成障碍，如腼腆、内向、孤傲、自卑、多疑等。

2. 传播双方种种不利的心理定式也即知觉偏见造成的障碍。

3. 传播双方正在进行的活动可能导致的特殊心理关系而不利于进一步的沟通，如反感、厌恶、轻视等。

心理障碍一般很难克服，心理定式或知觉偏见具有长期性和固着性，它的改变往往要依赖众多有说服力的事实和长期的劝说。个人的心理特点也是“本性难移”的，公关人员应积极面对、扬长避短。

**知识链接**

培养自信心的方法

1. 列出自己的优点，至少十条。
2. 请亲人、同事、朋友说出你的优点。
3. 放在醒目的地方，每天肯定自己。
4. 找出自己的需要和目标，以诚待人。
5. 制订行动计划，积极大胆地实践。
6. 对自己的成就自我满足。
7. 加强运动。

### （三）环境障碍

社会环境和人际环境对于信息的有效传播也能形成障碍。首先，“意见领袖”发挥着重新解释信息、再传播的作用，他们的观点对周围的人往往产生直接的影响，从而部分地改变或增强他人的态度。其次，口头传播能够抵消或补充信息的内容。小道消息、流言在人际传播中极有煽动性和感染力。大众传媒所发送的信息若与民意、社会情绪相抵触，则效果适得其反。再次，媒介选择使受众分散或分流，形成意见多元化，对同一信息可以作出多样的解释。

环境障碍还可以表现为信息爆炸、争夺公众注意力竞争引起的噪声，不良的硬件环境等。

**知识链接**

信 息 爆 炸

据英国学者詹姆斯·马丁统计，人类知识的倍增周期，在19世纪为50年，20世纪前半叶为10年左右，到了20世纪70年代，缩短为5年，20世纪80年代末几乎已到了每3年翻1番的程度。到20世纪90年代末，由于因特网、现代通信和传播技术克服了传统的时间和空间障碍，使得信息的采集、传播的速度和规模达到空前的水平，实现了全球信息共享与交互。人们享受着网络上丰富的信息带来的便利，也在忍受着“信息爆炸”的困扰：一方面由于信息缺乏管理或管理不善，信息的发布、传播失去控制，产生了大量虚假信息、无用信息，造成信息环境的污染和“信息垃圾”的产生；另一方面信息发布者站在不同的角度，用不同的视角对同一事物作出不同的描述与反应，有时甚至大相径庭，使受众难以抓住事物发展变化的本质与主流；另外还有计算机病毒造成的错误信息、网络上的垃圾站点散布的不健康的信息等。汹涌而来的信息有时使人无所适从，从浩如烟海的信息海洋中迅速而准确地获取自己最需要的信息变得非常困难，这种现象被称为“信息爆炸（information explosion）”“信息泛滥”。

### （四）组织与渠道障碍

社会组织在进行内部传播时，沟通方式和效果总会受到既定组织结构的影响，如在公司总经理和部门经理之间、在部门经理和员工之间存在着地位差异，如果上、下级之间相互不信任，下级人员有畏惧感等均会造成沟通障碍；在进行外部传播时，公关主体也不可能直接面对所有公众，公众之间的口传、互动层次当然也会影响传播效果。组织与渠道障碍主要由这样一些因素所决定：

1. **传递层次**　传递层次过多容易造成信息失真。

2. **有关制度与社会关系状态**　专制体制、条块分割、官僚作风不利于信息传递，特别是双向沟通。

3. **渠道**　较多的传播渠道容易使信息扩散，加快信息传播速度，但也容易导致信息内容混乱、失真。克服这一障碍的基本途径就是创造一个多渠道、少环节（层次）、民主、和谐的信息传播环境，并运用整合传播方式。

此外，还存在着技术、方法等方面的传播障碍。公关主体要善于辨别在特定情况下的传播障碍主要是什么，以便于采取相应的对策。

## 四、取得良好传播效果的条件

公关传播效果的好坏主要体现在有更多的公众能注意到信息，进而能理解和受到劝服。要想获得良好的传播效果，必须考虑以下几个方面的条件：

### （一）创建最佳传播者条件

传播者是公共关系传播活动的起点，是有效传播的第一个重要条件。传播者应具备相应的知识、经验，态度可亲、可信，声誉良好，权威性强，注重沟通内容，讲究沟通技巧。研究表明，传播者若具备权威性、客观性和亲密性，就可能极大地改善传播效果。

### （二）建立良好的信息条件

传播的信息来源要可靠，内容真实，观点客观、科学，要符合受传者的利益、需要、兴趣、经验。如果传播方式和内容有悖于社会价值观念和道德，也可能严重影响传播效果。即使要使用修辞和艺术手法，也一定要保证信息的真实性和可靠性。为规范互联网医疗保健信息服务活动，保证互联网医疗保健信息科学、准确，促进互联网医疗保健信息服务健康有序发展。首先，可以通过扩大与公众的沟通范围，使传播者按受众的兴趣来传达信息，产生最大限度的共同语言，如果传播者和传播对象之间所具有的共同语言、共同经历和共同感兴趣问题的范围越大，传播效果就越好；其次，改进信息内容，针对传播者的特点，将信息和受众的利益结合起来，以激发其积极性。如××制药公司的产品都是处方药，无法在公众媒体上进行广告宣传，于是公司精心策划了一起新闻事件：《“慢阻肺”成生命第四杀手，建议：将肺功能列入常规体检项目》《药企上书卫生部体检标准不该重肝轻肺》《体检不该“重肝轻肺”》等相关新闻报道纷纷见诸于媒体，近 300 家平面媒体参与了报道。该公司因为其从患者利益出发、为患者健康着想的真诚举动而赢得医院、渠道和广大消费者的称道。此外，信息内容的表现形式也非常重要，要充分利用不同形式的特点来表现不同的内容。

### （三）认真分析传播对象

心理学研究表明，传播对象并不随传播者的意愿而接收信息，他们总是根据各自的需求、兴趣、知识、经验、价值观、习惯等对信息进行自主选择。所以，要根据公众的年龄、性别、职业、民族、文化程度、思想倾向、兴趣爱好、个人心理与群体心理等特点和需求来确定传播方法和传播内容。

### （四）营造良好的传播氛围

传播总是在一定的时空和社会心理等背景下进行的。有效的传播不可忽视物质环境、社会环境、心理环境、时间环境的影响和作用。要选择舒适的场地、恰当的时间，使沟通对象处于一种支持沟通者的社会氛围之中，引导他们参加某些活动进而形成一致意见，并得到一种愉快的体验。比如恰当安排座位的设计布置、音响设备、灯光照明、色彩、室内温度等，创造良好的环境效应。又如 2010 年是张仲景诞辰 1860 周年，Y 制药公司在医圣故里南阳西峡县举办了一场声势浩大的祭拜盛典。盛典不仅通过具有东汉时期的特色民俗表演来讲述医圣张仲景的生平故事，还发起了“弘扬仲景文化、呵护人类健康”的万人签名等活动，加深了消费者对仲景文化及中医药文化的理解和情感，与会者赞誉如潮。

### （五）运用恰当的传播技巧

恰当地运用一定的传播技巧，能帮助我们克服各种传播障碍，准确顺利地完成信息传递，获得理想的传播效果，实现公共关系计划，达到组织的目标，如美化法、典型示范法、引证法等。

**1. 美化**　给人物或事物加上一些美好的评价或修饰，从而使人产生一个美好的印象，因而不经验证就予以接受或赞赏。在政治宣传、文艺广告和商业广告中常用。运用美化要适度、用词要慎重。过分美化或远离实际地胡乱吹捧，使受传者对传播者及其传播内容产生不信任感和逆反心理，将导致传播的最终失败。

**2. 典型示范**　指请具有一定声望、名誉或经验丰富的人对受传者现身说法，来证明和评价人物、事物和观点。在各种广告中，我们常可以看到一些名人、歌星、影星、运动员在使用某种食品、药品及其他生活用品后，用自己的感受来证明它们是如何好，目的在于利用“名人效应”来吸引和说服受传者。

**3. 引证**　宣传者公开出面，有目的、有倾向性地引用一些对自己有利的事实、论点来证明自己的观点、方案、产品的方法叫引证。我们常可见到，有些广告大量引用权威部门或权威人士的鉴定意见，或引用大量数据。如我们在电视广告中看到的全国消费者协会推荐产品、国家中药保护品种等，都是引证的具体运用。

**4. 重复与新鲜**　要引起公众对信息的注意，需从加强信息的强度、对比度、重复率和新鲜度入手。报纸上粗大的套红标题、高层建筑物上树起的巨幅广告都能增加信息刺激的强度，容易吸引人们的选择性注意。在一连串以打击乐作背景的音乐中突然有四五秒的时间音乐戛然而止，只有单调的电子钟的嘀嗒声更能引起观众的注意，这是因为形成声音效果的鲜明对比。重复刺激也是引起注意的重要手段，传播者反复、不厌其烦地向受传者宣传某种观点或事物，能增强受传者对信息的印象。但要注意在一定的时间段内重复的次数不能太多、频率不能太高，否则可能招致受传者的反感甚至厌烦。

**5. 角色扮演**　指传播者为了使特定的受传者相信并接受自己的观点，而以与受传者相同或相近的身份、地位出现。这种方法往往可以使受传者对传播者产生“自己人”的感觉，缩小双方的心理距离和社会距离，从而接受传播者的观点。

**6. 号召随从**　是让某一团体提出或支持某观点，并说明它已广为接受，唤起诸多受传者的从众心理。如在商业广告中，让某些权威团体来预告未来某个时期将流行畅销某种产品就是运用号召随从法。如T制药有限公司支持吴阶平基金会开展全民防治乙肝宣教专项活动就是运用了此技巧。

**7. 唤起情感**　社会心理学试验证明，情感具有推动和促成人行为的力量。在公共关系传播中，情感的煽动往往能产生别的手法所不及的效果。一般说来，对于文化程度较低的受传者、女性，或生性羞怯自卑的人，采用情感渲染的方法可以更有效地打动他们。

**8. 正面分析**　指传播者只对受传者介绍那些有利于其观点的论据和事实的方法。

**9. 正反分析**　是传播者同时向受传者展示有利于和不利于自己观点的论据和事实，然后驳斥后者的弱点，指出其漏洞，从而证明自己观点的正确性的一种方法。

总之，恰当地运用一定的传播方法，能帮助我们克服各种传播障碍，获得理想的传播效果。

**点滴积累**

1. 公关传播对公众的影响可以达到信息、情感、态度、行为四个层次。
2. 传播过程中存在各种障碍而降低效率，需要加以分析、克服。
3. 取得良好的传播效果要创建良好的传播条件，整合各种媒介，营造良好的传播氛围，运用传播技巧等。

## 目标检测

### 一、选择题

（一）单项选择题

1. 现代公共关系传播的本质即组织与公众之间（　　）

A. 信息的双向交流　　B. 信息的单向交流

C. 是领导与被领导的关系　　D. 是管理与被管理的关系

2. “5W 模式”的提出者是（　　）

A. 拉扎斯菲尔德　　B. 麦克卢汉　　C. 麦库姆斯　　D. 拉斯韦尔

3. 企业内刊是企业自行编辑、出版、发行的一种（　　）

A. 大众媒介　　B. 非大众媒介　　C. 准大众媒介　　D. 超大众媒介

4. 下列媒介娱乐性功能最强的是（　　）

A. 广播　　B. 电影　　C. 电视　　D. 杂志

5. 最常见、最广泛、最直观的传播方式是（　　）

A. 自身传播　　B. 组织传播　　C. 人际传播　　D. 大众传播

（二）多项选择题

1. 下列属于印刷类大众传播媒介的有（　　）

A. 书籍　　B. 电子邮件　　C. 电子报纸

D. 报纸　　E. 杂志

2. 人际传播的一般特点有（　　）

A. 个体性　　B. 灵活性　　C. 情感性

D. 反馈及时性　　E. 真实性

3. 如果要向偏远的农村开展合理用药基本常识教育，宜选的传播媒介有（　　）

A. 电视　　B. 广播　　C. 宣传手册

D. 网络　　E. 报纸

4. 传播者具有下列哪些条件可能会极大地改善传播效果（　　）

A. 权威性　　B. 客观性　　C. 大众性

D. 亲密性　　E. 垄断性

5. 公共关系传播中常用的传播技巧有哪几种？

A. 美化法　　B. 典型示范法　　C. 传播法
D. 引汇法　　E. 导引法

二、简答题

1. 试述公共关系传播的一般过程。

2. 公共关系的主要传播方式有哪几种？怎样进行选择？

3. 在公共关系传播中，应如何正确选择传播媒介？

4. 如何改善传播效果？

三、案例分析题

1. 某制药厂生产的 PLL 药的原名取自于该药主要成分的名称。为使该药商品化，该制药厂1993 年 5 月在山东省医药系统开展了一场征集产品商品名称、商标图案及广告语的活动，通过对数百个商品名称的分析比较，最后确定以“PLL”作为商品名称。与此同时，该制药厂赞助山东电视台举办“大学生市场知识竞赛”电视决赛，在比赛现场，首先请参赛者分别为“PLL”设计广告语。

7 月 26 日，在制药厂成立 25 周年之际，北京、济南和烟台有关方面的领导、生物专家、医学专家、药品经销人员和新闻记者等来宾，与企业人共庆 25 周年厂庆。山东省内外医药系统 40 多人和烟台日报、烟台电视台等十多家新闻单位以及部分经销单位的代表参加了新闻发布会。接着在产品订货会上，特意请“PLL”药的研制专家、临床验证的主治医生现场介绍“PLL”的性能、用途和效果，使到场的 300 多个客户对“PLL”有了详细了解，纷纷预订了该药。另外，还安排宣传车队在烟台市区巡回展览，宣传车和盛大的车队在音乐中缓缓前进，吸引了众多市民。一时间，大报小报、电台电视台、街谈巷议全是“PLL”的话题。

7 月 28 日，山东电视台演播厅现场直播了“PLL 金钥匙”电视咨询晚会，其中穿插了有关企业和“PLL”的介绍，使观众接收了大量的信息，无形中对企业和产品留下了深刻而良好的印象。山东电视台、《大众日报》《山东人口报》等省市 20 多家新闻单位参加了这次活动。

8 月，企业召集 12 家大医院在京座谈，联合对 PLL 药进行临床推广试验。9 月，该制药厂积极捐助由中华人口福利基金会发起，中宣部、国家卫生部、国家科委、中国计生协会等十多个部委主办的“首届中华人口奖”活动，并借此良机把所带的 5 万份宣传册散发一空。“PLL”的名字通过新闻报道传遍了大江南北，传到了千家万户。

分析：某企业推广“PLL”采取了哪些传播方式？利用了哪些传播媒介？

2. 在 2008 年的北京奥运会中，新媒体第一次全方位走进奥运会，“上央视网，看奥运”“上搜狐，看奥运”成为百姓了解奥运、观看奥运的重要渠道。北京奥运会成为奥运会有史以来第一次通过网络、手机等新媒体方式进行转播的奥运会。网络媒体有关北京奥运会的报道呈现四大特色：

(1) 网络视频报道成主流。在奥运开幕式的 4 小时内，有 3200 多万网民通过 9 家奥运合作网站或服务商观看了奥运开幕式的视频和信息。奥运比赛期间，9 家奥运指定网站都采取“视频+图文”的方式进行了报道，以直播和点播形式播出中央电视台所有频道电视转播的开幕式、闭幕式、奥运赛事的全部视频内容。

(2)网民积极参与,传受双方互动性强。央视、新浪、腾讯、搜狐等网站开通了博客、社区、播客等互动栏目,打造一个互动参与的平台。通过它,网民不仅可以收看奥运赛事,还可以看到大家的评论,并能与很多朋友进行实时讨论和互动。

(3)同步直播赛事,传播时效性强。奥运期间,9 家奥运指定网站及人民网、新华网都开设了奥运视频直播频道,与电视一起全程转播、直播了所有的赛事项目。除同步直播各类赛事外,各网站的奥运专题频道每天都以滚动字幕、消息推送等形式实时播报最新的奥运快讯,每天 24 小时不间断更新内容。

(4)多媒体传播,内容丰富,形式多样。网站充分依托赛事视频资源,并动员全网力量运用各种网络报道功能和手段,通过中文外文、图文滚动、有线无线、访谈直播、评论连线、网友评论等方式,对北京奥运会进行了全时段、全领域、全方位的展示。

此次奥运报道中的另一大特点就是,网络媒体之间、网络媒体与传统媒体之间进行了广泛的战略结盟。传统媒体掌握了强大的内容生产资源,而新媒体拥有直达受众群体的渠道。新旧媒体在竞争中寻求合作、优势互补,促进了各自的发展。

分析:你所知道的新媒体有哪些?请结合案例说说新媒体的特征。

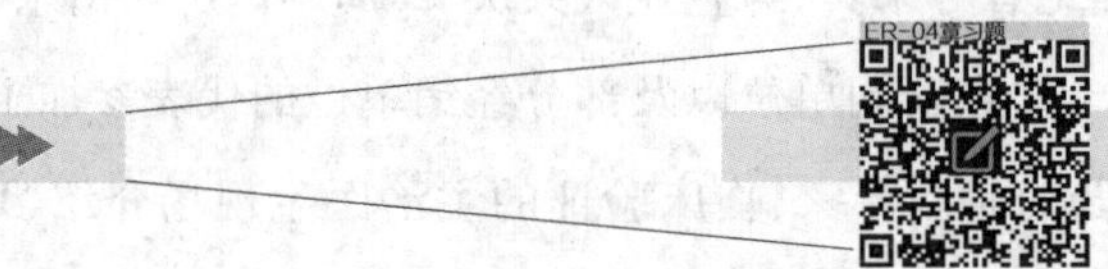


(汪长如)

# 第五章

# 公共关系工作程序

导学情景

情景描述

某地一家医院为了提升知名度、调和医患关系，开设了公共关系部。建立伊始，就在设备设施上做文章。配套设施齐备之后，公关部长发现无事可做。后来，他请了一位公共关系顾问，向他求教，于是这个顾问一连串问了以下几个问题：

1. 本地人口数量是多少？
2. 本地人口年龄结构分布如何？
3. 本地有多少育龄妇女？
4. 每年有多少新婚夫妇？
5. 本院的知名度如何？
6. 在过去的 5 年中，花在宣传上的经费是多少？
7. 在当地，与本院等级和实力相当的医院有几家？
8. 是否存在潜在的竞争对手？
9. 在去年 1 年里，因服务不周引起的患者不满意事件有多少起？具体原因何在？

连续的提问让心中本是没数的公关部长张口结舌，无言以对。于是被请来的公共关系顾问说："没有调查，就不会有计划，工作就会存在盲目性和无序性，正所谓没有调查就没有发言权，应该先搞清楚问题，然后再开始你们的公共关系工作。"

学前导语

这一案例中公关部长在万事俱备后为什么就无事可做呢？"没有调查就没有发言权"这句话你如何理解？公关调查对一个组织有什么意义和作用？

## 第一节　公共关系调查

### 课堂活动

按照学号顺序，抽取学号为偶数的 20 位同学，谈谈对班级的印象，然后请学号为奇数的同学将他们的表述进行归纳，总结成"我的班级"的小型调查报告。

公共关系调查是运用科学的方法，有计划、有步骤地收集相关信息，综合分析相关的因素及其相互关系，以考察组织的公共关系状态，了解组织面临的公共关系方面的实际问题，从而为组织的形象设计、公共关系活动的策划提供依据。

## 一、公共关系调查的内涵及意义

### （一）公共关系调查的内涵

所谓公共关系调查，是社会组织通过运用科学的方法搜集公众对组织主体的评价资料，进而对公共关系主体的状态进行客观分析的一种公共关系实务活动。

首先，公共关系调查结果之所以能够客观、真实，主要依靠的是科学的方法和技术手段，而不是主观猜测。

其次，公共关系调查对象具有广泛的社会性。

再次，公共关系调查是认知和研究组织当前的公共关系状态和预期未来发展趋势的实践过程。

### （二）公共关系调查的意义

公共关系调查作为公关四步工作程序中的基础步骤和首要环节，对组织的整个公共关系活动具有重要的意义。

首先，公共关系调查是塑造和维护组织良好的社会形象的重要手段。其决定了社会组织的内外部环境是否和谐，公众对组织的社会作用是否认可。组织在通过公共关系调查能后清晰地了解和掌握公众对组织的评价、组织的内外部环境存在着怎样的问题、组织目前发展面临的困境和隐患，以及公众对组织的实际需求。只有知己知彼，才能更加有效地开展公关工作，完成组织的预期目标。

其次，公共关系是组织开展公共关系工作的基础，与老子学说中的“一生二、二生三、三生万物”的道理相似。公共关系调查恰恰是运用了科学合理的方法，为准确地搜集有关信息而进行的专项活动。这种调查活动的目的是先认识自己，进而了解公众意愿，根据综合情况把握社会环境发展趋势，为组织开展公共关系活动提供条件和基础。

## 二、公共关系调查的基本程序

### （一）公共关系调查的资料搜集

公共关系的一大功能就是能够搜集信息进行调查研究，以作为组织的预警系统，维持组织与整个社会环境之间的动态平衡。

### （二）公共关系调查方案的设计

缜密的思维、周密的安排及充分的准备是公关调查的基础和前提。公共关系调查具体包括事前调查与事后调查。所谓事前调查，是指为组织开展公共关系活动提供依据和方案的调查；事后调查包括组织在实施公共关系活动过程中的跟踪调查和活动后的反馈调查。具体步骤如下：

1. **确定调查目的**　展开调查的目的是指调查所要解决的问题。
2. **确定调查对象和调查单位**　找准方向，向谁调查，寻找调查对象的总体。
3. **确定调查项目**　确定调研项目就是要明确向被调查者了解些什么问题。
4. **制订调查提纲和调查表**　对项目进行科学的分类、排列，形成调查提纲和调查表。
5. **确定调查方式和方法**　在总体方案中，应规定采用什么组织方式和方法取得调查资料。
6. **确定研究分析方法**　采取分类、编号、分析汇总等方法进行调查研究。

**7. 确定提交研究报告的方式** 主要包括市场调查研究报告书的形式和份数、报告书的基本内容、报告书中图表的大小等。

**8. 制订调查组织计划** 涵盖整个调查活动的整体和具体工作计划。

**9. 制订调查预算** 包括调查方案设计费、抽样调查和问卷调查设计费、问卷印刷装订宣传设计费、调查实施过程中产生的费用、数据分析费、管理费、税金等。

**（三）公共关系调查报告的撰写样例**

调查题目

一、前言

二、调查时间、对象及内容方法

（一）调查时间

（二）调查对象

（三）调查内容

（四）调查方法

三、调查结果分析

（根据结果的成因分成若干方向，分别详细论证分析）

四、结语

附页：调查问卷（空白原问卷）

## 三、公共关系调查的内容

### 案例分析

案例

某高校为了更好地提升自身组织形象，有针对性地开展下一步的工作，非常重视学生对学校的教育教学的满意程度反馈，并进行了全方位的调查。

1. 教学调查 每学期 2 次教学反馈会（访谈反馈形式）；每学期 1 次学生网上教评（网络问卷形式）。

2. 学校满意度调查 每年 1 次学生对学校满意度的调查。

3. 应届毕业生调查 借助第三方调查机构对已经走出校门的毕业生进行抽样实习、就业相关满意度调查。

分析

该校为什么要进行调查？ 其目的和方法又有哪些？

公共关系调查是针对公众对本组织的意见建议、看法评价、心理接受度、公关活动的效果以及反映出组织所处的当前社会环境和未来可能会遇到的问题等方面开展的调查研究。具体包括组织形象调查、公众舆论和信息的调查、公共关系社会环境调查。

### (一)组织形象调查

组织形象是指在社会公众心目中对一个组织机构的性质、宗旨、理念、行为及产品等方面的看法和总体评价。良好的组织形象是组织发展的重要前提和基础,公众也往往会通过组织形象的良莠来判断组织的可信度。因此,组织形象调查是塑造良好组织形象的关键。

**1. 组织自我目标形象调查** 组织的自我目标形象是指组织对自身社会形象的主观认知和自我评价,以及对未来发展中可能形成的形象的期望与追求。任何一个组织都希望本组织的知名度高、美誉度广;产品能够畅销;经营理念能够得到消费者的欢迎和认可;在同行业竞争中立于不败之地;可持续发展前景广阔。但这仅为长远的目标,是一种理想的状态,而并非是完全现实的当前状态。因此,对组织内部领导层和员工的内部“知己”调查尤为重要。而组织的领导者和决策者对组织的目标定位和追求决定了组织的发展方向,测定他们对组织形象的期望水平和具体要求则可以得出组织发展的走向和趋势。全面的组织自我目标形象调查会影响组织形象的正确定位和公关目标的顺利实现。

**2. 组织外部形象调查** 《美国周刊》有一篇文章曾写道:“在一个富足的社会里,人们都已不太计较价格,产品的相似之处又多于不同之处。因而,公司的形象就变得比产品的价格更为突出。”

组织外部形象调查主要采集组织外部公众对组织实际形象的评价,以及公众需求的相关信息。调查对象为各类外部公众。

调查主要涉及相关公众对组织客观实际情况的认知、态度和行为倾向。项目主要有产品质量、服务质量、技术水平、外部包装、售后服务、产品价格、组织信誉和社会责任等。

在组织外部形象调查中通常运用的方法有:

(1)调查对象的分析:通过对公众的群体范围划定(主要公众、次要公众、边缘公众等),来判断调查结果的维度和精确度,调查内容主要着眼于公众的数量、特征和观念等。

(2)知名度和美誉度调查:通过观察组织的知名度和美誉度以及社会信用等级的综合评价,可以更大程度地了解公众对组织的认可度,进而有的放矢地进行下一步的政策调整和项目开发。

1)知名度:表示一个组织被公众知晓、了解的程度以及组织社会影响的广度和深度。它是衡量和评价组织在社会中名气高低的尺度。

2)美誉度:是指组织获得公众赞美的程度以及组织获得公众信任、取得好感和受欢迎的程度。它是评价组织声誉好坏的社会指标,侧重于舆论对组织“质”的评价。

在组织的外部实际情况调查中:

$$\text{知名度}=\frac{\text{知晓人数}}{\text{调查人数}}\times 100\% \qquad \text{美誉度}=\frac{\text{赞美人数}}{\text{知晓人数}}\times 100\%$$

(3)组织形象的地位测量:通过对组织的社会公众形象中“美誉度”与“知名度”的数据调查分析,我们可以将其套进组织形象地位测量图中(图 5-1),便可以直观地展示出该组织的实际社会形象,以便于公关人员确定组织的努力方向与工作重点。该图划分为四个区域,分别代表不同的公关状态。

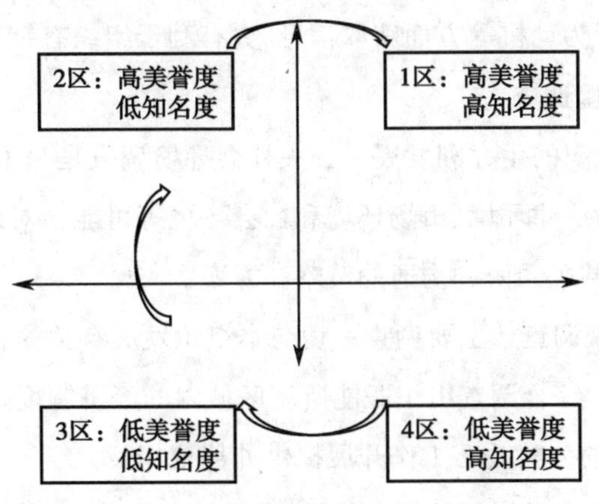


图 5-1　组织形象地位测量图

图 5-1 中各区的意义如下：

1 区：为高美誉度，高知名度。说明组织公共关系处于理想状态，客观反映出组织在基础工作上稳固扎实。但从公众心理角度看，组织站得越高，关注度就越高，美誉度的压力随之就会增大，破窗效应一旦出现，就会较为明显。

2 区：为高美誉度，低知名度。组织如果处于这一区域，其公共关系特点是虽然当前的调查评价结果显示有较高的美誉度，但不难看出，该组织的宣传工作做得并不到位，导致知晓公众少。这类组织应将重点工作放到着力扩大组织的知名度方面。

3 区：为低美誉度，低知名度。这一区域组织的公共关系工作处于一个较为低效的状态，应从自身的管理、质量、政策上找原因，加大公关投入。但需要注意的是，在提升美誉度和知名度上的先后顺序方面应坚持做到先“美誉”后“知名”的原则。逐步提升美誉度之后，再着力扩大知名度的宣传，这样才能起到事半功倍的效果。

4 区：为低美誉度，高知名度。这一区域组织的公共关系处于组织发展最坏的状态，正所谓“臭名昭著”。面对这种境地，组织应从“打铁还需自身硬”的强基固本原则出发，提升本组织的内涵建设和外部建设，设法运用科学的公关方法改善自身的负面知名度，逐渐从 4 区向 3 区转移，然后逐步呈顺时针良性发展。

**3. 组织形象差距比较分析**　在对调查对象分析以及组织的美誉度和知名度进行综合考量之后，可以初步确定组织当时公共关系的状态，将组织的自我期望与组织在社会公众中的实际形象进行对比，通过分析，掌握两者的差距。使组织形象不断靠近组织的自我期望形象，这是了解差距的主要目标。通过组织形象差距比较分析可以确定公共关系努力的方向，找出差距、发现问题、扬其利、避其弊，确立下一步的发展规划。

### （二）公众舆论和信息的调查

公众是组织公共关系活动的直接对象，而公众舆论的导向将会直接影响组织的形象和地位。了解公众的态度并进行分析把握，认清随着社会发展变化一段时间内的公众舆论的发展动态尤为重要。

全面掌握公众信息是开展公共关系活动的基础。组织要在主要公众的背景信息、公众对组织及产品的知晓程度和公众的行为动机等方面获取信息，更有利于组织有针对性地开展公共关系活动。

**（三）公共关系社会环境调查**

社会环境时刻影响着组织的生存和发展。公关社会环境调查是为了在开展公共关系活动之前，将与组织有密切关联的政策法律环境、市场环境和社会环境等可能会对组织产生影响和作用的因素调查清楚，从而确定组织公共关系协调沟通的策略和方案。

**1. 方针政策与法律法规调查** 主要调查一切与本组织发展有关的各级政策、方针、制度等。

**2. 市场经济环境调查** 综合调查组织职能所属区域内的经济制度、市场结构与消费结构、资源状况和消费水平等，为组织的公共关系工作开展提供外部依据。

**3. 社会环境调查** 对社会组织所处的文化系统、社会系统竞争环境进行综合调查，为公共关系工作中有效的沟通和传播提供准确的依据和保障。

## 四、公共关系调查的方法

根据组织的不同特点、调查需求和方向，公共关系调查可采用的方法是多种多样的，根据组织所处的不同环境、不同资料搜集方式分为访谈法、问卷法、文献法等。在调查方法的选择上，应该依据所要调查的内容、组织的实力、调查人员的素质和所要开展的公关活动等因素选择适合的方法。

**（一）访谈法**

访谈法又称“晤谈法”，作为最通用的一种调查方法被调查人员所使用。调查人员依据事先设计好的提纲面对面地与被访谈者交谈，来了解受访人的心理和行为，进而推断其对本组织的喜好和倾向。

在访谈前需要做好提纲和设计工作，提纲一般包括：

1. 访谈的目的。
2. 访谈的对象。
3. 访谈的地点。
4. 访谈的内容。
5. 访谈中问卷的设计。

**（二）问卷法**

问卷法是按照一定的目的编制的一系列问题构成的调查表，以此对收集的资料进行分析，以测量出公众的行为、兴趣和态度的方法。目前常见的有书面问卷和网络问卷两种方式。

问卷的设置复杂多样，问卷设计可以是单一顺序型式的，也可以是逻辑复合型式的。

问卷题型一般分为开放型问题和封闭型问题。

开放型问题一般以自由叙述为主，不给被调查者任何限定答案，让其按自己的想法自由作答。

封闭型问题包含单选式（A、B、C、D 四个选项，选其一）；多选式（不限定选项个数，不限定选择个数）；是否式（选项中，“是”或者“否”，二选一）。

相比较而言，封闭型问题可以很快地获得直观的数据，但不能详细判断被调查者的其他需求和创造性意见。而开放型问题的益处在于能通过问卷的结果体现出被访者的主观看法和创造性意见，帮助公共关系人员开拓工作思路，但同时也会造成答案内容分散，难以量化分析。

在问卷的设计中还应注意以下几个问题：①保证问卷的科学性，运用好心理分析、语言逻辑等相关技术；②保证语言的简洁性，不要用“一般”“较高”“较少”等模糊的词汇；③避免涉及个人隐私，语言中多用敬称“您”；④问卷不宜过长，否则易造成被访者失去耐心。

#### （三）文献法

所谓“文献”是指人们用文字、图像、符号、音频、视频等方式记录人类知识的物质形态。文献法是调查人员通过搜集整理曾在报刊、杂志、广播、电视、电影、书籍等各种媒介上传播的有关组织形象的信息，进行综合调查分析的一种方法。

公关人员可以利用这些分析资料综合分析组织产生问题的原因。

#### （四）观察法

观察法是调查人员有目的、有计划地在自然条件下，通过自身的感觉系统和借助一些辅助仪器，考量、发现、记录、分析、总结出被观察对象和相关现象的一种方法。这种方法看似较为客观，但从另一方面也反映出只能从被观察对象的表象性出发，而其内在的行为动机往往很难被观察者察觉。因此，这种方法存在一定的局限性。

在公关实际调查工作开展过程中，除了政府行为的大型普查外，常规的调查通常是不会覆盖所有应调查公众的，而是多会采用抽样调查法、典型调查法和个别调查法等方法。其中采用抽样调查法居多，抽样调查法还可分为随机抽样调查法、分层抽样调查法和等距抽样调查法等。

### 五、公共关系调查的特殊性

公共关系调查专门服务于公共关系活动，它与市场调查、社会调查有很大的区别。

#### （一）公共关系调查与市场调查的区别

**1. 调查目的不同**　公共关系调查是为了确定组织当前或未来可能面临的发展瓶颈问题，通过调查对涉及本组织的社会形象、公众评价状况、外部环境变化等进行预警监测；而市场调查是为了获得所需的市场信息。

**2. 调查对象不同**　公共关系调查的对象主要是社会公众和组织外部环境；市场调查的对象主要是市场环境的各个要素。

**3. 调查内容不同**　公共关系调查的内容主要是公众态度和环境反馈；市场调查的主要内容是市场状况和数据。

#### （二）公共关系调查与社会调查的区别

**1. 调查范围不同**　公共关系调查范围是与组织利益相关的公共关系问题；社会调查范围是人们关注的社会问题。

**2. 调查目的不同**　公共关系调查是为组织提高知名度和美誉度服务的；社会调查是为了了解和解决社会问题服务的。

**3. 调查内容不同**　公共关系调查的内容是公众态度、组织形象；社会调查的内容主要是社会问题。

**点滴积累**

1. 公共关系调查是社会组织通过运用科学的方法搜集公众对组织主体的评价资料，进而对公共关系主体的状态进行客观分析的一种公共关系实务活动。
2. 公共关系调查可采用的方法是多种多样的，根据组织所处的不同环境、不同资料搜集方式分为访谈法、问卷法、文献法等。
3. 公共关系调查与市场调查、社会调查在调查目的、调查内容等方面有很大区别。

## 第二节　公共关系策划

### 课堂活动

香港有一家经营强力胶水的商店，坐落在一条鲜为人知的街道上，生意很不景气。店主经过调查了解到，原来是因为商店位置偏僻，来往人员少，店面的社会知名度不够。于是他想了个办法，准备搞一个有影响的活动，来提高店面的知名度，以此来吸引顾客。

这一天，这家商店的店主在商店门口贴了一张很醒目的布告："明天上午 9 点，在此将用本店出售的强力胶水把 1 枚价值 4500 美元的金币贴在墙上，若有哪位先生、小姐用手把它揭下来，这枚金币就奉送给他(她)，本店绝不食言！"

这个消息不胫而走，迅速传遍了附近几十公里范围内的地方。第 2 天，好奇的、碰运气的人们将这家店铺围得水泄不通，媒体也得到消息，几家知名电视台的录像车也开来了。这时，店主在众目睽睽之下拿出一瓶强力胶水，先是高声重复着广告中的承诺，接着便在那块从金饰店定做的金币背面薄薄涂上一层胶水，将它贴到墙上，让大家尝试把金币揭下来。人们一个接着一个上来试运气，结果金币纹丝不动。这一切都被录像机摄入了镜头并于当天播放，这件事也连续几周成为人们谈论的话题。

这家商店的强力胶水从第 2 天开始销量大增。

请问：这家小店是利用了什么方法走出困境的？店主抓住了公众的什么心理？店主同时利用了什么辅助手段？

公共关系策划作为公关工作程序中的第二个重要步骤，运用创意思维、科学谋划、运筹梳理等手段，在实际公关工作中发挥着承上启下的功能，并起到极为重要的作用。

## 一、公共关系策划的内涵及意义

### （一）公共关系策划的含义

“策划”一词在《现代汉语词典》中解释为筹划、谋划之意，《辞海》中的解释为计划、打算。在公共关系工作中，策划有着更深层次的含义。所谓公关策划，是建立在公共关系调查的基础上，通过对组织自身形象和目标要求的综合分析，运用一定的科学手段为公共关系行为构思并设计出最佳行动方案的过程。

公共关系策划活动的主体是公共关系策划者，其多为组织中才思敏捷、头脑灵活的高级领导者或决策者。他们是公共关系策划活动的核心力量。

公共关系策划的客体也被叫做公关策划对象，他们是与组织有特定关系的公众。

### （二）公关策划的意义

1. 公共关系策划有利于增强组织的能效性。随着市场经济多元化趋势的发展，行业间竞争日趋激烈。同时随着物质水平和精神文明的提高，公众的需求也随之上升。这就要求组织开展顺应社会发展和公众需求的公共关系活动，从而增强组织管理的能效性。

2. 公共关系策划有助于加强组织管理的目的性。组织管理的目的就是通过不断完善自身，提升组织在公众心目中的地位，同时扩大知名度和提升美誉度，从而达到经济效益与社会效益双丰收。

3. 公共关系策划有利于扩大组织的传播性。一个优质的公关策划要着眼于公众，将组织的形象通过媒介有目的地传播，同时能够有效地作用于公众，从而对塑造组织良好的社会形象起到宣传和促进作用。

4. 公共关系策划有助于促进组织的规范性。组织开展的任何一次活动都不是毫无章法、漫无目的的，所有的公共关系活动都是建立在科学、严谨、周密的策划基础上的，这就要求组织的公关活动在规范的制度、结构、流程制约下完成。这也必然会促进组织公共关系工作的规范性。

## 二、公共关系策划的特征

**课堂活动**

一所大约有6000名在校学生的学校附近有一家药店，自开业以来生意一直都不好。请策划一个提高药店知名度和美誉度的方案，并互相评析。

### （一）开创性

公共关系策划是组织开展的既具有科学性又具有一定艺术性的行为活动。其精髓在于创新逻辑，在理论源于客观现实的基础上，将思维逻辑、意识方法加以开创性的拓展，形成思想上趋同于主流意识，方法上又不同于竞争对手的标新立异、别具一格的更加易于被公众所接受的活动。

**案例分析**

案例

有一个经营旅馆的聪明商人，根据自己旅馆的实际情况，别出心裁地想出发掘潜力的好办法，结果达到了双重目标的实现。

当时，该旅馆面临来客日益增多，但客人休闲空间又太小的问题。适逢旅馆后山有一大片山地尚未开发利用，但若全面开发再种植树木，又缺乏资金。于是，商人经过谋划，在旅馆内贴出了一张海报，上写出："亲爱的旅客您好！本旅馆后山有片土地，宽阔而幽静，专门留作植树的预定地，如果您有兴趣，不妨亲手种下一棵小树，本馆特派人拍照留念，并立下木牌刻上您的大名和植树日期。如果您再度光临时，这棵树苗已枝繁叶茂，您看了一定非常高兴，因为它是您亲手种植的，纪念性非凡。植树活动仅收极少量树苗费。"这一颇具魅力的海报一经贴出，许多到此度蜜月或结婚周年纪念的夫妻，或结伴而来旅游的学生莫不跃跃欲试，每个人都想亲手种下一棵既在山地上又在心灵上属于自己的树，以作永久纪念。不用多久，后山上就种满了树，环境也整理得非常整齐雅致。旅客回家后对此事广为宣传，有的还不忘常回来看看自己的杰作。而旅馆的生意日益兴旺，并带动了该地区旅游事业的发展。

分析

这个案例说明共公关系策划中开创性是不可低估的力量。

**（二）目标性**

任何一个公关活动都要有明确的目标和主题，根据既定的目标方向有的放矢地开展公关活动。目标越明确，策划越有方向性，就越容易实现。

**（三）计划性**

公共关系策划是运用程序性思维推进工作的，体现在做什么、何时做、怎么做、谁去做等问题中，这就要看计划是否具体、周密、翔实。这是决定活动实施是否能够成功的关键。

**（四）全局性**

在公共关系策划中，既要关注于细节，又要着眼于全局，要紧紧围绕组织的理念文化、制度政策、近期目标和长远效益开展策划活动。

**（五）灵活性**

因势而动是公共关系策划的一个特性。在事物发展变化过程中，没有一成不变的，所谓计划没有变化快，公共关系策划实际上是一种预期的谋划，它所依据的仅为现实背景下的客观实际和可能预料到的预期效果。因此，需要公共策划具有较强的灵活性。

**（六）实用性**

所谓实用性，就是要求公共关系必须顺应公众的实际需求并具有可操作性，以确保策划方案能够顺利实施。

## 三、医药企业公关策划特性

由于行业的特殊性，作为医药企业不同于一般社会组织，在公共关系策划活动中要注意以下五个基本要素。

### （一）策划者的医药专业素养性

医药企业公关策划人员应当兼具公关的专业知识、公关策划能力、医药专业知识等多种行业素养。既能懂得国家医药政策法规，熟悉医药行业，又能够准确掌握公众的用药心理等，这是医药公关策划活动成败的关键因素。因此，医药公关策划人员的医药专业素质、公关技能直接影响公共关系策划质量的高低。

### （二）策划目标应具有社会责任性

医药企业制造的是与医药相关的产品，直接关乎公众的生命安危。恪守仁爱之心，关爱生命，对每一名公众负责是医药企业最大的责任，也是公众对医药企业最大的期望。策划的目标是给予医药卫生产品最高的安全性，是公众对医药企业的根本要求。

### （三）策划对象的诉求同一性

针对人生命发展轨迹特点和购买群体的同一性特点分析，医药企业所面对的是男、女、老、幼等群体，最广泛的公众群悉数在内；广泛多样的公众群体有着对医药企业的共同需要：药品是否安全、药品是否有效、价格是否合理、健康指导是否到位等。只有认识到了医药企业策划对象的特性，才能准确地设计医药企业公关活动策划内容和活动方案。

### （四）策划内容的社会性和公益性需求

由于医药企业形象的目标定位和医药企业的公众特点，要求医药公关活动策划内容偏重于社会性和公益性，战略方法和战术方案上应当围绕医药企业服务社会、医药企业履行社会责任、医药企业科技进步、医药企业引领公益行动设计主题；围绕公共的健康事业来策划主题。由于医药企业的多元性和公众多层次化特点，医药公关策划的内容往往需要针对不同的公众群体，从多方面、多层次进行设计和谋划。

### （五）策划方案的鲜明特色

公关策划人员对医药公关活动进行战略、战术设计和谋划后形成书面形式，具有医药公关的特色。

## 四、公共关系策划的程序

英国著名的公共关系专家弗兰克·杰夫金斯提出了策划公关工作方案的六点模式，亦叫做“六步工作法”。即确立目标、设计策划主题、分析公关对象、选择公关媒介、编制公关预算、审定公关方案。下面就公关策划的程序和相关知识进行讲解。

### （一）策划公关目标及分类

公共关系策划的目标简言之，就是社会组织通过对公关策划的具体实施所希望达到的理想目标。确立公共关系的工作目标是公关策划的前提，是一种方向性的指导。正所谓“志不立，天下无可成之事”；无目标，不策划；无策划，不结果。

以医药企业为例，医药企业公共关系目标可以按照时间维度、公众需求和功能维度来确定。

首先，公共关系目标按照时间长短可分为长期目标和近期目标。

**1. 长期目标**　长期目标是从前景展望角度确立的涉及组织长远发展和战略决策等重大问题的远景目标,它与组织的整体目标相一致。如针对医药企业形象存在的问题,公共关系的总目标就是塑造医药企业良好的形象,提升本企业的社会声誉。

**2. 近期目标**　近期目标是在长期目标的基础上,根据当前的实际情况和组织自身能力制订的具体可实施的目标。内容上要求具体明确,对活动的实施具有针对性的指导作用,时间跨度为 5 年以下。常见的近期目标如月度工作计划、年度工作计划等。例如不同医药企业的特性存在差异,公众对医药企业的心理期望是不同的,这就需要每一家医药企业了解市场需求和企业研究发展特点,建立契合自身需要的具体的近期目标。公共关系目标可以是医药企业希望通过公共关系活动达到的近期所要取得的理想状态。

此外,按照公众实际需求划分,可以分为一般目标和特殊目标。

**1. 一般目标**　一般目标是依据现下不同类型公众的需求、思想观念或行为的一致性制订的。例如一个企业要根据市场的供需变化调查,适当调整自身的销售量,做到既不会供不应求导致价格攀升而影响百姓的利益,带来舆论副作用,也不会因为产能过剩而影响自身利益。一般目标的制订,对顾客选择、政府增加税收、促进地区就业等方面都有积极的促进和指导作用。

**2. 特殊目标**　所谓特殊目标,就是针对那些与组织目标、理念、发展以及利益相同或者相近的公众的特殊要求而制订的有特殊指向性的目标。例如某商场为了提高自己的销售额与当地的广播电视台联合,在童装和女装交汇区举行全市的"妈妈故事大赛"以吸引更多的妈妈和孩子光顾;医院针对中老年人的常见病防治,计划定期开设免费的咨询讲座等。组织这些针对特殊人群制订的特殊目标计划正是有针对性地塑造组织的自身形象,进而推动组织的发展。

最后,按照功能划分,公关目标还可以分为信息传播、联络感情、改变公众态度和公众行为四种情况。

**1. 信息传播目标**　对医药卫生企业而言,信息传播主要是提升医药企业对公众的知名度,包括医药企业正式出台的重大的人事变更、推出新的服务产品等,重要的信息要迅速传播给特定公众等。

**2. 联络感情目标**　联络感情是指对特定公众的情感投资,这既是一个医药企业的公共关系的长期工作目标,也是在较短的时间内有助于医药企业公共关系形象维护与加强的深层次工作。因此,联络公共感情的公共关系目标既要贯穿在整个医药企业的公共关系工作之中,努力建立特定公众,特别是关键公众、重要公众对本医药企业的较为牢固深厚的情感基础,也要专门策划专项联络感情的公共关系目标项目,以便于在短期内达到联络医药企业与公众感情的良好效果。如美国通用食品公司在每年圣诞节为每位股东寄上公司新出的罐头礼品,并提供一系列的公司产品购买优惠政策,定期联络与各位股东的感情,加强股东对公司的归属感、自豪感和感激之情,从而使公司的各项政策与措施都能够得到股东们的大力支持。策划这些公关活动都服务于联络特定公众情感的公共关系目标。

**3. 改变公众态度和公众行为目标**　改变公共态度的公关目标是指有效地使用多种传播手段,努力促进特定公众对象对医药企业的了解与好感,促成公众对医药企业正面态度的生成与巩固。一般来说,正面态度包括同情、亲近、了解、信赖、好感等心理倾向;负面态度包括敌视、偏见、冷淡、怀疑、无知等因素。2005 年 8 月,香港某制药企业向原国家卫生部谏言"建议普及肺功能检查,将肺功能检查列入体检项目”，这封信引起了媒体的广泛关注，纷纷刊登了《药企上书卫生部，体检标准不该“重肝轻肺”》《体检不该“重肝轻肺”》等相关新闻报道，近300家平面媒体参与了报道，广大公众通过这一新闻事件对香港的这家制药企业有了更多的了解，增强了对它的好感。这家制药公司利用大众传播途径和舆论导向，策划并实施了这样的公关信息传播，在一定程度上增强了公众对医药企业的好感与信赖。

### （二）设计策划活动主题

“公关活动主题”是指对公关活动的设计和谋划，也是公共关系活动的战略模式和战术模式，是公众接受组织活动的第一印象。作为公关活动的灵魂，它是对活动内容和目的高度概括，提纲挈领地对整体公关活动起到指导作用。一般来说，公共关系活动主题必须与公关目标相一致，其传递的信息必须独特新颖而且具有特别的感召力。同时公关主题设计还应契合公众的心理需求，设计生动形象、可信可靠、简明扼要、易播易记。其设计有以下多种表现形式：

**1. 口号式**　“同一个世界，同一个梦想（one world one dream）”“大手牵小手，爱心伴永久”助学公益大行动、“助梦飞翔，逐梦职场”大型专场招聘会。

**2. 陈述式**　“请珍惜吧，否则地球上的最后一滴水将会是人类的眼泪。”

主题的设计一般要从公共关系的目标、信息个性、公众心理和审美情趣四个方面作为出发点。

首先，要明确主题是为了更好地诠释目标，是对目标的凝练和概括，一句话点出活动的目的。

其次，表述公关活动主题的信息要新颖独特，目标明确、有针对性，且能体现活动的鲜明特色。

再次，公关活动的主题设计要迎合公众的心理需求。这要求活动主题既要新颖吸睛，又要朴实贴切，既反映组织活动的目的，又不脱离群众，使人觉得可亲、可信、可参与。

最后，公共关系活动的主题设计要注意公众的审美要求，词句要简明、形象、生动、优美，上、下句韵脚合宜，同时要朗朗上口易于加深记忆，不能让人产生歧义和厌烦感。

### （三）分析策划公关对象

公关工作是针对不同环境、不同人群，以不同方法有的放矢地开展的，因此公关策划的基本任务就是分析公关对象。只有通过分析公关对象——“知彼”，才能确定公关方案如何实施、确立方向性和程序，以更科学合理地分配组织的人力、财力和物力等，更好地选择传播媒介和制订工作技巧。通常分析过程分为两个步骤：

第一步，要鉴别前期公关调查中公众对组织的要求。公关策划人员在制订公关方案时，必须充分考虑到与组织有关的公众的各种要求。只有反映并代表了公众权利要求的公关方案才是可行和有效的。通过这种“接地气”的模式，既可以分析外部需求环境，又可以从根本上调整和解决出现在组织内部的人员、管理、方针政策上的诟病和问题，正所谓反向“知己”。

第二步，对公众的各种权利要求加以概括和分析并建立互利关系分析。首先要通过排列组合找出公众需求的共性问题，以此作为设计组织整体方案的基础。在进行分析过程中，对公众的各种权利要求进行概括和分析，找出哪些是共性要求，哪些是特殊要求，哪些与企业目标相符、哪些相悖，并区别对待。不能单纯地从问题表面出发，应该考察各类公众的意图、权利要求、观念和行为的共性，然后再分析各类公众的特殊要求。但是在公众分析中需要注意的是，凡事都有其主、次要矛盾。分析中，应该选择趋同于该组织的利益关系和发展模式的公众作为公关工作的主要对象。

**（四）策划公关时机**

公关策划时机是指确定实施公共关系方案的时间和契机。公关时机的策划包括以下两个方面：

首先，选择公关“由头”。公关“由头”是一个公关活动开展的价值与依据，也就是理由。公关由头是由三个要素组成的：一是符合公共利益，为公众提供信息、知识、思维性服务；二是符合医药企业机构的总体目标和自身利益，与医药企业机构的性质有关，而不至于牵强附会；三是具有新闻价值，公关的活动策划应体现其传播效用。

其次，选择公关时间。公关时期可分为常态公关、特殊时期公关、危机公关。运用各种特殊时机来策划公关活动是常见的方法，如遇重大节日、重大纪念日、其他有规律性的节日；或运用各种传播事件或活动来策划专项活动，如学术活动、调研活动、发布活动、艺术展览、比赛活动等；运用各种偶然机遇和社会热门话题来策划专门的公关活动。在公关时机的选择上，应注意不要在同一天或短时间内策划两项内容不同的专项公关活动，以免影响公关效果。2000 年年底，国家药品监督管理部门下令不许生产、销售或使用含 PPA 的感冒药，国内某药厂反应最快，马上发布广告，声称它生产的感冒灵不含 PPA。虽然在市场上存在的感冒药都是不含 PPA 的，但是这一家药厂最先借助了国家指挥棒的力量，抢先发布了信息，大赚眼球，抢占了市场，使得与之同场竞争的另一知名品牌不得不退出市场。

**（五）策划公关媒体**

公关活动传播的媒介是企业与公众进行有效沟通的通道与桥梁。各种不同的传播媒介有不同的传播效果和传播特点，资金投入和传播效果也相迥异。因此，公共关系活动应当选择恰当的传播媒介，合理整合媒介资源，最有效地传播企业形象。公关策略的媒介策划可依据以下几个原则；根据公共关系工作目标要求选择媒介、根据不同的公众对象选择媒介、根据传播内容选择媒介、根据资金投入选择媒介。

媒介作为开展公关活动的载体，主要有以下三种形式：

**1. 个体传播媒介** 个体传播媒介是针对个人所进行的传播。它的优势在于传播对象是明确的，能够深入细致地解决特殊问题，感情因素浓厚；缺点是接触面狭窄。

**2. 群体传播媒介** 群体传播媒介是个别人面对一群人所进行的传播，比如报告会、宣讲会等。它比个体传媒的触及面要宽，有针对性地解决部分人的特殊要求。

**3. 大众传播媒介** 主要有印刷媒介和电子媒介，如报刊杂志、电视广播、网络新媒体等。由于大众传播媒介的高辐射度和引导舆论的强大影响力，能够在短时间内通过宣传的作用解决共性问题成为大众传播媒介的一个巨大优势。

**（六）公关效果**

是对公关活动应当发挥的作用和成效的预测，是公共关系活动应达到的预期目标。

**知识链接**

公共关系策划的 16 种范围

美国公共关系专家弗兰克·杰夫金斯认为，公共关系策划范围十分广泛，概括起来有 16 种。

1. 新产品、新技术、新服务项目开发中，要让公众有足够的了解。

2. 开辟新市场、新产品或服务推销之前，要在新市场所在地的公众中宣传组织的声誉，提高知名度。

3. 转产其他产品时，要调整组织对内和对外形象，使新的组织形象与新产品相适应。

4. 参加社会公益活动，并通过适当方式向公众宣传，增加公众对组织的了解和好感。

5. 开展社区公共关系活动，与组织所在地的公众沟通。

6. 本组织的产品或服务在社会上造成不良影响后，要及时进行公共关系活动。

7. 为本组织新的分公司、新的销售店、新的驻外办事处进行宣传，使各类公众了解其性质和作用。

8. 让组织内外的公众了解组织高层领导关心社会，参加各种社会活动的情况，以提高组织的声誉。

9. 发生严重事故后，要让公众了解组织处理的过程、采取的方法、事故的原因以及正在作出的努力。

10. 创造一个良好的消费环境，在公众中普及同本组织有关的产品或服务的消费方式、生活方式。

11. 创造股票发行的良好环境，在本组织股票准备上市挂牌前，向各类公众介绍产品特点、经营情况、发展前景、利润情况。

12. 通过适当的方式使公众了解本组织产品的商业牌号、企业名称等。

13. 让地方政府了解组织性质、发展前景、需要得到支持的情况，协调组织与政府的关系。

14. 赞助社会公益事业。

15. 准备同其他组织建立合作关系时，对组织的内部公众、组织的合作者及政府部门宣传合作的意义和作用。

16. 处在竞争危急时刻，通过联络感情等方式争取有关公众的支持。

## 五、医药企业公共关系策划方法和技巧

医药企业基于行业特点，公关策划可分为战略策划和战术策划。

### （一）公关战略策划

医药企业的公关战略策划主要在于构建医药企业形象的整体发展框架和目标定位。

应站在领导者和管理者角度，策划应与医药企业发展的战略目标、远景规划和企业文化理念相结合。出于宏观设计思维对发展目标和企业公众形象进行顶层设计，其主要目的是明确医药企业形象发展方向、提出标志医药企业形象的口号和纲领。

如国内医药企业广州白云山和记黄埔中药有限公司在医药企业形象管理过程中提出了“四化”理念，即“以科技创新带动中药现代化，以合资合作带动中药国际化，以公民企业带动中药大众化，以文化建设带动中药科普化”。该“四化”理念清晰地表达了广州白云山和记黄埔中药有限公司希望在社会大众心目中留下这样的印象：这是一个不断进取、勇于创新、开放而又赋予合作精神的现代

化、国际化中药企业，它富有社会责任感，重于文化传承，是一家合格的、值得信赖的公民企业。“四化”理念无疑是企业发展的战略思想，又是企业公共关系的战略目标，特别是广州白云山和记黄埔中药有限公司将追求“负责任的公民企业”和“重要文化的传承者”作为其企业公共关系和医药企业形象建设的核心内容，为企业今后微观公共关系建设和公共关系活动的战术策划明确了方向、奠定了基础。任何一家医药企业在其经营管理和发展的过程中，应当视企业形象管理与企业生产经营管理一样重要，应当充分重视企业公关的战略策划，塑造一个稳定的、持续发展的企业形象。企业的公关战略策划方案一旦形成、付诸实施，就不能随意改变，否则将造成企业形象朝令夕改、公众无所适从的不利局面。

医药企业公共关系战略策划是依据医药企业自身所处的环境条件，围绕建立和传播和谐的公共关系，以树立良好的医药企业形象为核心，以未来远景目标为导向而制订的长期性、整体性的对策与谋略，其方式可细化为以下几个步骤。

1. 明确战略目标，清晰形象定位。公共关系战略策划的核心是明确战略目标，设计好企业形象定位。形象定位就是有针对性地确定一个医药企业在公众心目中应具有的形象和位置。一旦目标形象确定了之后，就需要通过各种良好的行为策划来实现这一既定的良好形象。

2. 战略重点策划，明确企业形象核心。比如对于医药企业，可以将“药品质量过关、药效可靠、技术科学、生产安全、制造严谨、对消费者负责”作为其公关战略策划的重点。

3. 战略步骤合理，策划实施有序。医药企业在确定公关战略目标和战略重点上，在战略时间的确定上拟定一个宏观计划时刻表。

根据医药企业形象状况所处的阶段，常用的公关策略实施模式有：

(1)建设型公共关系：适用于医药企业初创阶段的塑造形象。

(2)矫正型公共关系：适用于医药企业危机公关。

(3)进攻型公共关系：适用于树立新形象。

(4)防御型公共关系：适用于危机萌芽区。

(5)维系型公共关系：适用于医药企业稳定发展时期，维持良好的社会形象。

### (二)公关战术策划

医药企业公关的战术策划主要是指在一定时期内，围绕公关战略目标或企业当前存在的公共关系问题而设计的具体公关行动方法策划。公关策划的方式多种多样，不单纯拘泥于形式。

**1. 宣传型公共关系策划**　指借助媒介和内部沟通的方式传播医药企业信息，达到塑造医药企业良好形象的目的。宣传型公共关系活动具有目的明确、传播面广、效果显著的特点。宣传型公共关系活动的形式有很多种，如：

(1)巧抓时机，发布信息：过“腊八节”是中国的传统习俗，这一天，中国人要煮腊八粥喝，寓意一年之末的大丰收以及来年风调雨顺、全家平安。2011年1月10日傍晚，浙江某医药连锁公司精选大米、黑米、米仁为主料，配红枣、莲子、桂圆、红豆为辅料，并加入山药、枸杞等一些中药材，由工作人员通宵熬煮，制成了冬日养生滋补的佳品——××秘制腊八粥。11日腊八节当天凌晨5时，公司派专车将熬制好的2万多份腊八粥送往各个活动门店，公司旗下的绍兴、杭州、嵊州等14家连锁药店参加了此次活动。绍兴公司还专门派出两个小分队,为绍兴塔山夕阳红康乐园和绍兴福利院的老人和孩子们送去热乎乎的腊八粥。为了让市民喝到承载浓郁传统特色的腊八粥,该连锁公司在腊八节前夕做了充分的准备工作:在《绍兴晚报》上刊登相关活动信息、市内相关药店门口放置宣传板、各门店门口张贴通知等。早晨4时多,就有市民在店外等候,一直到上午10时多领粥的场面依然火爆,绍兴电视台的《直播绍兴》《师爷说新闻》以及《绍兴晚报》都闻讯赶来采访。浙江××医药连锁公司借用传统节日,传播了企业形象,抢占了市场。

(2)整合媒体优势,借力发力:某药业冠名的“××闪亮新主播”就是借助某卫视这一目前中国最强劲的娱乐媒体平台,巧妙地将企业精神融入其中,在节目热播的同时传播企业信息。“××闪亮新主播”吸引了15万名各年龄层的人报名参与,企业的知名度直线上升,使其主打产品滴眼露一时间销量增长了8倍。

(3)创办企业媒体,传播医药企业信息:目前许多医药企业都创办了自己的企业刊物和企业网站,及时地将医药企业信息传播给企业的员工和外部公众,方便公众对医药企业的了解,满足公众对医药企业的知情权。

**2. 社会型公共关系策划**　指通过举办或资助各种社会性活动开展公共关系的活动模式。社会型公共关系活动具有内容的公益性、影响的社会性、利益的长远性三大特征。

2004年10月,由于消费者在2003年非典期间囤积的板蓝根颗粒面临过期,作为连续多年占领全国市场份额60%以上的板蓝根颗粒生产企业决定拿出产品和资金,在全国范围内全面更换过期的板蓝根颗粒产品,用最新批号的板蓝根颗粒回收消费者手中的过期产品。活动开展近6个月,范围扩大到全国30多个省、市、自治区,换回各品牌过期板蓝根颗粒120万包。该企业更换板蓝根颗粒这一公共关系活动引起了社会的强烈反响。

2005年3月13日,该企业在广州召开新闻发布会,在相关政府部门领导和新闻媒体的见证下,将回收的过期药品统一销毁,并正式提出“家庭过期药品回收机制”。承诺今后凡消费者家中有其生产的过期药品均可以得到回收,并在各地药监部门的监督下统一销毁。此举为全球首创,社会关注不断增温,新闻媒体争相报道。

2006年10月20日,该企业投资6500万元,用于2年新增600家“永不过期药店”,全国“永不过期店”总数将达到2100家,遍及全国30多个省、市、自治区。这一做法不仅获得全国各地新闻媒体的追捧,同时也成为社会舆论的焦点。

**3. 服务型公共关系策划**　指以提供优质服务为主要手段的公共关系活动模式。服务型公共关系活动具有行动性、全员性和直接的效益性。

某药业集团是妇女、儿童药品制造商之一。面对市场竞争越来越激烈的态势,2007年企业明确了“全面呵护女性健康,帮助孩子健康成长”的企业使命。为此,以社区公众为目标公众,推出了“××智慧新妈妈与健康好儿童评选活动”,以“一起成长”为主题,结合社区大众的接受和认知特点,传播母亲科学育儿的方式,引导母亲们接受正确的育儿方式,通过有效的健康教育,吸引儿童与女性参与,赢得他们对企业与产品的关注和信赖。

**4. 交际型公共关系活动**　指通过人际沟通开展公共关系活动的模式。目的是借助于人的直接接触进行情感沟通，为医药企业扩大人气，构建、交融社会网络。其特点是个体作用大、灵活性强、感情色彩浓。

综上所述，医药企业公关策划活动具有整体性强、目的精确、谋略性高的特点，与医药企业的功能和特性密切相关。其公关策划应当纳入企业的战略管理和战略发展中，与医药企业的经营战略、企业文化理念相结合，使企业的公共关系活动常态化、系统化、科学化，形成长效机制。

点滴积累

1. 所谓公关策划，是建立在公共关系调查的基础上，通过对组织自身形象和目标要求的综合分析，运用一定的科学手段为公共关系行为构思和设计出最佳行动方案的过程。
2. 医药企业公共关系策划应以企业社会责任理念和关爱生命为前提，对公关活动主题、活动形式、传播效果、媒介选择进行设计，构建以交际型公共关系、服务型公共关系、社会型公共关系为主，辅之以宣传型公共关系的公关传播策略。

## 第三节　公共关系实施

公共关系实施是将公关活动的策划方案所确定的内容转化为行动的过程。这是公共关系主体为了实现既定公关目标，对公共关系策划方案进行安排、管理与应用，以完成策划方案和公关目标的过程。它是公共关系工作的第三个步骤，也是最具复杂性和变化性的环节。

公共关系实施是一项创造性的工作，也是针对调查研究、策划制订之后解决问题的过程。遵循“知行合一”的原理，不难分析，即使最优秀的策划方案，如果不付诸实施，那么它对于组织的价值也只能是“一纸空文”。因此，公共关系的实施是整个公关活动中非常关键的一个步骤，它直接决定着组织的公关目标能否完成和公关活动最终是否成功。通常公共关系实施包括以下几个步骤：

### 一、确定公共关系实施原则

公共关系实施是一个复杂而科学的过程，它需要一套科学的实施指导原则。公关实施原则是公关工作人员在具体操作过程中解决困难，顺利完成公关各项工作，实现公共关系目标的成功法则。

#### （一）准备充分原则

实施准备要做到有备无患，这是公共关系实施成功的基础和前提。准备越充分，公共关系实施就越顺利，失误就越小。

#### （二）目标导向原则

实施的目标导向是保证公共关系实施活动不偏离公共关系目标的实施原则。按照既定目标，有的放矢。遵循目标导向原则实际上是加强组织宏观控制的一种手段，目标控制的主体是实施公共关系计划的社会组织。

#### （三）实施进度原则

实施进度是指在公关方案实施过程中按各项工作内容时间节点的进度要求进行，随时检查各项工作内容完成进度的情况，协调好各个环节，使各项工作按计划平稳有序进行，确保按时完成。

### （四）整体协调原则

整体协调原则是指在公共关系实施过程中，要使各项内容之间达到和谐、合理、完整、统一的状态。避免人力、财力和物力的浪费，提高公关工作效果，保证公关目标的顺利实现。

### （五）反馈调整原则

活动实施过程中，通过随查监控，及时发现公关活动实施过程中的方式方法偏差和错误，并进行调整与纠正。由于各种因素或实施人员自身素质的问题，导致在实施过程中常会出现有别于原有计划的情况。同时，由于环境变化，原来的实施方法无法操作等特殊情况都要求建立一种灵活的监督、预警和反馈机制，提早发现问题征兆，并立即采取有效措施，通过突发紧急预案等各种可能影响实施进度因素的预测，针对关键原因采取有效的预防和应急措施。

## 二、排除公共关系实施障碍

### （一）公共关系实施障碍的类型

公共关系实施障碍是指在公关活动实施过程中所受到的各种因素的阻碍，如果不及时处理会使预期公关目标无法顺利实现。

实际上，社会组织的公共关系活动在实施过程中都会遇到来自于不同方面的障碍或问题。这些障碍有内部的也有外部的，有主观的也有客观的。客观看待障碍，主动分析问题，积极排除障碍，才能确保公共关系策划方案的有效实施。

具体影响公共关系实施的障碍主要有以下几种类型：

**1. 主体障碍**　主要来自于实施主体本身，它包括组织活动实施者的素质、组织者的管理水平、公关策划活动本身的失误与不足等。这些都会带来公关目标障碍、公关创意障碍、公关预算障碍等，这些障碍将直接影响实施目标的实现和最终的实施效果。

**2. 传播障碍**　公共关系的实施过程是组织与公众之间双向传播的过程，期间存在的传播障碍有很多，有语言障碍、地域障碍、理解障碍等。尤其是语言障碍将会影响组织信息传播的真实性和完整性，削弱甚至破坏组织与公众的传播沟通效果，进而导致公共关系活动的失败。

**3. 观念障碍**　观念是由一定的知识和经验积淀而成的，不同受众对事物的不同看法会导致公关活动在实施过程中存在一定的制约因素。不同社会条件下，不同年龄段、不同知识水平的公众对于客观事物的根本态度和看法不尽相同，极容易形成不认可或抵制公关活动实施的因素。

**4. 习俗障碍**　顾名思义，是风俗习惯的障碍，主要是指在不同的民族、文化、宗教、信仰等背景下，公众所具有的固定特点的风俗习惯、礼仪行为、审美观点。必须认识到，人们在不同的环境中长期生活，产生的约定俗成的习惯是不容易改变的。

**5. 心理障碍**　指人们的认知、情感、态度等因素造成的沟通上的障碍，公共关系实施中的心理障碍来自于公关人员自身和公众两个方面：一方面是公关人员自身对某一类公众产生的反感和抵触，或对公关策划另有见解或对方案中的某一策略产生误解，造成心理障碍，这些都会影响公关活动的顺利开展；另一方面来自于公众的心理障碍，比如小范围的舆论效应或者个人认知偏差，公众对某一医药企业的产品抱有偏见，就会造成公关活动实施的障碍。

**6. 突发事件障碍**　突发事件对公共关系实施的干扰主要有两类：一是人为的信任危机，如公众投诉、媒体批评；二是不可抗力造成的灾害危机。

突发事件对公共关系实施的影响很大，如果处理不当，不但公关目标无法实现，还会影响组织的存在和已有的声誉，后果将会极为严重。

**（二）公共关系实施障碍的排除方法**

**1. 主体障碍排除**　加强前期学习和培训，提高公共关系从业人员的职业素质；调整完善公共关系实施计划书，未雨绸缪，做好应急预案，修订预先设计的策划书中与现实不适应的部分，使公共关系实施计划更加科学、严密和完整。

**2. 传播障碍排除**　公关人员应当具有良好的语言沟通能力和应变能力，能够应对不同层面的公众群体，尽可能地使用公众熟悉的、恰当的、准确的、合乎公众心理的语言，进行有效沟通，消除语言沟通等传播障碍。

**3. 观念障碍排除**　公关人员应尽量了解公众固有的普遍观念，准确把握观念差别；采用循序渐进、循循善诱、润物无声的方式来传播组织的观念，使公众心悦诚服地接受组织传播的观念、转变原有的旧观念，克服公众与组织之间存在的观念障碍和摩擦。切忌采用强行灌输、一厢情愿的方式，那样只能是本末倒置、事与愿违。

**4. 习俗障碍排除**　公关活动实施者首先要了解各类公众的习俗，并尊重、主动顺应公众的风俗习惯。根据公众的风俗习惯及时调整策划方案，并积极挖掘和运用公众风俗习惯和文化内涵特色，为组织传播与沟通所用。面对公众的习俗特点，应考虑如何“顺水推舟”，而不应是“逆水行舟”，这样才能有效地消除因风俗习惯的差异而造成的沟通障碍。

**5. 心理障碍排除**　从两个方面着手：一是从多个方面提升公关人员的专业水平，尽可能地避免或消除认知偏差；二是公关活动设计清晰透明，宣传做到正面、积极、有效，主动耐心地采取有效措施消除公众对组织所形成的认知或情感偏见。

**6. 突发事件障碍排除**　建立事前预警机制，做好应急预案。突发事件一旦发生，第一时间告知公众事实真相并及时发布最新消息，将谣言消灭在萌芽状态。公关活动实施组织应统一口径避免谣言。利用新闻媒体的力量，形成正确的舆论导向，尽快平息混乱。

## 三、公共关系实施方式

公共关系的实施方式很多，常用的有宣传型公共关系、交际型公共关系、服务型公共关系、征询型公共关系和社会型公共关系。其中征询型公共关系指运用信息问询、调查等方式将组织的目标、组织需要解决的问题与公众进行沟通、交流，既密切了组织与公众的关系，同时也使组织获得了更全面的公众信息。其余几种实施方式在公关战术策划中已经介绍，不再赘述。

组织在公共关系实施的过程中，不一定只运用一种公共关系实施方式，往往会根据公共关系目标、目标公众的实际需求和组织存在的公关问题将以上几种实施方式整合运用，以便于发挥更大、更有效的公关效果。

点滴积累

1. 公共关系实施是公共关系工作中最为关键，也是最为复杂和多边的工作过程。
2. 公共关系实施应当遵循基本的充分准备原则、目标导向原则、实施进度原则、整体协调原则、反馈调整原则。
3. 公共关系在实施的过程中应时刻关注并有效排除来自于各个方面的公关障碍。
4. 常用的公共关系实施方式有宣传型公共关系、交际型公共关系、服务型公共关系、征询型公共关系和社会型公共关系，组织公共关系的实施往往是这几种公关实施方式的综合运用。

## 第四节　公共关系评估

### 一、公共关系评估的含义及作用

公共关系评估是指根据特定的标准，对公共关系目标、策划、实施效果进行总结、检查、核对、衡量和评价，在取得的成绩基础上发现新问题，不断优化组织的公共关系目标、公共关系政策和公共关系行为，使组织的公共关系活动成为有计划的、整合完善组织形象的工作过程。公共关系评估是公共关系工作程序的第四个，也是最后一个重要步骤。

20 世纪 20 年代，美国公共关系先驱者洛特扎恩说："当最后一次会议已经召开，最后一批宣传品已经散发，最后一项活动已经成为历史记录时，就应该在自己的头脑中把所有使用的方法重新过滤一遍，总结经验和教训，供下一次活动借鉴。"这段话充分地表明了公共关系评估起到了总结、衡量和评估的重要作用：①公共关系评估是完善和改进公共关系工作的重要环节；②公共关系评估是开展后续公共关系工作的必要前提；③公共关系评估是鼓舞士气、激励内部公众的重要形式；④公共关系评估能使组织领导者看到公共关系工作的效果，从而重视公共关系工作。

### 二、公共关系评估内容

公共关系评估是对已经开展的公共关系活动进行全方位的检测评估，以此得到具体而详细的评估结果，从而指导今后的公关工作。公共关系评估的内容主要有以下几个方面：

#### （一）公共关系目标评估

包括反馈公关目标是否正确、各个实施目标是否具体，预期公关目标在多大程度上已经实现，了解组织内部对公关活动的知晓度等。

#### （二）公共关系策划评估

分析公共关系策划项目的执行情况，以此评估公关策划是否恰当、正确、周密，计划实现的程度、范围、效果怎样，是否需要修正，主题是否明确且富有号召力，计划预算是否恰当合理。

#### （三）公共关系经济效益评估

通过评测组织产品销量、销售额等市场指标，评估公共关系具体实施的效果。

### （四）公共关系社会效益评估

从组织知名度和美誉度两个方面来评估公共关系活动的具体实施效果。

## 三、公共关系评估标准

公共关系评估分为过程评估和绩效评估。

### （一）公共关系过程评估标准

公共关系过程评估应从公共关系开展的准备过程、实施过程和实施效果三个方面进行。

**1. 公共关系工作准备过程的评估标准**

（1）背景材料是否充分：及时发现在事件背景分析中被遗漏的信息和对项目有影响的因素。

（2）信息内容是否正确充实：主要评估的是所准备的信息资料是否符合公关活动问题本身及组织公关目标，强调提供信息内容的真实性和合理性。

（3）信息的表现形式是否恰当：主要评估的是公关活动所传递的信息是否达到在语言文字运用、图标设计、图片展示上的合理性，新颖度和是否能够达到引人注目的效果。

**2. 公共关系工作实施过程的评估标准**

（1）发送信息的数量：评估实施过程中组织信息在广播和电视中的传播次数、相关新闻的发布数量和其他宣传性工作如展览会、组织网站信息等。

（2）接收信息的目标公众数量：借助报纸发行量、会议或展览的出席人数，对接收组织信息的公众人群的数量进行综合把握。

**3. 公共关系工作实施效果的评估标准**

（1）知晓组织信息传播的公众数量。

（2）改变观点、态度的公众数量。

（3）发生期望行为的公众数量。

（4）达到的目标和解决的问题。

### （二）公共关系绩效评估标准

评估标准是评估人员开展评估公共关系工作绩效的依据。从本质上说，评估标准只有一个，即公共关系活动对预定目标实现和完成的程度。但在不同的阶段、不同的部门，评估标准又有不同的表现，可从定性、定量两个方面确定评估的基本标准。

**1. 定量标准**　指将评估标准数字化。定量标准主要有：

沟通率=（沟通信息总量-无效数）÷沟通信息总量×100%

信息传播速度=传播的信息量÷信息传播时间

视听率=实际视听人数÷调查总数×100%

知名度=掌握公共关系信息的人数÷被调查的总人数

**2. 定性标准**　指对评估对象进行概括的、抽象的性质描述。定性标准包括：

（1）新闻报道篇幅与刊登、播出量以及报道内容。

（2）新闻媒体的层次和重要性。

(3)新闻资料的使用方法。

(4)记者、编辑的反应。

## 四、公共关系评估方法

### (一)观察反馈法

由评估人员直接参与实施过程,进行实地考察,记录各个环节实施的状况、进展以及效果情况。

### (二)舆论和态度调查法

在公共关系活动开展前和开展后分别进行一次舆论调查,检测公共关系活动对公众态度、动机、心理、舆论等方面的影响。通过舆论与态度调查,检查组织实际形象与期望形象的差距改善了多少。

### (三)目标评估法

以预设的公关目标为评估标准和依据,将实施效果与预设目标进行对照衡量。

### (四)专家意见征询法(又称达尔菲法)

是邀请专家对公共关系实施进行定性评估的方法。

在实际的公共关系评估活动中,以上的评估方法和评估标准可以根据实际情况综合使用,以达到科学、准确地评价公共关系工作的目的。

**点滴积累** √

1. 公共关系评估是指根据特定的标准,对公共关系目标、策划、实施效果进行总结、检查、核对、衡量和评价,在取得的成绩基础上发现新问题,不断优化组织的公共关系目标、公共关系政策和公共关系行为,使组织的公共关系活动成为有计划的、整合完善组织形象的工作过程。
2. 公共关系评估标准主要有定性评估和定量评估。 评估方法主要有观察反馈法、舆论和态度调查法、目标评估法和专家意见征询法。 评估方法在实际评估过程中往往需要综合运用。

## 目标检测

### 一、选择题

(一)单项选择题

1. 公关调查中使用最广泛的方法是( )

A. 公众代表座谈会　　B. 资料分析

C. 问卷调查　　D. 利用新闻媒体

2. 公关调查中最古老、最传统的调查方法是( )

A. 抽样调查　　B. 问卷调查　　C. 文献调查　　D. 访谈调查

3. 任何一个医药企业的生存和发展都必须依赖的是( )

A. 形象　　B. 传播　　C. 环境　　D. 信誉

4. 医药企业的自我形象是其( )

A. 实际社会形象　　B. 公众形象

C. 期望建立的社会形象　　D. 过去已经建立的社会形象

5. 通过报纸、电台、电视等媒介形成的热点舆论称为( )

A. 大众舆论　　B. 人际舆论

C. 社会舆论　　D. 正面舆论

（二）多项选择题

1. 公共关系调查与市场调查的区别在于( )

A. 调查对象不同　　B. 调查方法不同

C. 调查内容不同　　D. 调查人员不同

E. 调查目的不同

2. 公共关系调查的内容主要有( )

A. 社会组织的基本情况调查　　B. 社区基本情况调查

C. 业务伙伴情况调查　　D. 社会组织的社会形象调查

E. 社会组织结构的调查

3. 根据组织公共关系所处的阶段,常见的公共关系战略模式有( )

A. 建设型公共关系模式　　B. 矫正型公共关系模式

C. 进攻型公共关系模式　　D. 防御型公共关系模式

E. 交往型公共关系模式

4. 公共关系活动策划的内容是确定目标( )

A. 设计主题　　B. 界定公众

C. 选择传媒　　D. 预算经费

E. 效果评估

5. 公共关系评估常用的方法有( )

A. 观察反馈法　　B. 舆论和态度调查法

C. 领导检查法　　D. 专家意见征询法

E. 调研反馈法

## 二、简答题

1. 简述公共关系调查与市场调查的区别。

2. 简述在公共关系活动中媒介选择的原则。

3. 简述公共关系实施过程中的障碍及排除措施。

## 三、案例分析题

阅读下面材料,请指出本次公共关系调查所确定的问题。假如你是公关人员,请你以这些问题为基础,设计公共关系活动的主题和主要活动方案。

全国高血压日“心脑保护伞”健康宣传活动项目调研

世界卫生医药企业的数据表明，以高血压、脑卒中和冠心病为代表的心脑血管疾病严重威胁人类健康，其中高血压是目前公认的引发脑卒中的首要危险因素，近10年来死亡率以每年5%的速度上升。为了解人们对高血压、脑卒中的疾病防治知识了解程度，在全国第七个高血压日到来之前，由中国医师协会为主体，某公共关系有限公司开启了“心脑保护伞”健康宣传前期调查活动。

调查对象：北京、上海有高血压病史但未发生脑卒中的城市50周岁以上的居民。

调查内容：了解他们对疾病及其关键性的认识，明确他们的阅读习惯以及信息需求。

调查方式：电话访谈、入户访谈、医院内拦截访谈三种形式。

调查时间：2004年9月10日—2004年9月25日。

调查地点：北京——团结湖社区、方庄西社区、方庄东社区、百盛购物中心、中粮广场；上海——中山公园、人民公园、复兴公园、天山公园、上海第六百货商场、上海梅龙镇广场。

共有4032人接受调查，调研重点发现：

(1)大多数高血压患者对脑卒中比较熟悉，对高血压、脑卒中及其关联性有所认识，但概念比较含糊。

(2)对预防脑卒中的意识比较薄弱，对于用药知识匮乏，因此缺乏药物预防的主动性。

(3)多数倾向认为脑卒中的原因为自身可控因素，进而通过自身努力就可以达到预防的效果。

(4)对教育活动的参与程度取决于对教育活动的信任度，而信任与否的依据主要是活动主办单位的权威程度——对相关专业人士具有高度的依赖性。

(5)对相关疾病的高度关注导致其对获取相关信息具有高度的主动性。

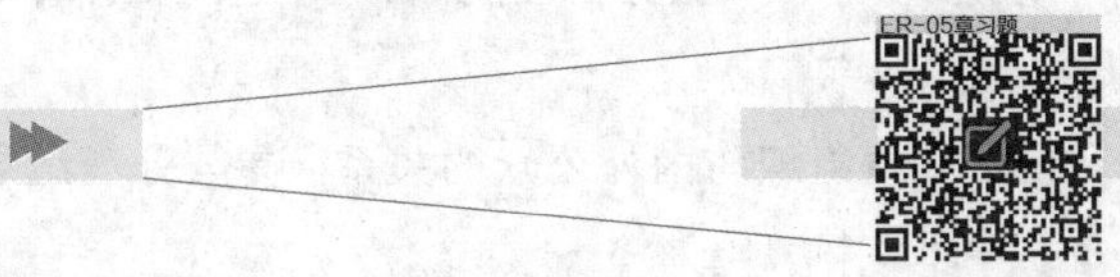


（雷　明）

# 第六章

# 公共关系从业人员的基本素质与能力

## 导学情景

情景描述

1999 年原国家劳动和社会保障部组织编写了《中华人民共和国职业分类大典》。受原国家劳动和社会保障部的委托，全国公共关系职业审定委员会专家办公室拟出公共关系职业的名称、定义和描述。

学前导语

公共关系职业名称：公关员。

公共关系职业定义：专门从事组织机构公众信息传播、关系协调与形象管理事务的调查、咨询、策划和实施的人员。

公共关系职业工作描述：

1. 制订组织的公众传播计划，编辑、制作和发行组织的各种宣传材料，负责组织的新闻发布、形象传播工作。

2. 监测、收集、整理和分析组织的公众信息，向组织的领导人提供管理咨询建议。

3. 制订组织和产品（服务）的形象管理计划，策划和实施各种专题性公众活动，并对其进行评估。

4. 沟通、协调组织与内外公众的关系，参与处理组织的公众咨询、投诉和来访接待事务。

5. 协助组织发现、处理并监控其与公众之间的矛盾、问题和突发（危机）事件。

6. 对组织的其他有关人员进行上述工作的专业培训和指导。

公共关系是一门职业，公共关系的职业化道路是发展公共关系事业的必由之路。我国对公共关系从业人员的定义是专门从事组织机构公众信息传播、关系协调与形象管理事务的调查、咨询、策划和实施的人员。公共关系从业人员也称为公关员，在欧美国家称为 PR practitioner（公共关系从业人员）、PR man（公共关系从业人员）、PR officer（公关官员）。本章我们将介绍公共关系从业人员应具备的基本素质和能力，以及公共关系从业人员的培养目标、原则和途径。

## 第一节　公共关系从业人员的基本素质

公共关系是一门新生的综合性热门学科，其对从业人员的素质要求甚是严格。那么素质是什么呢？素质是人的心理发展的生理条件。它是人的心智和能力发展的基本条件，但不是唯一条件，是个人身心条件的综合表现，是个人生理结构、心理结构及其功能特点的总和。它一般包括身体条件、气质、性格、能力、智慧、品德等要素。不同职业对从业人员的素质结构要求不同。

公关从业人员的素质主要是指具有社会特征，能够形成管理能力和影响管理的基本个人因素，既有先天因素，也有后天因素，且两者是互为因果的。

由于公共关系活动的复杂性、广泛性、创造性和灵活性，需要公共关系从业人员具有良好的基本素质。公共关系从业人员应具备的基本素质应包括高尚的品德素质、广博的知识、过硬的心理素质和健康的身体素质四个方面。

## 一、品德素质

品德是指人的品质与道德。公共关系从业人员经常要与公众接触，对外代表的是组织的形象，往往被公众视为组织形象的缩影，常常代表组织或企业去处理和协调与组织或企业内外部公众的关系，其个人的品德优劣直接影响组织的形象和声誉，这就要求其必然具备良好的道德品质。个人的品德素质一方面是在日常生活中形成的，另一方面也与职业道德教育有着密切的关系。因此，任何层次、任何形式的公共关系职业培训都必须重视职业道德教育。职业道德教育内容是公共关系教育的重要组成部分。“公正、诚实、守法、守信”，这是对公关人员最起码的要求，只有严格地按照这些要求去做，才可能做好公关工作。公共关系从业人员应具备的良好品德素质有：

### （一）公正

对于自己以前和目前所服务的顾客和雇主、同行，以及不论职务高低的公众都一视同仁、公平对待。在处理公共关系时要诚实正派、平等待人、不徇私情。公关人员是外部公众了解企业的一大窗口，他们所代表的是企业的形象，如果他们利用职责的便利谋私利的话，那将会使企业形象受到严重破坏。如企业刊登广告是采用购买报刊版面和电视台、电台的播放时间来进行的，但公共关系从业人员为企业写的新闻稿件则不能用直接或间接的收买手段去获得版面和播放时间，不能搞“有偿新闻”。在传播活动中不能有意破坏同行的信誉。

### （二）对社会负责

首先，公共关系人员的行为一定要符合国家法律、政策的要求，自觉接受法律约束，在法律允许范围内活动。其次，要使自己的活动不仅符合客户和雇主的利益，而且要符合公众的利益。要对整个社会负责，注重社会效益。如果客户和雇主的要求有损公众利益或违反社会道德标准，就应予以拒绝。公共关系从业人员要有全局观念，正确处理好国家、集体、个人三者之间的利益关系，并有较强的事业责任感，勇于创新，不断开创公关工作的新局面。

### （三）诚实

要求公关人员实事求是。一方面，公关人员在向决策部门反映外界公众和内部公众对组织的看法时，不能投其所好，报喜不报忧，更不能无中生有；另一方面，公关人员向社会公众传播信息时，必须做到真实、准确，如果做不到这一点，其后果将是严重的。

特别是在沟通信息时，必须真实准确、实事求是。在进行调查研究、收集社会公众和内部公众对本组织的评价时，要如实地加以整理、分析和反映，既报喜又报忧。在向外传递本组织的信息时，不弄虚作假，不隐瞒。不能表面上是为了公众利益，而暗地里却是为了实现有违于公众利益的目的。为此公共关系从业人员在收集和传递信息时，必须进行仔细地核对，不能相信一面之词。真实是公共关系工作的生命线。

#### （四）保密

公共关系工作人员为了更好地开展工作，必然要接触一些客户或雇主的机密。无论何时，他都必须严守机密，即使不再为这一客户或雇主工作时，也应该如此。

## 二、知识能力

知识结构是知识体系在求知者头脑中的内化，也就是客观知识世界经过求知者有选择性地输入、储存、加工，在头脑中形成的由智力联系起来的多元素、多系列、多层次的动态综合体。

公共关系工作需要公关从业人员较好地处理对内和对外的错综复杂的关系。没有一定的知识文化水平，无法胜任公关工作。因此，公关从业人员在知识修养方面应该是精通专业、知识广博、多才多艺，这是公关从业人员开展工作的资本，其应具有广博性、更新性、实践性、层次性的特点。公共关系从业人员是否具备良好的专业知识结构直接关系到他们心理素质的发挥和整体职业素质的提高。现代公共关系从业人员必须掌握下列相关知识：

#### （一）公共关系的基本理论知识

从事公共关系实践需要有理论的指导。公共关系的基本理论知识包括公共关系的基本概念、公共关系的由来和历史沿革、公共关系的职能、公共关系活动的基本原则、公共关系的三大要素，即社会组织、公众和传播的概念和类型；不同类型的公共关系工作机构的构建原则和工作内容；公共关系工作的基本程序等。用公关理论知识指导实践活动，有助于克服盲目性、增强自觉性。

#### （二）公共关系的基本实务知识

公共关系的一大特点是实务性强。公共关系从业人员除了需要精通公共关系的基本理论知识外，还需要熟悉公共关系的基本实务知识。公共关系的基本实务知识包括公共关系调研的知识、公共关系活动策划的知识、公共关系活动实施和评估的知识、公众分析的知识、与各类公众打交道的知识、社交礼仪知识等。公关实务知识的掌握，关键在于学以致用。

#### （三）与公关相关的学科知识

公共关系从业人员为了更好地开展工作，还应该掌握一些相关学科的理论知识。与公共关系学科联系最紧密、对公关理论和实务影响最大的学科有管理学、传播学、社会学、心理学、行为科学，而市场营销学、广告学、人际关系学则因为与公关学科的理论和实务有相当的交叉而颇具借鉴意义。除此以外，公共关系从业人员在接受特别的委托公关业务如国际市场公关、行业公关时，还要了解相应的地区文化传统、风俗习惯以及特定行业的基础知识。

现代社会是信息“爆炸”、知识“爆炸”的社会，公关人员应不断地学习，不断地吸收最新的公关理论、实务知识和公关技巧，努力使自己的知识结构更为合理。

## 三、心理素质

公共关系从业人员要和社会上的各种各样的人打交道，常常需要面对各种难题、矛盾和困境，需要自身具备良好的心理素质。

### （一）自信

这是对公共关系从业人员职业心理的最基本的要求。一个人有了自信，才会产生自信力，进而激发出极大的勇气和毅力，最终创造出奇迹。古人云："自知者明，自信者强"。充满自信的公共关系从业人员敢于面对挑战，敢于追求卓越，他们自信能超人、自信能胜人，因而自强不息，这样的公共关系从业人员塑造的组织形象必然是良好的形象。自认卑微、缺乏自信的公共关系从业人员其塑造的组织形象只能是卑微、平庸的形象。

企业公关人员的公关对象结构很复杂，有些公关人员或因地位低，或因资历浅，或因经验少，或因单位小等原因，面对地位高的、资历深的、经验丰富的、大单位的等公关对象就会产生自卑心理，在对方面前总觉得自己渺小低下，大有"配不上"的心态，因此就显得拘谨、胆怯、手足无措，言谈小心翼翼、吞吞吐吐、词不达意，这样会直接影响公关效果。所以，公关人员首先要树立起自信心，克服自卑心理，想象自己的能力，要从战略上藐视"敌人"。有了自信，才有胆量，有了胆量，才能不卑不亢、落落大方，从容自如地开展公关工作。

### （二）坚强

主要是指应具有很强的事业心和进取心，对工作满腔热情，不畏艰难，勇于负责，持之以恒。无论是成功还是失败、顺境还是逆境，都要善于控制自己的情绪和行为，理智地对待问题、解决问题。

从事公共关系工作的人员应有一种热情的心理。公共关系不是一种整天吃吃喝喝、玩玩乐乐的轻松的工作，而是一种需要付出大量智力和体力劳动的艰辛的工作。因此，没有坚强的意志，没有全身心的投入，是干不好公共关系工作的。

### （三）敏捷

思维方式指人的相对稳定的思维特点，表现在人的情感、认识、语言和行动中比较稳定的心理特征。它是构成公共关系从业人员素质的重要方面。

公关状态复杂多变，要求公共关系从业人员应有较高的智慧，遇事冷静思考，有严密的逻辑思维能力和综合分析问题的能力，有丰富的想象力和创造思维能力，使组织在激烈的竞争中立于不败之地。

### （四）开朗

性格是一种表现人的态度和行为方面的较稳定的心理特征，是个性的重要组成部分，与人的气质密切相关。优秀的公共关系从业人员在性格上应具备以下特征：开朗、有耐心、能宽容；沉着冷静、勇敢顽强；富有幽默感。

从公关工作的要求看，公共关系从业人员的性格最好是开放型、稳重型，并应有涵养、宽容和积极乐观。公共关系工作是一种创造性很强的工作，这种工作要求人们以开放的心理，不断接受新的事物、新的知识、新的观念，在工作中敢于大胆创新，作出突出的贡献。

**课堂活动**

讨论人的性格对公关的影响。

在公关活动中，并不都是一帆风顺的，随时都可能遇到各种各样的阻力和困难，甚至公关活动失败。这样，有的人可能产生畏难情绪，甚至自暴自弃，这对于一个公关人员来说是必须避免的。在当前日益复杂的经济活动中，竞争是非常激烈的，经济行为和经济状况千变万化，因此公关工作遇到挫折是很自然的。作为公关人员，在挫折面前不要气馁，不要灰心丧气，要保持开朗乐观的态度，泰然处之。只要保持良好的心理状态，坚持不懈地努力，就能"精诚所至，金石为开"，就能在激烈的竞争中立于不败之地。

兴趣是经验之师，经验从实践中来，实践面对的是纷纭复杂、形形色色的社会，公共关系从业人员要与各行各业的人打交道，广泛的兴趣会给公共关系从业人员的社会交往带来更多的维度和空间，结交更多的朋友。因此，公共关系从业人员一方面应为了工作的需要，培养自己的多个方面的兴趣；另一方面除了对本组织、本行业的生产经营活动感兴趣外，还要对其他组织及相关行业有兴趣，以便于更多地了解公众，获得新信息，达到预期目的。

## 四、身体素质

身体素质是劳动者体格和精力的统称。身体素质是人的劳动能力的基础，直接反映了人体从事某项工作的能力，反映了身体承受负荷的状态。良好的身体素质是工作的重要前提，不同的职业对劳动者的身体素质会有具体不同的要求。

公共关系从业人员的身体素质不完全等同于医学或生理学意义上的概念。公共关系工作的性质和特点决定了对从业人员身体素质的要求较为严格。工作的许多方面都考验着公共关系从业人员的身体素质，要求他们在身体发育情况和健康状态、体魄强度以及对艰苦环境的忍受程度等方面都要比一般人具备更加理想的条件。具体包括以下几个方面：

### （一）健康的体魄

体力因素是指与人的体力相关的生理学意义上的器官或系统发育及其健康状况，如人体的肌肉、四肢、五脏等的生理功能。体力因素既是身体素质的最基础的部分，又是身体素质构成的低层次的结构形式。它的形成与先天因素有一定的联系，但主要取决于后天发育状况。

具有良好的体力状况对个人的才能充分发挥具有不可忽视的意义。现代社会中，对公共关系从业人员身体素质的要求日益提高。因此，作为一名公共关系从业人员首先要重视自己的体力状况，否则将无法胜任自己的工作，不能适应社会前进的大潮，甚至逐渐被淘汰。平时要在紧张工作之余进行一定的放松，以便于身体的恢复。长期的疲劳会造成亚健康状态，而且连续工作时间太长则效率也会下降，所以要将锻炼身体作为工作之余的一件大事。

### （二）优雅的气质

公关工作要求经常与公众打交道，较好的体型、强健的体格、端正整洁的仪表和潇洒飘逸的风度会对公众产生天然的吸引力和首因效应，为进一步发展交往、增进友谊、开展工作创造基础和条件。

公共关系从业人员的气质最好是活泼型，对工作热情而稳重，善交际而不急躁。兴奋型的人也可以从事公关职业，但工作中要注意不感情用事。

世界卫生组织给健康下的最新定义是健康是一种身体上、精神上的完全平衡状态。一个人只是身强力壮，没有器质性疾病，还不算完全健康；只有体格和心理两个方面都健康的人，才算得是真正健康。"身体素质的一半是心理素质"，心理健康既有生理因素，又有复杂的社会因素。

公共关系从业人员由于工作的特殊要求，应注意经常保持心情舒畅，调整自己各个方面的身体功能，使之总处于最优化的工作状态。身体健康和心理健康是相互作用的，只有身体健康、精力充沛，心理上就会比较乐观，有利于更好地开展工作，积极地面对工作过程中遇到的各种困难。

**点滴积累**

1. 公共关系从业人员必须具备高尚的品德素质、广博的知识、过硬的心理素质、健康的身体。
2. 公关人员要公正、诚实、自信、优雅。

## 第二节　公共关系从业人员的基本技能

**知识链接**

公共关系从业人员的基本特征

美国公共关系专家坎托曾在《公共关系杂志》（Public Relations Journal）上撰文，阐述成功的公共关系从业人员的十大特征：①对于紧张状态作出反应；②个人主动性；③好奇心和学习；④精力、活力和抱负；⑤客观的思考；⑥灵活的态度；⑦为其他人提供服务；⑧友善；⑨多才多艺；⑩缺乏自我意识。

公关工作是一门实践性、操作性很强的工作，公共关系从业人员必须使自己形成合理的能力结构，这是一种特殊的专业能力体系。分析以上知识链接提到的十大基本特征，我们发现大都与公共关系从业人员的工作能力相关，由此可以看出，较强的综合能力对公共关系从业人员十分重要。

### 一、社交能力

公共关系从业人员工作的大量内容是直接面对各方面、各类型的社会公众，去迅速建立双向的有效沟通，赢得好感、认同与合作。只有善于同各种年龄、各个阶层、各种职业、各种性格的人打交道，才能做到在各种场合都能见机行事、应付自如、左右逢源、广交朋友。这就要求公共关系从业人员必须具备较强的与人打交道的本领即社交能力，在组织与公众之间架起沟通的"桥梁"，形成"人和"的氛围和环境。所以说，交际能力是公共关系从业人员应具备的最基本的能力。一个缺乏社交能力的人往往人为地在自己与社会、自己与周围环境、自己与他人之间造成一道心理"屏障"，是不可能有效地完成自己所担负的工作的。这就需要公关人员正确认识公众，把握交往的技巧、艺术、原则，了解公众的行为特点，学会与各种类型的公众友好相处。

公共关系从业人员的交际能力比较集中地体现在以下几点：

（一）外表吸引人，谈吐内行

即在交际中，公共关系从业人员能以其丰富的经验、高雅的气质、具有专业权威色彩的谈吐来赢得对方心理上的认同，给对方留下良好的第一印象。

（二）真诚坦率，不卑不亢

也就是说，在交往中能够实事求是地说明和介绍情况，而不是以欺骗、隐瞒、请客送礼、阿谀奉承等手段来取得对方的信任、合作和支持。

（三）思想交流，情感融洽

交际活动的特征是“相互作用”与“交流”。公共关系从业人员要能够影响对方，引起对方思想上的共鸣，进而实现双方情感交流与融洽。这是交际能力的重要表现。

（四）此失彼得，多谋善断

双方在交际中有时因任务和利益各不相同，一项交际成果对于双方来说必然是有得有失。在这种情况下，公共关系从业人员要能够权衡利弊，做到多谋善断、此失彼得。

## 二、协调能力

公关工作的本质属性是管理，通过公关工作促进组织目标的实现。公关工作千头万绪、具体繁杂，没有良好的组织能力是很难顺利做好工作的。为此，公共关系从业人员应具备激励员工积极性、协调各类公众关系、收集信息、制订公关计划与方案、组织实施各类公关活动及大型专题活动、进行有效的传播沟通等的能力。

公关人员要善于调动、组织和协调组织内外公众的力量和关系；善于制订公共关系工作的日常计划和专题计划，并适当有效地组织实施与评价；善于组织和参与各种有关的、公共关系原理与实务常见的会议与活动，并恰当有效地选择和运用多种传播手段，推动组织预期目标的实现与完成。

在落实和实施公共关系计划、方案的过程中需要公关人员发挥组织与指挥控制能力，也就是能够在公关计划、方案的实施过程中，有效地排除可控因素的干扰，保证最大限度地实现公共关系计划或方案的实施；当任务完成时，能够及时地提出新的奋斗目标，使公共关系工作能连续不断地顺利开展。公共关系从业人员的组织能力主要表现为：

（一）策划和决策能力

公共关系从业人员作为组织最高决策部门的助手，要能掌握组织经营管理的全局，熟悉组织生产经营的具体情况，善于搜集、发掘一切与组织有关的信息，并从总体角度，以战略的眼光加以分析，从而适时地对组织的经营管理进行有效的策划，提出组织发展的计划方案，直接参与组织的重大决策。

（二）综合协调能力

公共关系从业人员要善于协调组织内部领导之间的关系、领导与职工的关系、组织内部各部门之间的关系、组织与非正式团体之间的关系、组织与股东的关系，以及处理好与组织外部消费者、政府有关部门、组织所在社区、协作单位、竞争者、新闻媒介及涉外关系等，要掌握处理协调这些关系的技艺和方法。

（三）活动组织能力

公共关系从业人员要能够自如地组织各种公共关系的常见会议，如庆典会、新闻发布会、洽谈会、展览会、宴会等。同时，还要能够组织游览、参观、赞助等活动。各种活动的安排要有条不紊。

（四）运用各种组织手段的能力

公共关系从业人员要能够运用集权与分权、授权与控制、赏与罚、法律条文与社会舆论等组织手段，控制工作程序，完成工作任务，考核工作成效。

## 三、表达能力

公关工作是通过传播沟通与公众建立良好的关系，能很好地运用语言传达组织的有关信息，与公众有效沟通是公共关系从业人员的一项基本素质要求。公共关系从业人员的语言表达能力主要包括口头表达能力和形体表达能力。口头表达是公共关系从业人员与公众正常沟通的纽带，用于与公众直接的面对面的交往中。体态语言用于与公众的直接交往中，它能在一定程度上补充口头语言的不足，并和口头语言相得益彰。

口头表达能力就是通常所说的口才。口头表达是公关工作中实现信息双向交流沟通的最主要、最直接、最迅速的传递手段：有在特定场合对公众发表专题讲话，以争取公众，创造和导向舆论的演讲形式；也有在人际交往中与个别公众面对面沟通，进行解释、说服等的交谈形式；还有为争取组织利益而与其他组织采取的谈判形式。

公共关系从业人员的语言表达能力要建立在下列诸方面的基础上：

1. 言能达意，能娴熟地运用语言将自己的意思准确无误地告诉对方。

2. 口齿伶俐，吐字清楚，富有幽默感，感染力强，能吸引人、打动人、说服人。

3. 说话灵活，能应付和适应来自于各个方面的提问，做到思维敏捷、回答巧妙、变被动为主动，对尖锐、敏感的难以回答的问题能巧妙地转移、化解。

4. 能驾驭听众，掌握谈话的方向，制造良好的谈话气氛，达到交谈的目的。

形体表达是一种无声的语言。它通过人体的动作、体态、表情等向社会公众传递信息，运用得好时，可以表达出公共关系从业人员内涵丰富的思想感情，能够起到语言表达所起不到的作用。形体表达能力要求公共关系从业人员能够根据不同的场合和目的，运用礼仪和人体语言表达一些不便用口头和文字表达的信息，或者为了加强表达的效果，将信息传播给受传播者。

公共关系从业人员要进行必要的形体表达训练，养成良好的习惯，在各种公关场合都要做到举止端庄、体态大方、服饰得体、言行礼貌。中国人在表达情意时，由于受文化背景的影响，比起西方人来要含蓄得多。因此，对于不便说出的话，可应用形体语言将信息输出。同时，公共关系从业人员要善于察言观色，懂得一些形体语言的含义，从对方的形体语言中洞察其内心世界，从中发现对方的意图。较好的表达能力不仅能准确、全面地表达意图和感情，而且能给人一种美好的印象，增强公关工作的感召力。

### 课堂活动

最成功的魅力公关来自于最完美的印象管理。印象管理可以从心理学中的“第一印象”角度来解释和理解。打造个人形象的魅力磁场，让“第一印象”为你赢得制胜先机，同时也为你代理的组织赢得制胜先机。那么，在公关交往中公共关系人员在符号选择、表演形式、语言媒介等方面应该如何表现自己才能达到良好印象管理的目的呢?

## 四、创造能力

公关工作是一项极富挑战性和创造性的工作，公共关系从业人员是组织与公众的中介者，但绝不是“传声筒”，必须以自己的想象力和创造能力来影响和感染公众。不满现状，不断超越，追求卓越，追求创新是公共关系从业人员应有的素质。当公关人员发现了组织中存在的公共关系问题，或预见到了组织将会发生的公共关系问题时，为了解决这些问题或防患于未然，他们还需在创新意识的引导下发挥自己的想象力，来进行公共关系活动的全面策划和设计。古人云：“人可以谋人，可以谋事，亦可以谋天，亦可以谋地。谋则变不谋则不得变，谋则成，不谋则不得成。”可见，事成于谋。公共关系从业人员必须具备健全的谋划能力。

公关工作在某种程度上讲就是“以变促变”，不同时间、不同地点、不同对象，同一内容的工作方式也会不尽相同。因此，公共关系从业人员的工作是一种富于创造性、创新性、开拓性的工作，它要求公共关系从业人员思维活跃、激情迸发，摒弃陈规与陋习，不断开创公关工作的新境界。

公共关系从业人员的创造能力可以从以下三个方面去努力：

### （一）善于更新

没有公众愿意接受单调、一成不变的宣传，公众要求组织宣传形式多样化。事实上，也只有不断地变化组织的宣传形式才能不断地吸引公众的注意力。如可口可乐已有一百多年的历史，而它的广告主题却是随时根据不同的销售对象而更换变化的。最初是用年轻妇女的形象作招贴画；而每逢圣诞节时，就以圣诞老人为主题。

### （二）勤于思索

要有所创新就得勤于思索，寻找公共关系活动的突破口。有一种激发创造力的方法——头脑风暴法，它是利用集体的智慧，使个人的思想相互撞击，发出连锁反应，引导出创造性的思考方法。在活动过程中要努力做到尽量使个人的思想自由奔放，不受任何影响，鼓励各抒己见。在此过程中，不对任何人的想法进行批评，所提设想的参加人不受职位、学历、年龄、性别的限制；不要过早地下判断、作结论；可以相互启发，将零星的想法发展成比较完整的构思；将所有的想法都加以记录整理，最后进行比较归纳。头脑风暴法是一种集思广益的方法，它力图创造出一种特殊的环境和气氛，使思考者不受任何束缚，也不存在任何顾虑。各种思路、设想可相互补充，最大限度地发挥每个人的创造性。公共关系从业人员若能运用上述方法，能够使自身的创造力得以更大程度的发挥。

### （三）刻意求新

公共关系从业人员在开展公共关系活动中，只有不断创造新颖的方法、奇特的方式，才能满足公众求新、求异的心理需要，吸引公众的注意，取得他们的支持。如美国福特公司为了让人们了解该公司生产的汽车的稳定性，公司广告人员想了许多新招：在行驶的汽车中安排一位雕刻家在雕刻金刚钻；在一件昂贵的毛皮大衣上方挂着一桶危险的酸性物质；在汽车的前座上放着播放唱片的留声机等。所有这些既让人担心，又让人信服。可以说，公关工作的全过程都伴随着创造。缺乏创新意识、没有创新能力的人难以在公关活动中取得出众的成就。因此，从事公共关系工作的人员要具有创新精神，要善于采用新方法，走出新路子，才能开拓新局面。

## 五、应变能力

在开展公共关系活动的过程中，出乎意料的事情是随时都可能发生的，这就要求公共关系从业人员在工作中一定要机警、灵活，具有随时应付一切偶发事件的应变能力。

1. 要能够根据外界环境适时地修改公关计划和策略。在公关活动中会出现许多突如其来的情况，要求公共关系从业人员面对新情况、新问题时有镇静的神态、冷静的头脑，能迅速地作出反应，及时地调整公关计划和策略，才不至于使公关活动陷入困境。

2. 能面对现实，变通思维，想出多种应对办法。敏捷的应变能力要求公共关系从业人员能运用灵活的技巧和辩证的思维方法，不断地变换角度，从不同的侧面去观察和分析问题。也就是说，思维应具有变通性，善于举一反三、触类旁通，能及时找到解决问题的途径并迅速采取相应的措施。

3. 在突发事件中能够自如地运用各种应变手段，如转移、融合、改变、放大、缩小、折中、缓解、代替等来灵活地处理，实现公共关系活动的目标。

4. 能在短时间内适应各种环境。公共关系从业人员所接触的人复杂而广泛，工作对象的国籍、性别、地域、年龄、宗教信仰、职业、思想、观点、知识修养、生活习惯、风俗礼仪等是各不相同的。这需要公共关系从业人员善于适应各种社交环境，同时要有摆脱困境和窘态的能力。

应变是一种技巧，它要求公共关系从业人员不仅要有敏捷的反应，还要有丰富的社会经验。对于工作经验不足的新手来说，为了在各种变化面前应付自如，应该在制订计划时多做几种假设、多提出几种方案，以防万一。

## 六、自控能力

公共关系从业人员在工作中常会碰到一些令人生气想发火的情况，如在谈判过程中对方提出了意外的苛刻条件；经营活动中有些前来投诉的顾客，言语粗暴，而且纯属吹毛求疵；商业竞争中的对手不择手段，在对外宣传中有意诋毁自己的组织等。在这些情况下，公共关系从业人员能否正确对待、处置得当，取决于其自控能力的强弱。

自控是公共关系从业人员必备的一种涵养。公关人员应具有忍耐精神，遇事不惊，冷静处事。公关人员在被人误解或攻击时，要以组织的利益为重，不计较个人一时一事的得失。如果在个别问题上沉不住气，结果造成针锋相对、关系紧张，则会前功尽弃，达不到树立组织形象、完成组织目标的目的。要取得良好的效果，公关人员在各种工作中应该常设身处地地为他人着想。公共关系从业人员学会忍耐的基础是要尊重他人，站在对方的立场上，设身处地地为对方着想。这样就能够做到客观地评价各种事态，也能够忍受各种冲击，矛盾的冲突就可以得到缓解。

另外，公关人员要注意控制自己，特别是要控制自己的情绪，不因自己情绪的变化而左右自己的工作态度。当别人发怒时，自己不能发怒。如果受了一点委屈或碰到一点不顺心的事就动怒，这样的人就不适合做一名公关人员。

点滴积累 √

1. 公关从业人员必须具备社交能力、协调能力、表达能力、创造能力、应变能力和自控能力。
2. 公关工作可通过传播沟通与公众建立良好的关系，能很好地运用语言传达组织的有关信息，与公众有效沟通是公共关系从业人员的一项基本素质要求。

## 第三节 公共关系从业人员的培养

对公共关系从业人员的教育培训，关系到公共关系事业的发展和繁荣，也关系到公共关系在社会生活中的实际运用。在我国，公共关系学的学科建设和公共关系的专业教育工作开展时间还不长，公共关系知识在很大程度上还处于推广和普及的时期。同时，公共关系从业人员的数量不多，其理论水平和业务技巧都亟待提高，远远不能适应我国市场经济发展的客观需要。因此，选拔和培养公共关系从业人员，是我国当前开展公共关系工作和发展公共关系事业的一项迫切任务。

### 一、公共关系从业人员的培养目标

根据公共关系工作的实际需要，对不同的公共关系从业人员应该有不同的培养目标。一般认为，公共关系从业人员的培养应该朝着两个方向着手：一是培养通才式的公共关系人才；二是培养专才式的公共关系人才。

#### （一）通才式的公共关系人才

即知识面广，有较合理的知识结构，有良好的心理素质和综合能力素质，在工作中能独当一面，较好地处理复杂问题的公关领导人才或专职管理人员。

通才式的公共关系人才知识面要广，头脑要灵活，思路要宽阔，考虑问题要周全，具有较全面的智力结构、能力结构和完整的性格结构，工作中能独当一面，担任公共关系工作的组织者和指挥者。他们即使在知识和能力上不是样样精通，但在组织和指挥方面却是一大专长。这样的人虽然需求量不多，但对公共关系事业的成功关系重大。因此必须通过系统的公共关系理论教育和实践技能的训练，造就一批优秀的公共关系领导人才。

#### （二）专才式的公共关系人才

即比较精通于某个方面的公关技术技能，如编辑、写作、设计创意、市场调查、绘画摄影、设计广告等。具有专业技术的人才是一个健全的公共关系组织所不可缺少的，较适宜于公关工作中某些具体的业务工作。这类人才在公共关系组织和企事业单位中需求量较大,同样需要专门的培养和训练。

## 二、公共关系从业人员的培养原则

对公共关系从业人员进行培养,必须树立明确的指导思想,按照公共关系的基本原理及公共关系工作在我国发展的实际情况,合理制订教育计划,不断提高教学质量,使培养的公共关系人才适应现代社会发展的需要。因此,必须遵循以下原则:

### (一) 科学理论知识与思想品德教育相结合

开展公共关系教育与培养,既要搞清公共关系理论和相关的学科知识,对于公共关系的概念、规律、定理、原则等必须保证其内容的科学、正确;又要进行思想政治、道德品质方面的教育,并使两者有机地结合起来。忽视任何一方面,都会影响公共关系人才的质量,影响公共关系人才参与社会实践的适应性。特别是思想品德教育,对于工作涉及面广、实际活动繁多的公共关系从业人员来说更是十分必要。

### (二) 理论与实践相结合

公共关系理论是前人经长期实践总结概括出来的规律和知识。教育培训公共关系从业人员必须理论联系实际,并在实践中提高用理论解决实际问题的能力。公共关系学是一门实践性很强的学科,应注重好学习、参观、社会调查、撰写案例、论文等,要强调在实践中灵活运用理论知识。

### (三) 因材施教、因人施教

公共关系的教育培养必须根据不同的学制、不同的教育形式来进行,还应根据受教育者的物力、智力、能力、兴趣、性格、气质等不同特点有区别地进行。公共关系的教育培养应具有普遍性、适应性,使每个公共关系从业人员的个性潜力得到充分发挥。

### (四) 专业知识和综合知识相结合

公共关系教育培养应加强专业课程的设置,每项教育活动都应围绕公共关系专业目标进行。当代科学发展的趋势是自然科学、社会科学、人文科学的相互结合、相互渗透。公共关系学就是各学科高度综合的产物。因此,现代公共关系人才应具有较深厚的专业知识和较广博的综合知识。

## 三、公共关系从业人员的培养途径

从公共关系教育的角度看,公共关系学作为一门科学,其基础理论门类相当复杂。如果没有良好的理论基础知识,是难以掌握公共关系实务技能和技巧的,所以要求公共关系从业人员要有扎实的理论基础知识兼有重点的技能训练。根据这种要求,培养途径主要有以下几种形式:

### (一) 学校正规的教育培训

这是一条专门培养公共关系人才的正规途径,也是社会培养公关人才的一种方式。在这种方式下,学生可以系统地学习公关理论,潜心研究公关技巧,掌握信息传播工具,并参加适当的实践与模拟活动。学校正规培养的优点是课程学习安排具有系统性和科学性,专业基础知识学习具有广泛性和厚实性。主要形式有大学本科教育和大学专科教育。

### （二）在职进修培训

在职进修是我国公关教育培训中最受欢迎的形式之一，其主要特点是教学的现实针对性较强，周期短，见效快；学生的学习目的明确，且已有实践经验，故易于理解、接受和领悟，而且能学以致用。

**1. 函授教育**　采用函授教育的方式培养公共关系从业人员，这是我国目前较为盛行的一种应急办法。函授教育的时间比一般正规院校教育的时间短，通常学制为1年。这种培养形式既有广播电视教育，又有书面函授，可以不受时空条件的限制，利用业余时间学习掌握有关知识，形式较灵活。

**2. 公共关系培训班**　公共关系培训在时间上没有统一规定，有的是数月，有的仅几天。由于培训时间长短不一，教学内容不相一致。培训班的主要目标往往以掌握各科业务技能为主，培训专才式的公共关系人才，如广告设计、新闻采写、情况调查、美工摄影等。这类人才目前在我国比较缺乏，因此社会在职人员通过参加公共关系培训班了解公共关系的基本内容、获悉公共关系研究和实践的最新成果、提高业务工作水平可以收到较好的培训效果。

**3. 聘请专家、学者指导**　聘请公共关系专家来单位指导和咨询，帮助解决公关工作中的疑难问题，对公共关系从业人员进行业务的实际辅导和点拨。这种方式针对性强，启发性大，实际效果好。

**4. 其他培养形式**　如组织员工参加自学考试及电视广播教育，并为之提供参加辅导、面授等的条件，多途径多形式地提高专业理论水平和业务水平。

## 四、公共关系从业人员的资格认证

1953年，美国著名公共关系专家爱德华·伯纳斯提出对公关从业人员实行职业许可证制度，以保证公关职业的权威性。1965年，美国公共关系协会开始实行专业资格认证制度，到20世纪80年代中期，该协会11 700名会员中的1/3获得了APR（accredited in public relations）称号。

相比而言，英国公共关系协会主持的CAM考试虽然比美国的APR要晚，但其影响力更大。CAM是传播（communication）、广告（advertising）和市场（marketing）教育基金会的缩写。

CAM考试分两个等级，第一等级有7门考试课程——市场学、广告、公共关系媒介、调查与行为研究、传播实践、商业、经济环境，公关、广告和市场营销人员只要通过其中6门课程考试就可获CAM传播研究证书，获此证书后再参加第二等级考试。第二等级的考试分开进行，针对公共关系人员的考试课程有4门——商业组织公共关系、非商业组织公共关系、公共关系战略、管理资源，考生只要通过其中3门就可获得CAM公共关系文凭和公关从业资格。该项考试和专业资格不仅英国认可，而且得到国际广告协会的正式承认，已经有越来越多的外国人报名参与这项考试。

1993年，中国公共关系协会也开始推进“公共关系专业资格证书”培训活动。经过几年的实践探索和不懈努力，终获国家有关部门认可，从2000年起，在全国举行统一的公共关系从业人员任职资格考试，合格者获“公关员”称号，有资格从事公共关系工作。

## 五、公共关系从业人员的考核方法

考核就是指组织对本单位公共关系人员的思想、品行、技术业务、工作态度、工作能力、工作绩效以及健康状况等进行评价。

**(一) 考核内容**

主要有德、勤、能、绩四个方面。

**1. 德**　即思想政治素质,包括是否遵守国家政策、法律法规,是否具备良好的职业道德和社会公德,以及敬业精神、奉献精神、廉洁自律和团结协作精神等。

**2. 勤**　即勤奋精神,包括工作出勤率、工作积极性等。

**3. 能**　即完成各种公共关系专业性活动的能力,包括知识水平、业务水平、表达能力、交际能力、分析判断能力、组织管理能力、预见反应能力、应变耐久力、开拓与创新能力等。

**4. 绩**　即工作的实际数量与质量,包括工作业绩、工作效率、工作质量等。

**(二) 考核方法**

考核方法要坚持科学性原则,即做到客观、公正、全面。常见的考核方法有:

**1. 量表评定**　量表评定法是以一种标准化的等级量表为工具,采用组织评、群众评、自己评等多种途径,对公关人员进行全面评定的方法。

比如要对某单位的公共关系人员进行评价指标体系中的一项指标——专业知识的考核,可设计表格,由考核人员对公关人员的表现打分。量表评定法的优点是评定项目设计严格,定义明确,计量方法统一合理,评定结果既可以反映一个人的实际水平,又可以进行相互间的比较。因此,这是一种比较好的判定方法。

这种方法是根据各考核要素将所有的被考核者分别按两两一组的方式进行比较,并判断每组的优者和劣者,然后综合其结果得出最终序列和成绩。采用这种方法,必须将所有被考核者两两相比,每一要素的对比次数为$n(n-1)/2$($n$代表被考核者人数),因而考核的准确性较高;而且,由于考核者在考核过程中很难判断每个被考核者的最终成绩,因此可以避免考核者的主观影响。但这种考核方法的被考核人数有限,手续烦琐,工作量大。

**2. 考试评议法**　考试是考核公共关系人员的专业理论、技术知识的重要手段,分为口试和笔试两种。公共关系人员的职位不同,对其文化程度和专业理论知识的要求也不同。评议就是采取多种方法征求有关人员对被考核人员的意见,并组织进行分析、讨论,最后作出公平、正确的评价。这里关键是需要事先深入了解公关人员的全面业务工作状况,以避免评议结果的片面性和主观性。

**3. 工作标准法**　这种方法主要是根据从事各个职务的公共关系人员的各项具体要求(包括工作的质量、数量、时间期限、工作方法等)制定工作标准,并以此标准去衡量公关人员的优劣。这种方法有明确而具体的客观标准,比较公平合理,特别适合考核工作成绩。这一方法适用于调整职务津贴和奖金分配,但不宜直接套用以决定公关人员的晋升和调配。因为有些职务不易制定标准,尤其是复杂的脑力劳动更难制定标准。因此,这种方法的适用范围有一定的局限性。

除上述方法外,公共关系人员的考核方法还很多,如代表比较法、评分法、因素评级法等。各种方法都有优劣,而且考评的侧重面也不同,因此在选择考核方法时必须从实际出发,不能套用某一种模式。

**点滴积累**

1. 公关人员的培养原则　科学理论知识与思想品德教育相结合；理论与实践相结合；因材施教、因人施教；专业知识和综合知识相结合。
2. 公共关系从业人员的培养途径　学校正规的教育培训、在职进修培训。

## 目标检测

### 一、选择题

（一）单项选择题

1. 公共关系从业人员也称为(　　)

A. 公关组织　　B. 公关员　　C. 公关部　　D. 公共员

2. 公共关系从业人员职业心理的最基本的要求是(　　)

A. 能学会说　　B. 埋头苦干　　C. 充满自信　　D. 坚强的意志

3. 公共关系从业人员的性格最好是(　　)

A. 开放型　　B. 沉默型　　C. 内向型　　D. 双重型

4. 下列哪项能力是公共关系从业人员应具备的最基本的能力(　　)

A. 口头表达能力　　B. 对政策的准确把握能力

C. 对活动的组织策划能力　　D. 交际能力

5. 古人云:“人可以谋人,可以谋事,亦可以谋天,亦可以谋地。谋则变不谋则不得变,谋则成,不谋则不得成。”说明下列哪项能力的重要性(　　)

A. 处理人际关系的交际能力　　B. 创造策划能力

C. 组织协调能力　　D. 对事物敏锐的洞察能力

（二）多项选择题

1. 公共关系从业人员的知识结构具有下列哪些特点(　　)

A. 科学性　　B. 广博性　　C. 更新性

D. 实践性　　E. 层次性

2. 下列几项属于公共关系从业人员良好品德素质表现的有(　　)

A. 公正　　B. 正派　　C. 对社会负责

D. 真实　　E. 保密

3. 作为一名现代公共关系从业人员,其知识结构应由下列哪些项组成(　　)

A. 有关组织的基本知识　　B. 公共关系的基本理论知识

C. 方方面面的社会知识　　D. 公共关系的基本实务知识

E. 与公关相关的学科知识

4. 公共关系从业人员健康的身体素质包括(　　)

A. 一定的忍耐力　　B. 体力因素　　C. 无重要疾病

D. 心理健康　　　　　　　　E. 良好的记忆力

5. 公关人员组织能力的主要表现形式有(　　)

A. 策划和决策能力　　　　　　　　B. 综合协调能力

C. 活动组织能力　　　　　　　　D. 运用各种组织手段的能力

E. 面临突发事件时的应变能力

## 二、简答题

1. 简述公共关系从业人员应具备的基本素质。
2. 简述公共关系从业人员应具备的能力。
3. 公共关系从业人员过硬的心理素质表现在哪些方面?
4. 公共关系从业人员培养的主要原则是什么?

## 三、案例分析题

周恩来的精彩演讲

1945 年,国共谈判期间,周恩来曾应重庆“西南实业协会”的邀请,出席他们的一次周五聚餐会,并准备演讲《当前经济形势》。在此聚餐会之前,周恩来认真阅读了当时重庆的经济材料,并且叫经济学家许涤新同志前去汇报重庆资本家存在的问题和思想动态,以及资本家对于国民党的经济政策和官僚资本的态度等。当时,他曾对许涤新说:“对人家讲话,必须了解对方的活思想,说出话来才不会文不对题。”“如果不抓住对方的活思想,那就很难取得应有的效果。”

周五聚餐会上,周恩来做了《当前经济形势》的演讲。周恩来先是指出了抗战结束以后的政治问题,然后又谈了发展民族资本和社会经济等问题,最后他详尽地阐明了我党新民主主义时期的经济纲领。听报告的人极其踊跃,不仅座无虚席,而且在讲堂的窗台和窗外都站满了人,并且会场秩序很好,讲堂回荡着周恩来同志气壮山河的声音。试运用公共关系学中的相关知识分析评点这一案例。

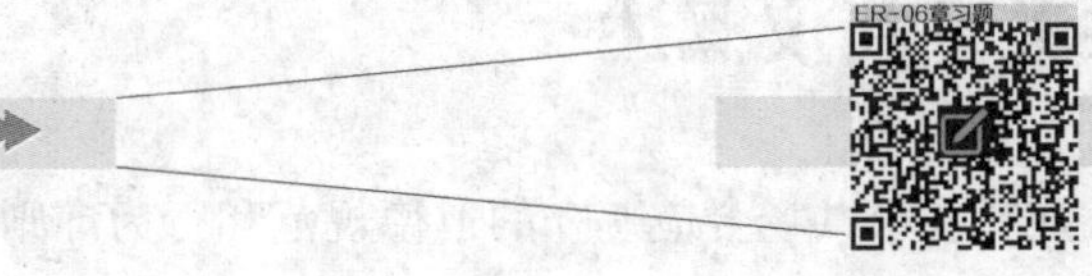

**(秦东华　刘潇蔓)**

# 第七章

# 公共关系礼仪

导学情景

情景描述

李鸿章有次请几位法国客人吃饭。 那几位法国人从来没有吃过中国餐，于是他们就想，李鸿章怎么吃，他们就怎么吃。 李鸿章先用筷子夹了一个饺子，一不小心，饺子掉在酒杯里，李鸿章夹起来放在嘴里。 法国客人看了，都学着李鸿章的样子，用筷子把饺子夹起来，然后掉到酒杯里，再夹起来吃。 李鸿章接着吃面条，他想到刚才法国客人学他吃饺子的样子，心里觉得好笑，忍不住笑，半根面条从鼻孔里喷出来。 法国客人看了，连声赞叹道，中国餐的吃法太奇妙了，这一招他们学不来。 假如这些法国客人懂得吃中国餐的礼节的话，大概就不会有这个笑话了。

学前导语

礼仪是作为社会成员的个人在交往中体现的约定俗成的道德规范和行为准则。 公关礼仪是从事公共关系活动的组织和个人必须遵守的道德规范和行为准则。 学习和掌握公关礼仪的基础知识和规范，对于提高公关人员的礼仪、文化修养，调节人际关系以及提高组织的公关效益有着积极的意义。

本章我们将带领同学们学习礼仪和公关礼仪的含义及特征、公关人员的个人礼仪；礼仪在公共关系活动中的作用、基本原则；公共关系工作的基本礼仪等内容。

## 第一节　公共关系礼仪概述

礼仪是作为社会成员在公共场合应遵守的道德规范和行为准则，是人们在交际中约定俗成的礼节和仪式，它体现着个人和组织的综合素养和品味。公关人员所具有的礼仪知识和良好素养是一个人成功的关键，也是一个组织公关活动成功的关键。公共关系礼仪作为一种特定的礼仪，又具有自身的特点和原则，也因社交方式的不同，呈现出不同的表现形式。

### 一、礼仪

#### （一）“礼仪”的含义

礼仪作为人类交际的表现形式之一，同其他诸如文字、绘画等文明形式一样，是人类不断摆脱愚昧、野蛮，逐渐走向文明、开化的标志和见证。

在汉语中，“礼”和“仪”最早是分开使用的。在古代典籍中，“礼”主要有三层含义：一是政治制度，二是礼貌、礼节，三是礼物；“仪”也有三层含义：一是指容貌和外表，二是指仪式和礼节，三是指准则和法度。中国古代的“礼仪”从本质上更偏重于政治体制上的道德教化。

在西方，礼仪的原意是“法庭上的通行证”，古代法国的法庭为了保证法庭秩序，将各种规则写在进入法庭的通行证上，让人们去遵守。后来，“礼仪”一词进入英语，演变成“人际交往的通行证”，它同样有三种含义：一是谦恭有礼的言谈举止；二是指教养和规矩，也就是礼节；三是指仪式、典礼、习俗等。

纵观中外对“礼仪”含义的理解，我们可以看出它有以下三个方面的基本意思：

其一，礼仪是一种行为规范或行为模式。人们见了面不自觉地伸出手，临走时下意识地说声“再见”。没有人强迫你这样做，但是你却觉得只有这样才算合适和正确。

其二，礼仪是大家共同遵守的。当然，不可能全世界的每个人都遵从同一礼仪，但相对于偶然性的行为，礼仪却是普遍的。比如现在国际上通用的见面打招呼是“你好”。

其三，礼仪是有它存在的合理性的。如约束人类欲望，保证社会秩序，实现人际关系的和谐。

**（二）礼仪的特点**

礼仪的本质特点是文化性。一般说来，礼仪具有以下特点：时代性、地域性、沿袭性、操作性、理智性。

**1. 时代性** 20世纪初，在欧美如果有一位少妇外出遛狗将被视为有失风度、有辱礼节。但是，20年以后，欧美遛狗成风，成为最有风度的少妇的最有风度的行为。礼仪作为一种行为规范，不是一成不变的，而是随着时代的发展而发展。

**2. 地域性** 俗话说：“十里不同风，百里不同俗”。不同的国家、民族，同一国家的不同地方有着不同的礼仪，甚至截然相反。如关于“老”的理解，中西方之间差异很大。在中国人看来，“老”象征着经验丰富，是对人的一种尊重；而在西方人却适得其反。如美国一所大学的中国留学生在欢迎他的大学校长的母亲时，尊称她为“老夫人”，结果“老夫人”却拂袖而去。因为“老”对她而言，是“魅力丧失，风韵不存”之意。

在宴请方面，中国人请客时桌子上的食物如果被客人一扫而光，会让主人难堪，因为这表明饭菜不够丰盛；而在西方女主人见此情景定会欢欣鼓舞，如果看见盘子中剩下不少菜，反而会垂头丧气，因为剩菜说明其烹调水平还有待于提高。礼仪的这一特点，要求在社交和礼仪活动中，我们既要注意各民族、国家、区域文化的共同共通之处，又应十分注意谨慎地处理相互间的文化差异；既要保持自尊，又要尊重别人，将地域差别作为交流、互补的条件。

**3. 沿袭性** 礼仪形成本身是个动态发展的过程，是在风俗和传统变化中形成的行为规范。在这种发展变化中，表现为一种继承和发展。礼仪一旦形成，就有一种相对独立性。我们今天的礼仪形式就是从昨天的历史中继承下来的，有不少优秀的还要继续传承下去。

**4. 操作性** 切实有效，实用可行，规则简明，易学易会，便于操作是礼仪的一大特点。“礼者，敬人也”。要促使礼仪简便易行、容易操作，言之有物、行之有礼是最佳的选择。

**5. 理智性** 礼仪实际上是以真善美的人性追求为基础的，它将处理人际关系的经验加以概括提炼，然后规范化而成为行为活动的模式。它体现着对人性的关怀，是做人做事的自觉和理智。如果不懂装懂，就会闹出笑话，可见礼仪是在实践过程中表现出来的。一个人知道怎么做是有礼的、规范的，什么是不该做的，从而才能在实践中更加自觉、更好地约束自己的行为，使之很好地符合礼仪的要求。

### （三）礼仪的原则

礼仪的原则是指行礼如仪时应遵循的一些基本要求，具体说来有以下几个方面：

**1. 平等原则**　现代礼仪的平等原则是指以礼待人，有来有往，既不能盛气凌人，也不能卑躬屈膝，应愉悦地沟通，建立起和谐的人际关系。平等原则是现代礼仪的基础，是现代礼仪有别于以往礼仪的最主要的原则。

比如按照中国人的习惯，长者对年幼者可以直呼其名，而年幼者对长者也直呼其名则被视为无礼；如要同时介绍几位客人，介绍者应先把晚辈、男士介绍给对应的人；拍照合影如果是家族成员合影，辈分高或年龄大者应安排在中间。

**2. 互尊原则**　古人云："敬人者，人恒敬之"。只有相互尊敬，人与人之间的关系才会融洽和谐。互尊是礼仪的重要原则。与人交往，无论对方职务高低、身份如何、相貌怎样、才能大小，只要与之打交道，首先就应尊重他的人格，做到礼遇适当、寒暄热烈、赞美得体、话题投机，让人感觉到他在你心目中是受欢迎的和有地位的，从而得到一种心理上的满足，感到与你交往心情很愉快，这样才能深入沟通、建立感情、达到目的。要做到与人交往中通过礼仪形式达到对人的尊重，应当从以下几个方面做起：一是与人交往要热情而真诚；二是要给别人留有面子；三是允许他人表达思想，表现自己。

**3. 诚信原则**　诚信原则是指遵时守信，要"言必信，行必果"。取信于人在人际交往中非常重要。

#### ▶▶ 课堂活动

现实中您如何才能取信于人？

**4. 宽容原则**　宽容就是心胸宽广。"海纳百川，有容乃大"，能设身处地地替别人着想，原谅别人的过失，也是一种美德，是现代人的一种礼仪素养。法国有句谚语——"了解一切，就会宽容一切"。

**5. 自律原则**　《礼记·典记》开宗明义第一句话就是"毋不敬"，但这又是造作不来的。真正领悟礼仪、运用礼仪，关键还要看你的自律能力。日本是一个经济大国，也是一个高度重视文明的国度。当 1997 年亚运会在日本广岛结束时，6 万人的会场竟然没有一张废纸，令全世界惊讶。同样，1998 年世界杯足球赛在法国举行。据报道，因为赛会方面的球票丑闻，日本数千名交了钱的球迷在到达图卢兹赛场后却无票进人，但他们不骂不闹，服从东道主安排，在体育馆内通过大屏幕观赛。更令人感动的是，转播结束后，工作人员清理现场同样没有发现一点垃圾，所有的废弃物都被日本人装进自备的塑料袋中带走了。日本队第二场与克罗地亚队比赛中以 0∶1 告负，在场的日本球迷一边流着伤心的眼泪，一边向法国工作人员致谢，没有一个泄愤闹事。

这些小事，虽然我们认为都是应该做的，但我们往往做得还不够，其根源在于我们的内心修养还不够。因此，更应该通过礼仪的教育和训练，使人们进一步树立起一定的道德信念和礼貌修养准则。

社会生活中的礼仪细节并非人人都能学到，但是只要我们将礼仪的原则铭记在心，贯穿于言行，那么，礼仪这种文化现象就能在社会生活中发挥它应有的功能。

#### （四）礼仪的作用

礼仪的作用概括地说，是表示人们不同地位的相互关系和调整、处理人们相互关系的手段。礼仪的作用表现在以下几个方面：

**1. 尊重的作用**　尊重的作用即向对方表示尊敬、敬意，同时对方也还之以礼。礼尚往来，有礼仪的交往行为，蕴含着彼此的尊敬。

**2. 约束的作用**　礼仪作为行为规范，对人们的社会行为具有很强的约束作用。礼仪一经制定和推行，久而久之，便形成社会习俗和社会行为规范。任何一个生活在某种礼仪习俗和规范环境中的人，都自觉或不自觉地受到该礼仪的约束，自觉接受礼仪约束的人是“成熟的人”的标志，不接受礼仪约束的人，社会就会以道德和舆论的手段来对他加以约束，甚至以法律的手段来强迫。

**3. 教化的作用**　礼仪具有教化作用，主要表现在两个方面：一方面是礼仪的尊重和约束作用。礼仪作为一种道德习俗，它对全社会的每个人都有教化作用，都在施行教化。另一方面是礼仪的形成、完备和凝固会成为一定社会传统文化的重要组成部分，它以“传统”的力量不断地由老一辈传继给新一代，世代相继、世代相传。在社会进步中，礼仪的教化作用具有极为重大的意义。

**4. 调节的作用**　礼仪具有调节人际关系的作用。一方面，礼仪作为一种规范、程序，作为一种文化传统，对人们之间的相互关系模式起着规范、约束和及时调整的作用；另一方面，某些礼仪形式、礼仪活动可以化解矛盾、建立新关系模式。可见礼仪在处理人际关系，以及发展健康良好的人际关系中是有其重要作用的。

## 二、公共关系礼仪

**课堂活动**

讨论公共关系礼仪与传统礼仪的异同点。

#### （一）公共关系礼仪的含义

公关礼仪起源于传统礼仪，是礼仪的一个重要分支，是对公共关系和礼仪学的综合继承，是指社会组织及其成员在与公众交往的过程中，所应具有的合乎社交规范和道德规范的礼节、礼貌、仪式等的总称。公关礼仪对于公关人员来说是一种传播和沟通的技巧，是必须遵循的礼节和仪式，是一种“通行证”。

#### （二）公共关系礼仪的作用

在公关交往中，遵循礼仪不但有利于组织与公众的沟通，而且有利于树立本组织的良好形象，推动组织发展。公关礼仪在公关工作中起着举足轻重的作用。

**1. 塑造形象**　包括塑造个人形象和组织形象。

**2. 沟通信息**　特别是言语礼仪、饰物礼仪、行为表情礼仪等，是加强人与人之间沟通的重要手段。

**3. 联络感情**　真诚是社交成功的一半，以真诚的心换取他人之心；以真诚的行为款待他人；以真诚的语言取悦他人。

**4. 增进友谊**　为实现良好的公共关系打下坚实的基础。

### （三）公共关系礼仪的运用原则

**1. 尊重公众原则**　公关礼仪最根本的原则就是对公众的尊敬。公共关系工作的对象是公众，只有尊重公众，才能很好地与公众沟通，赢得公众的理解、信任和支持，达到组织的公关目标。

**2. 公平对等原则**　在公关工作中平等地对待一切公众，是搞好公关工作的基本前提。人与人、人与组织、组织与组织之间在正式交往的过程中，都要考虑参加人员的身份、人数、接待规格等方面的礼仪规范，要坚持对等原则。

**3. 身份差异原则**　公共关系工作中的公平对等原则是相对的，在实际应用的过程中，我们还应当考虑一些差异性，如外事礼宾差异、地位差异、性别差异。以国际上的各种礼仪都提倡“女士优先”的原则。

**4. 从简实效原则**　礼仪的发展进步是随着人类社会的进步发展的，当有些社会生活方式发展了，随之一些礼仪也应当发展。因此，在现实的公关活动中，我们要本着古为今用、洋为中用的原则，去除那些繁文缛节、礼宾教条，使公关礼仪更好地为个人和组织服务。

**5. 适中原则**　在公关交往中的各种礼节仪式都要遵循一定的规范或约定俗成的惯例，自然得体，恰到好处。

## 三、社交方式

### （一）接待

接待是指个人或组织在日常交往中，按照一定规范对另一方进行的以协调双方公共关系为目的的社交方式。接待包括公务接待、商务接待和民间接待。良好的接待能给对方留下良好的印象，有助于双方沟通和良好关系的建立。

### （二）拜访

拜访是日常生活中最常见的交际形式，也是联络感情、增进友谊的一种有效方法。做客拜访要选择一个对方方便的时间，要避免在吃饭和休息的时间登门造访。拜访前，应尽可能事先告知，约定一个时间，以免扑空或打乱对方的日程安排。约定时间后，不能轻易失约或迟到。如因特殊情况不能前去，一定要设法通知对方，并表示歉意。

### （三）宴会

宴会是指因习俗或社交礼仪需要而举行的宴饮聚会，又称筵宴、酒会，是社交与饮食相结合的一种形式。人们通过宴会，不仅获得饮食艺术的享受，而且可增进人际间的交往。宴会上的一整套菜肴席面称为筵席，由于筵席是宴会的核心，因而人们习惯上常将这两个词视为同义词语。

### （四）舞会

舞会是一种跳交谊舞等的集会，是一种高尚讲究礼仪的社交活动，也是展示个人魅力的场所。它通常在晚上举行，可以作为一项单独活动，也可以作为宴请的余兴活动。遇有重大喜庆节日，有些国家的舞会甚至通宵达旦。大型舞会中间往往穿插安排短小的文艺节目。

### （五）庆典活动

庆典活动是指为庆祝或纪念某一特殊日期或事件而举行的庆祝活动。包括周年纪念、节日晚会、迎送晚会等多种形式。

**点滴积累**

1. 礼仪是人类摆脱愚昧，逐渐走向文明的标志和见证。
2. 礼仪具有平等、互尊、诚信、宽容、自律原则。
3. 社交的主要方式包括接待、拜访、宴会、舞会、庆典等。

# 第二节　日常交往礼仪

## 一、见面与介绍礼仪

### （一）称呼

在日常交际中称呼是非常重要的，恰当运用好称呼语不仅能使信息交流顺利进行，达到双方交流的交际目的，还能使对方因受到尊敬礼遇而愉悦，同时也标志着说话人有教养、有学问、懂礼貌，因此我们说称呼是当今社交活动中头等重要的礼节。

现在，一般的称呼习惯有称行政职务（如处长、总经理等）、称技术职务（如博士、教授等）、称行业职务（如护士、医生、老师等）、时尚性称呼（如先生、女士、小姐等）。

在日常交往特别是正规的社交场合中要避免用一些不当的称呼：无称呼（如“哎”），替代性称呼（如医院里：“1号”“3号”“4床”“下一个”），不适当的地方性称呼，称兄道弟、哥们儿、伙计等降低交往档次，显得套近乎、层次不高的称呼。

在社交称呼中，还应特别注意顺序问题。一般的顺序为内外有别、上下有别、主次有序即先外后内、先疏后亲、先上后下、先长后幼、先女后男。

### （二）问候

日常交往礼仪是公关人员做好公共关系工作的重要组成部分，而问候是交往的开始和基础。在问候时要注意以下几点：

**1. 热情友好**　热情、得体的问候往往能够体现一个人的素质，并且能够迅速帮助你在对方心中建立一个良好的形象。热情友好的问候最基本的就是面带微笑,热情的问候就是面带微笑的问候,以在对方心中留下好的印象。

**2. 内容适当**　首先,不同的时间可以用不同的问候语。问候语除了普遍的“你好”之外,还可以因时、因人、因地而变。早上可以问“上午好”,12~14 点问声“中午好”,14~18 点问声“下午好”,晚上 18~21 点问声“晚上好”。其次,问候可以因对象不同而不同。如果是跟家里人、同事或者熟悉的朋友,可以不用拘泥于一板一眼的“你好”,而可以用多种方式来问候。

**3. 讲究顺序**　一般是地位低者、年纪轻者、后进入者先开口问候大家。也就是说,在工作场合里地位低的人要先问候地位高的人,这倒不是巴结或是溜须拍马,而是一个起码的礼貌;如果与客户见面也应主动招呼客户,对他是一种尊重的表达;若是同事之间,那么年纪轻的要先问候长者,尊敬长者是我们国家的传统美德。还有一种情况,就是集体会面时,后进入的人要先问候已到达的人,然后大家再回应问候。

### (三)介绍

公关人员在进行社会交往的过程中,总是从彼此介绍认识开始的。相互认识,都要经过介绍的环节。通过一次清晰、全面、准确、幽默的介绍,可以缩短人与人之间的距离,在原来比较陌生的人际关系间架起一座有利于沟通的桥梁。介绍一般分为正式介绍、非正式介绍和自我介绍。在介绍过程中,应注意以下几个方面:

**1. 介绍时的仪态**　尽量自然、大方,面带微笑,这样不仅是一种礼貌的表现,也是对对方的尊重。

**2. 介绍的顺序**　在介绍时,坚持受到特别尊重的一方有了解对方的优先权的原则。即介绍的先后顺序应当是先向身份高者介绍身份低者;先向年长者介绍年轻者;先向女士介绍男士等。

**3. 介绍内容应真实、简洁**　介绍作为初步了解的基础,没有必要非常复杂、冗长,否则会给人以拖沓之感。如果是在一般的、非正式的场合,一般不要称其中某人为“我的朋友”,因为这似乎暗示另外一个人不是你的朋友,显得不友善。

**4. 介绍应起立**　当介绍人做了介绍以后,被介绍的双方就应起立,互相问候“你好”,这是一种亲切而礼貌的反应。对于长者或有名望的人,起立更是对对方的尊重。

**5. 自我介绍**　自我介绍是在交际场合经常使用的一种介绍方法,公关人员经常要接触一些新朋友,必须掌握自我介绍的技巧。自我介绍的主要内容是姓名、工作单位、职务这三要素。为了获得对方的良好印象,介绍应当尽量生动活泼。其基本程序是先向对方点头致意,得到回应后再向对方介绍自己的姓名、身份和单位等,同时递上事先准备好的名片。

### (四)递接名片

名片介绍是现代社交活动中最常见的一种礼仪,通过交换名片,双方可以迅速了解对方的姓名、职务、地位,同时也便于将这些资料长期保留。交换名片时应双手递上,同时目光正视对方;而接受名片时,也要用双手,并点头表示感谢。接到名片后应当认真地看一下,记住对方的姓名、单位和身份。将对方的名片随意放下或拿在手中玩弄,是不尊重对方的一种表现。

## 二、握手礼仪

握手礼是在相互介绍时表示热情、礼貌、致意的常见礼节，也是人们日常交往中最常使用的一种见面礼。握手可以表达欢迎、友好、祝贺、感谢、尊重、致歉、慰问、惜别等多重复杂的情感。握手礼仪的顺序一般应遵循“尊者决定”的原则，即根据握手双方的社会地位、年龄、性别和宾主身份来确定握手有无必要。握手的力量、姿势与时间的长短往往能够表达出握手对对方的不同礼遇与态度，显露自己的个性，给人留下不同的印象，也可通过握手了解对方的个性，从而赢得交际的主动。

### （一）握手的标准姿势

握手时距对方约一步远，上身稍向前倾，两足立正，伸出右手，四指并拢，虎口相交，拇指张开下滑，向受礼者握手。平等而自然的握手姿态是两手的手掌都处于垂直状态，这是一种最普通也最稳妥的握手姿势。握手时双方互相注视、微笑、问候、致意，不要看第三者或显得心不在焉。

戴着手套握手是失礼行为。男士在握手前先脱下手套、摘下帽子，女士可以例外。

### （二）握手的时间和力度

除了关系亲近的人可以长久地把手握在一起外，一般握两三下就行。不要太用力，但漫不经心地用手指尖“蜻蜓点水”式握手也是无礼的。一般要将时间控制在三五秒钟以内。如果要表示自己的真诚和热烈，也可较长时间握手，并上下摇晃几下。

握手时两手一碰就分开，时间过短，好像在走过场，又像是对对方怀有戒意；而时间过久，特别是拉住异性或初次见面者的手长久不放，显得有些失礼。

### （三）握手的顺序

在公务场合，握手时伸手的先后次序主要取决于职位、身份；而在社交、休闲场合，它主要取决于年龄、性别、婚否。在接待来访者时，这一问题变得特殊一些：当客人抵达时，应由主人首先伸出手来与客人相握；而在客人告辞时，就应由客人首先伸出手来与主人相握。前者是表示“欢迎”，后者就表示“再见”。这一次序颠倒，很容易让人发生误解。

但如果自己是尊者或长者、上级，而位卑者、年轻者或下级抢先伸手时，最得体的就是立即伸出自己的手，进行配合，而不要置之不理，使对方当场出丑。

长辈和晚辈之间，长辈伸手后，晚辈才能伸手相握；上、下级之间，上级伸手后，下级才能接握；男女之间，女方伸手后，男方才能伸手相握。如果需要和多人握手，握手时要讲究先后次序，由尊而卑，即先年长者后年幼者、先长辈再晚辈、先老师后学生、先女士后男士、先已婚者后未婚者、先上级后下级。

交际时如果人数较多，可以只跟相近的几个人握手，向其他人点头示意或微微鞠躬就行。

### （四）握手的忌讳

我们在握手时应努力做到合乎规范，避免违犯下述失礼的禁忌。

1. 不要用左手相握，尤其是和阿拉伯人、印度人打交道时要牢记，因为在他们看来左手是不洁的。

2. 在和基督教信徒交往时，要避免两人握手时与另外两人相握的手形成交叉状，这种形状类似于十字架，在他们眼里这是很不吉利的。

3. 不要在握手时戴着手套或墨镜，只有女士在社交场合戴着薄纱手套握手才是被允许的。

4. 不要在握手时另外一只手插在衣袋里或拿着东西。

5. 不要在握手时面无表情、不置一词或长篇大论、点头哈腰、过分客套。

6. 不要在握手时仅仅握住对方的手指尖，好像有意与对方保持距离。正确的做法是要握住整个手掌，即使对异性也要这么做。

7. 不要在握手时把对方的手拉过来、推过去，或者上下左右抖个没完。

8. 不要拒绝和别人握手，即使有手疾或汗湿、弄脏了，也要和对方说一下“对不起，我的手现在不方便”，以免造成不必要的误会。

## 三、通讯礼仪

现代社会是一个信息的社会。信息就是资源，信息就是财富。多样的现代化通讯工具给我们提供了多样的信息沟通方式。

通讯是指人们利用一定的电讯设备进行的信息传递。在日常生活中，公关人员接触最多的通讯手段就是电话、传真、电子邮件等。通讯礼仪通常即指在利用上述各种通讯手段时，所应遵守的礼仪规范。

这里重点介绍当今应用最多、最广的电话礼仪。电话礼仪是公关人员所要掌握的重点。因为电话不仅仅是一种传递信息、获取信息、保持联络的寻常工具，也是公关人员所在单位或个人的形象的一个载体。它能够真实地体现出个人的素质、待人接物的态度以及通话者所在单位的整体水平。

与日常会话和书信联络相比，接打电话具有即时性、经常性、简捷性、双向性、礼仪性等较为突出的特点。使用电话通讯，有主动地拨打电话与被动地接听电话之别。从礼仪方面来讲，拨打电话与接听电话时有着各自不同的标准做法。

### （一）拨打电话

在公关交往中，首先打电话给别人的情况极多。当公关人员准备拨打电话时，应注意以下三点：

**1. 时间选择**　有关公务的电话应当公事公办，最好在上班时打。双方约定的通话时间轻易不要更动。要想使通话效果好一些，使之不至于受到对方繁忙或疲劳的影响，则通话应选择在周一至周五，而不应在周末。也不要在对方刚上班、快下班、午休或快吃午饭时，不识时务地把电话打过去。因紧急事宜打电话到别人家里去，通话之初先要为此说声“对不起”，而且尽量不要在对方用餐、睡觉、过节、度周末时这样做。与外商通电话时，须顾及对方在作息时间上的特点。打电话去海外，还应考虑到此地与彼地的时差。

**2. 语言文明**　打电话时所使用的语言应当礼貌而谦恭，应尽快地用三言两语将要说的事情讲完，不要啰嗦，如果连自己都不明白“刚才说到哪儿了”，将会浪费别人的时间。若非事关重大的时间、数据，一般没有必要再三去复述已经讲过的话。

打电话时，每个人开口所讲的第一句话都事关自己给对方的第一印象，所以应当慎之又慎。打电话时如果和对方不是很熟悉，应将礼貌用语与双方的单位、职衔、姓名"一同道来"。

**3. 举止、态度要文明** 在打电话时，对一个人的电话形象影响最大的，当首推自己的语言与声调。从总体上来讲，它应当简捷、明了、文明、礼貌。在通话时，声音应当清晰而柔和，吐字应当准确，句子应当简短，语速应当适中，语气应当亲切、和谐、自然。

同时，公关人士在打电话前，为节省时间，一定要"去粗取精"，条理清晰地预备好提纲。届时，应根据腹稿或文字稿来直截了当地通话。若拨通电话时对方正忙，则不应强人所难，非"一气呵成"不可，可以约一个时间，过一会再打。此外，与不熟悉的单位或个人联络，对对方的名字与电话号码应当弄得一清二楚，以便于"胸有成竹"，免得因为搞错而浪费时间。

另外，打电话时最好双手持握话筒。讲话时，嘴部与话筒之间应保持3cm左右的距离。这样的话，就不会使对方接听电话时因话音过高或过低而感到不舒服了。

### （二）接听电话

在公关交往中，接听电话的礼仪也非常重要。当公关人员接听电话时，应注意以下两点：

**1. 接听电话要及时** 电话铃一响，就应马上去接，不要采取怠慢态度，更不可接了电话就说"请稍等"，撂下电话半天不理人家。如果确实很忙，可表示歉意，说"对不起，请过10分钟再打过来，好吗?"

**2. 热情礼貌** 接电话时应当认真听对方说话，而且不时有所表示，如"是""对""好""请讲""不客气""我听着呢""我明白了"等，或用语气词"唔""嗯""嗨"等，让对方感到你是在认真听。漫不经心，答非所问，或者一边听一边同身边的人谈话，都是对对方的不尊重。

接电话找人是常有的事，你不要一声"不在"不容分说就把电话挂上了，也不能过分追问对方情况，例如"你找他有什么事""你是他什么人"，这都是非常失礼的表现。你应说"请稍等"，如果没有看见对方找的人，要立即告之"对不起，本人不在，需要我转告什么吗?"但询问对方姓名后再说"本人不在"，这样很容易引起对方的误解。

接电话时，嘴里正吃着东西，要尽快把东西吞下去再接，免得对方听不清楚并有失礼之嫌；如果对方打错了电话，应当及时告之，语气要和善，不要讽刺挖苦，更不要表示出恼怒之意；替他人接电话时，要询问清楚对方的姓名、电话、单位名称，以便于在接转电话时为受话人提供便利；在不了解对方的动机、目的是什么时，请不要随便说出指定受话人的行踪和其他个人信息，比如手机号等；如果对方没有报上自己的姓名，而直接询问上司的去向，应礼貌、客气地询问对方："对不起，您是哪一位?"；在电话中传达有关事宜，应重复要点，对于号码、数字、日期、时间等应再次确认，以免出错；挂断电话前的礼貌不可忽视，要确定对方已经挂断电话后才能轻轻挂上电话。

### （三）注意公共秩序

在办公室接打电话要注意公共秩序，声音不要太大。接打电话声音太大会影响其他人工作，而且也会使电话的另一方感觉不舒服。

特别要注意的是不要在单位打私人电话或在公用电话亭"煲电话粥"。

**课堂活动**

请总结，在公共场合我们如何正确地接听电话。

**点滴积累**

1. 日常交往礼仪是公关人员做好公共关系工作的重要组成部分。
2. 日常交往礼仪主要包括见面与介绍礼仪、握手礼仪、通讯礼仪。

## 第三节　公关交谈礼仪

交谈是靠语言、非语言和聆听艺术构成的沟通方式。它使公关人员与公众得以沟通，实施公关活动。语言交谈中是否注意礼节，语言运用是否恰当，直接关系到信息沟通的效果。所以公关语言要求以语言的“礼”吸引人，以语言的“美”说服人。同时，表情、动作、体态这些“非语言交谈”在社交活动中也发挥着重要的作用。此外作为公关人员不仅要会交谈，也要学会聆听，多听、多想，使交谈成为双方沟通的有效途径。

### 一、语言交谈

语言是人类最重要的交谈工具。现代社会中大部分信息都是通过语言传递的。如何进行语言交谈，一直是古今中外人们谈论的一个重要话题。我国《论语》中说：“言之不文，行之不远”。

语言学家们研究认为语言有正、副之分，正、副语言都能表达情感。所谓正语言是指“话”的不同说法、不同的讲话方式，如同事之间称呼不同，表达的感情也不同。副语言是指讲话时的语气、语调和表示肯定、否定等情感的声音以及语助词等的运用。副语言在人交往中能够制造、强化、改变气氛，从而起到加强情感表达的作用。

#### （一）“正语言”交谈

“正语言”交谈要求公关人员在交谈中能够用文明、礼貌、准确的语言表达自己的意思和想法，从而使对方清楚地明确交谈的意图。

**1. 语言文明**　当今社会是一个文明的社会。文明是一种品质，是一种修养，是一种被社会广泛推崇的优良行为。文明的时代呼唤文明的人，所以作为一名和社会众多层次打交道的公关人员，更要时刻牢记与人文明交谈。

文明的语言会使人们的听觉环境成为美丽的享受，从而在内心深处产生良好的心理反应，使听者增加亲切感，从而拉近彼此的距离，促进公关目标的实现。

**2. 语言礼貌**　在任何社交场合，诚实和热情都是交谈的基础。与任何人进行面对面的交谈，都是一种对等关系。以礼待人，才能显示出自身人格尊严，又可以满足对方的自尊需要。为此，交谈中要随时随地有意识地使用礼貌语言，这是文明人应当具备的基本素养。

在交往、交谈过程中礼貌用语应常用、勤用，尽管这些问候与寒暄用语的本身并不表示特定的含义，但它却是交往中不可缺少的。既能传递出表示尊重，以示亲切，给予友情的信息，同时又显示出自己懂礼貌、有教养、有风度，从而形成一种和谐、亲切、友善、热情、尊敬的良好“人际气候”。比如“请”“谢谢”“对不起”这三句话就充分体现了一名公关人员的素质和教养。

**3. 语言准确**　文雅的谈吐，固然在于辞令的修饰，但最基本的一条却是词能达意、通顺易懂，即说出的话让人觉得顺耳、动听，更要让人听得清楚、听得明白。让人听得费劲、不舒服的话影响谈话情趣，还会使人怀疑你的实际才能，甚至反感和恼怒。因此在选择词句时应以朴实自然为好，多使用一些明白流畅的口语白话。这样，既合乎人们的习惯，易于被理解、接受，还不会给人以卖弄做作之感。

### （二）“副语言”交谈

交谈过程中，说话者的语速、音质和声调这些“副语言”也是传递信息的符号。同一句话，说时和缓或急促、柔声细语或高门大嗓、商量语气或颐指气使、面带笑容或板着面孔，效果大相径庭，要根据对象、场合进行调整。

人们说话时常常要流露真情，语调就是流露这种真情的一个窗口。愉快、失望，坚定、犹豫，轻松、压抑，狂喜、悲哀等复杂的感情都会在语调的抑扬顿挫、轻重缓急中表现出来。语调同时还流露一个人的社交态度，那种心不在焉、和尚念经式的语调绝不会引起别人感情上的共鸣。语调虽重要，但在谈话中却往往被忽视，只注意辞令如何风趣、内容如何美妙，却忘了语调要如何动人，结果使思想的传递受到损失，效果受到影响。

在社交场合，为使自己的谈话引人注目、谈吐得体，一定要在声音的大小、轻重、高低、快慢上有所用心，这样才能收到好的效果。但这一切都要追求自然，如果装腔作势，过分追求所谓的抑扬顿挫，也会给人华而不实、在演戏的感觉。自然的音调也是美好动听的。

## 二、非语言交谈

**课堂活动**

请讨论，非语言沟通有哪些方式？

人们除借助语言进行交往、交谈外，还要借助于体态语言，如扬眉张目，喜乐悲伤，举手投足，坐、立、行的姿态等。非语言交谈有自己的符号，如自身接触、亲近、方位、外表、头部动作、面部表情、手势、眼睛动作和目光接触等。人们可用这些非语言符号来表达自己想说而又未说或不便说出的意思。公关人员要想在公众面前表现得精神焕发、举止优雅、具有感召力和亲和力，就必须时刻注意自己的体态、动作、表情。

### （一）表情

人的面部表情十分丰富，它可以表现出高贵与尊严、自卑与好强、精明与机敏、傲慢与粗俗等各种表情。面部表情对人们的交谈起着解释、澄清、纠正与强化的作用，它是测量人的情绪的客观指标之一。

在非语言交往、交谈中，眼睛被认为是人体传递信息的一个重要部位。人们常说“眼睛是心灵的窗户”“一旦学会了眼睛的语言,表情的变化将是无穷无尽的”。

目光接触是人际交往、交谈中的一种最常见的沟通方式。目光接触可以表示坦诚、敌意、鄙夷、命令、尊敬、专注、反感、吃惊等。

**(二)动作**

在人与人之间的交往、交谈中,手的动作不宜过大,但能够帮助人们表达思想、感情,增加与丰富语言信息内容的手势动作还是必要的。一般来说,手势动作分为两大类:一类是单方表达思想内容的手势动作;另一类是双方触及表达感情心理的手势动作。

**(三)体态**

姿势姿态在社交活动中反映着深刻的内涵。从个体的角度来分析,不同的姿势姿态可以表现不同的内心情绪。从群体的角度来分析,不同的群体姿势姿态可以表现出不同的群体意识。

## 三、聆听的艺术

外国有句谚语:“用十秒钟时间讲,用十分钟时间听”。这说明,听在人们的交往中居于非常重要的地位。面对面的交往、交谈是双向的,讲与听是对立统一的。既讲又听可以满足双方的需要,唯其如此才能使交谈顺利发展。

**(一)听的功能**

在人们的交往、交谈中,认真地去听可以收到良好的谈话效果。听可以满足对方的需要;听可以了解对方是否真正理解你说话的含义;听可以获得必要的信息;听可以使人们的交往、交谈更有效,彼此之间的关系更融洽。

**(二)听的方式**

1972年,著名的传播学家韦弗提出了一个“听”的模式。这一模式要求我们,听不光要用身,还要用脑,用整个身心。能否做到这一点,可表现为三种听的方式,即漫不经心地听、批判性地听、移情式地听。

**(三)听的艺术**

国外学者在“听”的艺术上有许多要领,可归纳如下:

1. 应尽量将谈话的环境安排到一个安静的地方进行,减少外界噪声对谈话者和自己的干扰。
2. 耐心、注意地听,消除心理上的障碍,保持沉静,不要受情绪和当时气氛的影响。
3. 注意听其内容,不做无关的工作,将自己的知觉、情感、态度全部调动起来,投入地听,用心去体验对方谈话的情景。
4. 少讲多听,不要打断对方的话。
5. 恰当地提出问题,以表明你在认真地听。
6. 不要过早地作出判断。

## 四、公关交谈礼仪及技巧

公关交谈礼仪是指人们在交谈中所应该注意的礼节、仪态。语言是心灵交流的纽带,如何运用好尤为重要。

### （一）创造良好的交谈氛围

**1. 积极创造和选择谈话环境**　根据心理学理论，环境的改变对人的心情会造成一定的影响，从而又会影响交谈的效果。公关交谈必须注意软、硬件环境的营造，在硬件环境上一要相对独立，避免受外界干扰，防止谈话内容外泄；二要整洁宁静，有利于心情放松。

**2. 距离适中**　公关交谈时，相互要保持一定的距离。太近双方感觉不自然；太远显得很生疏，不适宜双方交流。

**3. 态度友好、诚恳**　交谈时要直视对方，要特别注意面带微笑，使对方感受到诚恳与友好。交谈中适当的时候要回应对方，可以说“嗯”“好的”之类的词语，也可以点头示意。

**4. 寒暄热情、大方**　适度的问候与寒暄才能引起交际双方的交谈兴趣与欲望，才能活跃交谈气氛，使交谈友好、亲切地进行下去。但不要过于热情，否则会让对方感觉不自然，有造作之嫌。

### （二）选择恰当的交谈内容

交谈的内容又叫交谈的话题，在某一特定时刻宜少不宜多，最好只有一个。唯有话题少而集中，才有助于交谈的顺利进行。话题过多、过散，将会使交谈者无所适从。

交谈时，话题应尽量避开一些不适合在友好交谈中出现的事情；应尽量符合交谈双方的年龄、职业、性格、心理等特点；交谈中对方显得无礼时要宽容克制；要注意在已有的话题中寻找大家有兴趣的细节作为新话题。

还有一些主题是忌谈的，如有错误倾向的主题、个人隐私、令人反感的主题、非议旁人的主题等，在公关交谈时必须注意。

### （三）礼让对方

**1. 不要使用方言**　在社交场合要尽量讲普通话，方言应尽量避免。同时，对于方言、土语要有一种宽容的态度，遇有不明白的话语也要多问。

此外，偶尔使用外文单词也可以为谈话增加情趣。但要注意，引用的外文单词要以对方能心领神会为宜，否则会在无形中造成隔阂。而且要特别注意的是使用必须恰当，并且要注意正确地发音。

**2. 不要使用口头禅**　有些人说话时，常常无意地加入一些带有个人习惯的口头禅。有的口头禅不伤大雅，但也有一些口头禅会使听者产生歧义，甚至是被伤害的感觉。比如“知道不”“你懂吗你”，教训人的口气十分明显，而且还会令人感到暗含轻视的意思。“是吗”这是典型的“怀疑一切”的态度，会使谈话对象的自尊深受伤害。这些口头禅最好自觉地弃用。

**3. 不要使他人难堪**　有时在交谈中，由于某种原因会使得对方陷入尴尬的局面。如果你给对方提供“台阶”，就可及时为对方丢失的面子添一些光彩，那是最好了；或者万一无意刺伤了对方，应立即道歉，请求原谅。这都是交谈中应有的风度。

### （四）音量适中，语调温和

控制自己的语速、语调、音量在交谈中非常重要。通话时语调温和、音量适中，这种有魅力的声音非常容易使对方产生愉悦感。相反，如果我们在交谈中说话语速太快，则对方会听不清楚，显得非常不礼貌；太慢则对方会不耐烦，显得懒散拖沓。如果语调太高，则对方听得刺耳，感到拘谨；太低则对方会听得不清楚，感到有气无力。

**（五）要借助肢体语言来增强表达的效果**

同别人交谈时，交际的手段不限于词语，表情、手势、身体其他部分的动作，都向周围的人传递信息。微微一笑伸出手来表示欢迎，皱眉表示不满，点头表示同意，挥手表示再见。这些动作是交际手段的一部分，如果能在口头语言的基础上很好地运用这些肢体语言，则会使表达的意思更加强烈清晰。

**点滴积累**

1. 交谈是靠语言、非语言和聆听艺术构成的沟通方式。
2. 语言交谈包括“正语言”交谈和“副语言”交谈。
3. 公关交谈要创造良好的交谈氛围、礼让对方、借助肢体语言来表达思想。

## 第四节　聚会礼仪

公关聚会是以公关社交为目的的交际活动的一种不带具体任务、较为轻松的聚会，它形式自然、内容灵活、品味高雅，可以帮助人们彼此加强沟通。公关聚会主要是由企业单位、事业单位、机关、团体发起的，有内外部公众参加的诸如舞会、宴会、茶话会这样的活动，以联络感情、增进友谊为目的。

根据人们在聚会中所讨论的中心话题或进行的主要活动来区别，聚会可以分成许多种类。具体而言，内容丰富、包罗万象的聚会叫做综合型聚会；亲朋好友、同学、同事之间以保持联络为目的的聚会叫做交际型聚会；主要为了接待来访者，意在相互了解、加深认识的聚会叫做联谊型聚会；以休闲、娱乐为主要活动形式的聚会叫做休闲型聚会。

公关人员在实际工作中，会参与各种不同类型的聚会。在各种聚会中，公关人员既要注意交际，又要注重自身形象，遵守基本的礼仪规范。

### 一、聚会的形式

聚会的形式应根据具体目的而加以选择。如果大家只是想“聚一聚”，就可以选择较为轻松的同乡会、联欢会或家庭舞会。如果想进行具有对外联络和进行招待性质的社交型聚会，就可以选择茶话会、座谈会、酒会等形式。当然，在具体操作上，几种形式也可以彼此交叉或同时使用。

### 二、聚会的要求

**（一）正式宴会的礼仪要求**

宴会是社交中比较常见的待客方式。宴会的参加者往往由宴请者（东道主组织）和赴宴者（应邀的内外公众）组成。宴请者根据活动的目的、内容、经费、人员数量等确定宴会的规模和规格。宴请的形式主要有宴会、招待会、茶点、工作进餐等。

从规格上可将宴会分为国宴、正式宴会、便宴、家宴等；从餐别上可将宴会分为中餐宴会、西餐宴会、中西合餐宴会等；从时间上可将宴会分为早宴、午宴、晚宴等；从礼仪上可将宴会分为欢迎宴会、答谢宴会、饯行宴会等。

国宴是国家元首、政府首脑为欢迎外国元首、政府首脑或举办大型庆典活动等而举办的宴会。国宴的规格较高，宴会厅内悬挂国旗，有乐队伴奏。国宴一般专设主持人，宴会的主人致祝酒词或欢迎辞，主要客人致答谢辞等。

正式宴会指各类社会组织为欢迎来访的宾客、召开各种专题性活动答谢合作者和支持者，或是来访宾客为答谢主人而举行的宴会。正式宴会的规模可大可小，规格可高可低。它一般由组织或部门负责人主持，不挂国旗，也没有乐队伴奏。

便宴常用于非正式宴请，通常是组织为招待小批客人、个别采访者、合作者等而举行的宴会。便宴的规模较小，规格要求不高，不拘于严格的礼仪，宾主可随意，气氛比较宽松、和谐。

家宴则是家庭为招待客人而举行的便宴。

招待会是指各种不备正餐，只备食品、酒、水的一种方便灵活的招待宴请活动。招待会的形式主要有招待酒会（鸡尾酒会）、冷餐招待会（自助餐）等。

**知识链接**

茶话会的礼仪

茶话会是我国传统的聚会方式，它是一种较为简便的招待形式。社会组织为了沟通信息、联络感情、庆祝节日等经常举办茶话会。非正式的茶话会一般是民间自发组织或形成的，如一伙熟人聚在一起聊天，这家主人自然会给每人敬一杯茶，大家边说边喝，热热闹闹，谈话一般没有固定的议题。正式的茶话会一般有主办单位或主办人，事先要发通知或请柬给被邀请人，正式茶话会除了备有足够的茶水以外，一般还备有糖果、糕点、瓜子、水果等。召开茶话会多在节日，如五一节、五四青年节、中秋节、国庆节、元旦、春节等，借节日之题而发挥，一般也是采用漫谈的形式，无中心议题。在正式茶话会上的发言可以是祝贺、发感慨、谈感想、作总结、提建议、谈远景，也可以吟诗作唱、畅叙友谊，无一固定模式，气氛也比较活跃、轻松、自由。通过与会者的交谈、畅叙，加之以坐在一起喝茶时共同创造的氛围，来感受他人的思想感情，增进互相间的了解和友谊。

**1. 组织宴会的礼仪** 宴会组织有以下几个过程：

（1）邀请宴会嘉宾：宴会的准备工作首先是根据宴会的目的邀请参加者。请柬一般应在2周前寄出，以便于对方安排时间。请柬上要明确注明宴会的目的、时间、地点、席次、邀请单位或主人姓名、是否邀请夫人、出席者的服装要求等。由于正式宴会要安排席位，所以请柬发出后要用电话的方式咨询对方是否能参加，或请嘉宾回电、回函告知。

（2）订菜、选酒：在宴会上，菜肴和酒水是传达感情的工具，因此需要认真地挑选。菜肴和酒水要根据礼宾的规格和预算标准确定。在菜肴方面，主要是考虑主宾双方的喜好和禁忌。但人数较多的场合，可以为特殊嘉宾设专席或安排特殊的食物。菜肴的道数和数量要考虑来宾的身份和年龄，以基本吃完、稍有剩余为佳。重大的宴会,还可将菜单与对方公关人员商量。

(3)席位安排:正式宴会的席位安排非常重要,不符合社交习惯会使主宾双方都不愉快。席位安排的依据是礼宾次序,除此以外还要考虑来客的立场观点、职业兴趣、语言沟通方面的问题。一般而言,桌次高低以离主桌的远近而定,右高左低;同一桌上席位的高低以离主人座位的远近而定。但无论如何安排,都需在桌上安放名签,使参加者对自己的座位一目了然。

(4)宴会程序:正式宴会开始前,主人一方要按照职务高低组成迎宾线,站在宴会厅前迎接客人。客人到达后,主人上前与其一一握手、问候,由工作人员引导进入休息厅,等主要客人都达到后一起进入宴会厅。如无休息厅,可直接进入宴会厅,但不宜马上落座。当主人邀请大家入座时,客人要依职务高低顺序落座。

(5)赠送礼仪:在正常的人际交往中,正当的馈赠是向他人表达友谊、感激、敬重和祝福的一种形式,且应给受赠者带来快乐与幸福,也是一种保持联系与沟通的方式。在公关活动中,赠送礼品也是联络组织间感情的一种很必要的公关手段。随着组织或企业业务的扩大,对外交往日益频繁,与外国朋友打交道的机会增多。作为一个公关人员,有必要了解有关赠送礼品的礼仪规范。

(6)赠送礼品的原则:公关送礼既然是一门艺术,自有其约定俗成的规矩,送给谁、送什么、怎么送都很有奥妙,绝不能瞎送、胡送、滥送。根据古今中外一些成功的送礼经验和失败的教训,起码我们应该注意下述原则:①礼物轻重得当;②了解风俗禁忌;③礼品要有意义;④掌握好送礼的时机。

**2. 参加宴请的礼仪**

(1)赴宴的礼仪

1)应注意仪表修饰,尽可能整齐、干净、美观地赴宴。

2)遵守时间,既不要过早,给人急于就餐的感觉,又不能迟到,对主人和来客不礼貌。可以比主人约定的时间早到一会。

3)到了以后要在接待桌上签名,向主人打招呼,对其他宾客笑脸相向。

4)宴会开始前,可与邻近来宾交谈、自我介绍,不要把自己封闭起来,不与他人交流。

5)入席要遵守主人的安排,不要随便乱坐。如果邻座是妇女或年长者,应抽开座椅,主动协助他们先坐下。

6)宴会开始或结束都要听主人的招呼,没有宣布开始不要动筷子;没有宣布结束,即使吃饱了,也不能擅自离席。散席时,要与主人道别,不要悄无声息地走了。

(2)西餐的礼仪:西餐是西方国家的一种宴请形式。由于受民族习俗的影响,西餐的餐具、摆台、酒水菜点、用餐方式、礼仪等都与中餐有较大差别。目前,由于我国对外交往活动的不断增多,西餐也已成为我国招待宴请活动的一种方式。因此,了解西餐的一般常识和礼仪是十分必要的。

西餐的餐具多种多样,常见的西餐餐具有叉、刀、匙、杯、盘等。吃西餐时,应注意掌握以下几个方面的礼仪:

1)餐巾的摆放与使用:入座后先取下餐巾,打开,铺在双腿上。如果餐巾较大,可折叠一下,放在双腿上,切不可将餐巾别在衣领上或裙腰处。用餐时可用餐巾的一角擦嘴,但不可用餐巾擦脸或擦刀叉等。用餐过程中若想暂时离开座位,可将餐巾放在椅背上,表示你还要回来;若将餐巾放在餐桌上则表示你已用餐完毕,服务员则不再为你上菜。

2)上菜顺序:西餐上菜的一般顺序是开胃前食、汤、鱼、肉、色拉、甜点、水果、咖啡或茶等。菜肴从左边上,饮料从右边上。

3)刀叉的使用:吃西餐时,通常用左手持叉、右手持刀。用叉按住食物,用刀子切割,然后用叉子叉起食物送入口中,切不可用刀送食物入口。如果只使用叉子,也可用右手使用叉子。使用刀叉时应避免发出碰撞声。用餐过程中,若想放下刀叉,应将刀叉呈"八"字形放在盘子上。用餐完毕,则应将刀叉并拢放在盘内。

**知识链接**

西餐的饮酒常识

西餐饮酒很有讲究。饮酒一般分为"餐前酒""餐间酒""餐后酒"三种。"餐前酒"指正式进餐之前饮用的各种混合酒,即开胃酒;"餐间酒"指正式进餐之中饮用的各种葡萄酒;"餐后酒"指用餐后喝的各种助消化的酒,如威士忌、白兰地等。

4)用餐礼仪:当全体客人面前都上了菜,主人示意后开始用餐,切不可自行用餐;喝汤时不要发出声响;面包要用手去取,不可用叉子去取,也不可用刀子去切,面包应用手掰着吃;吃色拉时只能使用叉子;用餐过程中,若需用手取食物,要在西餐桌上事先备好的水盂里洗手(沾湿双手拇指、示指和中指),然后用餐巾擦干,切不可将水盂中的水当成饮用水喝掉;最好避免在用餐时剔牙,若非剔不可,必须用手挡住嘴;当招待员依次为客人上菜时,一定要待招待员走到你左边时,才轮到你取菜,如果在你的右边,不可急着去取;吃水果不要整个咬着吃,应先切成小瓣,用叉取食;若不慎将餐具掉在地上,可由服务员更换;若将油水或汤菜溅到邻座身上,应表示歉意,并由服务员协助擦干。

### (二)舞会的礼仪要求

舞会由于其形式自由活泼、内容健康,而且具有较强的群众性和娱乐性,因此是社交活动中经常采用的一种形式。经常参加舞会可以使人们陶冶性情,并在跳舞的过程中联络感情,逐步加深彼此之间的友谊,解除生活或工作中的烦恼和压力。在组织或参加舞会时必须注意礼仪,否则会给人以没有知识、缺乏修养、不懂礼貌的感觉,损害自己在公众中的形象,起到相反的作用。舞会礼仪并没有严格的明文规定,往往都是人们约定俗成的。组织舞会和参加舞会一般应注重以下礼仪:

**1. 组织舞会的礼仪** 组织舞会要精心安排,力求使舞会的气氛活泼、热烈且又不失典雅。

(1)参加人员:比较正式的舞会或家庭舞会首先应考虑的是邀请哪些人员来参加舞会,并给每个被邀请者一张请帖。请帖上应注明开舞会的时间、地点和要参加的人员,最好简要说明开舞会的事由或者目的。

(2)布置舞场:布置舞场首先应注意所选择舞场的大小,舞场大小应与客人多少相适应,根据发出请帖的多少估计将有多少客人来参加舞会。舞场过小，客人有拥挤感，不便于翩翩起舞；而舞场过大时，整个舞场空空荡荡，又显得气氛不够热烈。另外舞场的布置要突出“欢快”“热烈”的气氛，场地空间可用彩色花环、飘带、彩灯等加以装饰。灯光的亮度及颜色应调整好，既不能太亮也不能太暗，太亮了影响气氛，太暗了容易使人感到压抑。同时，还要准备好音响和音乐，如果条件好的还可以请乐队来演奏，舞场四周应摆放好足够的桌椅，以供来宾在跳舞间隙就座。如果是比较重要的酬宾舞会，应免费供应饮料，还可以放一些糖果之类的小食品。总之，舞场的布置就是要求典雅大方，造就良好的氛围，创造优雅的环境，提高人们的兴致。

(3)选择合适的舞曲：跳舞必须有舞曲伴奏，所以舞曲的选择对客人情绪的影响是很大的。好的舞曲能够创造出高雅、欢快、美妙的舞场气氛，必然受到舞客的欢迎，把舞会推向高潮。舞会主办者既要选择一些民族乐曲或世界名曲作为伴奏曲，也要选择一些受大众欢迎的流行乐曲作为伴奏曲，以提高共鸣。选择舞曲应根据对象而定，以利于创造良好的气氛。舞曲要丰富多彩，各种舞步的舞曲要穿插播放，音量要适中，不宜过大或过小。

(4)安排舞伴：舞会一般是男女相伴起舞，因此舞会主持者应考虑舞客的性别比例以及年龄层次，安排一定数量的伴舞人员。如举办会议专场舞会时，代表中一般以男性居多，舞会主持者应事先从本单位或兄弟单位邀请一些女士前来伴舞。

(5)做好安全保卫工作：舞会从开始到结束，都要十分重视做好安全保卫工作。闲散人员不准入内，严防社会小痞子混入闹事。衣冠不整者谢绝入场。舞场的气氛要尽量热烈，但舞风必须端正。当发现个别舞客举止不轨时，应由保安人员劝阻或劝其退场。

另外，还要有专人保管舞客的衣服、财物，严防发生舞客财物丢失等不愉快的事件。在舞会进行过程中应尽量避免发生打架斗殴、盗窃等事件的发生，确保舞会的正常进行，防止因一点小事而引起舞会不欢而散。

**2. 参加舞会的礼仪**　参加舞会应注意自己的身份，遵循一定的礼节，做到文明高雅、彬彬有礼，在舞会中树立自己的良好形象。

(1)做好准备：当接到主人的邀请时，如无特殊情况，应愉快地接受，应明确告知主人是否应邀前往、是否带女伴参加等情况。如遇特殊情况不能前往，应向主人说明理由。接受邀请后应做好准备工作。首先应该修饰仪表仪容，总的要求是仪表仪容整洁、大方，女士要化妆，并注意发型，衣着可华贵些，但要注意得体，包括衬衣、领带、鞋等也要讲究。夜晚参加舞会，妆色可以浓一些，但不可过分妖艳，可以佩戴饰物。男士的头发要梳理整齐，不蓄须的应事先剃须，可以着西装并系领带，也可着其他礼服。男、女上舞场最好往身上洒点香水。男青年要给人以充满青春活力的印象，女青年要显得端庄大主、热情活泼。

(2)步入舞场：一切准备妥当之后，应主动相约、文雅大方地步入舞场。步入舞场脚步要不快不慢，既不能急匆匆、迫不及待地入场，也不要懒懒散散、无精打采地进场。入场时要向舞场保安人员点头示意，或出示入场券。进入舞场后，应主动与主持者及周围熟悉的客人打招呼，并在指定的区域就座。待舞曲响起时，应主动邀请舞伴，相伴而舞。

(3)邀舞的礼仪：交谊舞体现着人们的活力、青春和朝气，又是一种很好的社交方式，有促进友谊和联络感情的作用。因此，对一个注意社交礼仪的人来说，交谊舞是一门不可缺少的必修课。

男女即使彼此互不相识，但只要参加了舞会，都可以主动邀请别人共舞，而通常是由男士主动去邀请女士共舞。

(4)舞姿与风度：跳舞的风度主要是指舞者的舞姿和表情等方面表现出来的美。跳舞中，男女双方都应面带微笑，说话声音要轻细，不要旁若无人地大声说笑，讲话时只要对方听到即可。舞姿要端正、大方和活泼，整个身体应始终保持平、正、直、稳，无论是进是退，还是向前、后、左、右方向移动，都要掌握好重心，如果身体摇摇晃晃、肩膀一高一低，甚至踩了对方的脚，都是有失风度的。在跳舞时，男女双方的神态要轻盈自若，给人以欢乐感；表情应谦和悦目，动作要协调舒展，给人以和谐感。男士不要强拉硬拽，女士不可挂在、扑在对方身上，这样既让对方有不胜负担之苦，自己也有失雅观。女士跳舞时态度固然应和谐可亲，但不能乱送秋波，有失自己的稳重。即使是热恋中的一对，也不宜过分亲昵，因为这对周围的人来说是不礼貌的。

在舞场中还应做到举止文明、行为端庄。首先语言要文明，不能满口污言秽语；其次举止要文雅，走路脚步要轻，不能单个人进入舞池，如果有事找人，也应等到这支曲子结束时才能去找，找座位时应向旁边的客人有礼貌地询问“这里有人吗?”；再者还要注意舞场卫生，不能乱扔纸屑或瓜果皮壳之类的东西。

(5)礼貌退场：当音乐停止，主持人宣布本次舞会结束时，要听从安排，按时结束，不能因为自己没有跳够而迟迟不愿退场，也不能急匆匆地抢在别人前面离去。应该向主人道别后，将衣帽穿戴整齐，然后退出舞场。

**点滴积累**

1. 公关聚会是以公关社交为目的的一种不带具体任务的聚会。
2. 参加宴请要遵守时间、注意仪表着装。

## 第五节　外事往来礼仪

随着我国对外开放的加速和经贸往来的增多，许多公关人员都不断有机会参与各种形式的涉外活动，既有可能在国内接待外国客人，又有可能到国外去参观、访问、学习、旅游。

公关人员参与涉外活动时，必须与世界各国的朋友们平等共处、和睦相待、互相尊重，并表现得举止有度、不卑不亢。这一切究竟做得如何，在很大程度上取决于公关人员对涉外礼仪规范了解得如何、遵守得如何。

外事往来礼仪也叫涉外礼仪，主要是指在涉外交往中所应遵守的国际惯例与交际规则，是约定俗成的做法。它强调交往中的规范性、对象性和技巧性。

### 一、外事往来的形式

外事往来一般都是比较正式的社交活动，采取的活动形式主要是会见、会谈和宴会等。

**1. 会见**　国际上有接见和拜会之分。会见就其内容来说，有礼节性的、事务性的、政治性的，或兼而有之的。

**2. 会谈**　指双方或多方就某些重大的政治、经济、文化以及其他共同关心的问题交换意见，或洽谈业务。会谈的内容一般较为正式。

## 二、外事往来的要求

外事往来的基本要求是安排一个合适的礼宾顺序；确定与对方身份相称的接待规格；了解对方的生活习惯和禁忌要求；注意一般的交往细节。其中一些交往礼仪是各国、各民族共同认可的：第一，守时守约，即遵守时间、严守信誉、说话算数、办事认真；第二，尊重老人和妇女；第三，举止端庄、仪态得体大方；第四，克服不良习惯。

具体来说，外事往来的要求主要有以下几个方面：

### （一）维护国家利益，严肃外事纪律

作为一名公关人员，首先是一位公民。因此，自觉维护国家和民族的利益是义不容辞的职责。坚决维护国家主权和利益，坚决维护民族尊严，不做任何不利于祖国的事，不说任何不利于祖国的话。

同时，要牢记"外事无小事"的原则，站稳立场，坚持原则，分清内外，提高警惕，严守国家机密，严格执行保密规定；加强组织观念，自觉遵守纪律，如实反映情况，顾全大局，协同对外；言谈要有分寸，礼貌要合乎常规，不得冷落客人；进行谈判、签订协议、签订合同等重要活动时要有谈话记录；与国外人员交朋友既要热情友好，又要内外有别，不谈论政治敏感问题，不冒犯国（境）外人员宗教、文化及生活习俗上的禁忌。对诬蔑和挑衅的人应严正表明我们的立场，但不与其纠缠，做到有理、有利、有节。

### （二）严格遵守礼宾次序

礼宾次序是指国际交往中对出席活动的国家、团体、各国人士的位次按国际惯例和某些规则进行排列的先后次序。

一般来说，礼宾次序体现东道主对各国宾客所给予的礼遇；在一些国际性的集会上则表示各国主权平等的地位。礼宾次序安排不当或不符合国际惯例，则会引起不必要的争执与交涉，甚至影响国家关系。因此在组织涉外活动时，对礼宾次序应给予一定的重视。

**1. 常见的礼宾次序排列方法**

（1）按身份与职务的高低排列：这是礼宾次序排列的主要根据。一般的官方活动，经常是按身份与职务的高低安排礼宾次序的，如按国家元首、副元首、政府总理（首相）、副总理（副首相）、部长、副部长等顺序排列。来访国家、部门、企业等出席单位所提供的正式名单或正式通知是确定出席代表身份与职务的重要依据。由于各国的国家体制不同，部门之间的职务高低不尽一致或称呼各异，但是都要按实质性的相应级别和官衔进行安排。在多边活动中，有时按其他方法排列。但无论按何种方法排列，都在考虑身份与职务的高低问题。

（2）按字母顺序排列：多边活动中的礼宾次序有时按参加国国名字母顺序排列，一般以英文字

母排列居多,少数情况也有按其他语种的字母顺序排列的(若首个字母相同,则按第二个字母排列,以此类推)。这种排列方法多见于国际会议、体育比赛等。在国际会议上,公布与会者名单、悬挂与会国国旗、座位安排、出行车队等均按各国国名的英文拼写字母的顺序排列。

(3)按日期先后排列:按日期先后排列礼宾次序也是国际礼仪惯例之一。最常见的是按通知代表团组成的日期先后排列,或者是按代表团抵达活动地点的时间先后排列,又或者是按派遣国决定应邀派团参加该会议、活动答复的时间先后排列。

在实际工作中,遇到的情况往往是复杂的,如有的国家不管以上种种惯例,将关系密切国家排在最前列。所以礼宾次序的排列常常不能按一种排列方法,而是几种方法的交叉,并考虑其他因素。

**2. 具体场合的礼宾次序**　在具体场合安排礼宾次序时,还需要考虑其他因素,包括国家之间的关系,地区所在,活动的性质、内容和对活动的贡献大小,以及参加活动人的威望、资历等。例如通常会将同一国家集团的、同一地区的、同一宗教信仰的,或关系特殊的国家的代表团排在前面或排在一起。对同一级别的人员,常将威望高、资历深、年龄大者排在前面。有时还考虑业务性质、相互关系、语言交流等因素。如在观礼、观看演出、观看比赛,特别是在大型宴请时,在考虑身份、职务的前提下,将业务性质对口的、语言相通的、宗教信仰一致的、风俗习惯相近的安排在一起。

总之,在具体工作中,要耐心、细致、反复考虑研究,设想多种方案,以避免因礼宾次序方面的问题而引起一些不愉快。

**(三)注意外事迎送礼仪**

迎来送往是常见的社交礼节。在国际交往中,对外国来访的客人,通常均视其身份和访问性质,以及两国关系等因素,安排相应的迎送活动。

各国对外国国家元首、政府首脑的正式访问,往往都举行隆重的迎送仪式。对应邀前来访问者,无论是官方人士、专业代表团还是民间团体、知名人士,在他们抵达(离去)时,均安排相应身份的人员前往机场(车站、码头)迎送。对长期在本国工作的外国人士和外交使节、专家等,他们到离任时,各国有关方面亦安排相应人员迎送。

**1. 确定迎送规格**　对来宾的迎送规格各国做法不尽一致。确定迎送规格,主要依据来访者的身份和访问目的,适当考虑两国关系,同时要注意国际惯例,综合平衡。主要迎送人通常都要同来宾的身份相当,但由于各种原因(例如国家体制不同,当事人年高不便出面、临时身体不适或不在当地等),不可能完全对等。遇此情况,可灵活变通,由职位相当的人士或由副职出面。总之,主人身份总要与客人相差不大,以同客人对口、对等为宜。当事人不能出面时,无论做何种处理,应从礼貌出发,向对方作出解释。其他迎送人员不宜过多。也有从发展两国关系或当前政治需要出发,破格接待,安排较大的迎送场面。然而,为避免造成厚此薄彼的印象,非有特殊需要,一般都按常规办理。

**2. 把握时间,早做准备**　必须准确掌握来宾乘坐飞机(火车、船舶)抵达(离去)的时间,及早通知全体迎送人员和有关单位。如有变化,应及时周知。由于天气变化等意外原因,飞机、火车、船舶都可能不准时。一般大城市的机场离市区又较远,因此既要顺利地接送客人,又不过多耽误迎送人员的时间,就要准确掌握抵达(离去)时间。

迎接人员应在飞机(火车、船舶)抵达之前到达机场(车站、码头),送行则应在客人登机之前抵达(离去时如有欢送仪式,则应在仪式开始之前到达)。如客人乘坐班机离开,应通知其按航空公司规定的时间抵达机场办理有关手续(身份高的客人,可由接待人员提前前往代办手续)。

**3. 迎送礼节周到、恰当**

(1)迎送身份高的客人,事先在机场(车站、码头)安排贵宾休息室,准备饮料。

(2)安排汽车,预定住房。如有条件,在客人到达之前将住房和乘车号码通知客人。如果做不到,可印好住房、乘车表,或打好卡片,在客人刚到达时,及时发到每个人手中,或通过对方的联络秘书转达。这既可避免混乱,又可以使客人心中有数、主动配合。

(3)指派专人协助办理入出境手续及机票(车、船票)和行李提取或托运手续等事宜。重要代表团的人数众多、行李也多,应将主要客人的行李先取出(最好请对方派人配合),及时送往住地,以便于更衣。

(4)客人抵达住处后,一般不要马上安排活动,应稍作休息,起码给对方留下更衣的时间。

**(四)充分尊重外宾的风俗习惯**

尊重外宾的风俗习惯,最基本的要求是求同存异。求同就是遵守国际惯例,取得共识,便于沟通,避免周折;存异就是注意"个性",了解具体交往对象的礼仪习俗禁忌,并予以尊重。

首先,对于中外礼仪与习俗的差异性是应当予以承认的。

其次,在涉外交往中,对于类似的差异性,尤其是我国与交往对象所在国之间的礼仪与习俗的差异性,重要的是要了解,而不是要评判是非、鉴定优劣。

在国际交往中,究竟遵守哪一种礼仪为好呢?一般而论,目前大体有三种主要的可行方法。

其一,"以我为主"。所谓"以我为主",即在涉外交往中,依旧基本上采用本国礼仪,入乡随俗。

其二,"兼及他方"。所谓"兼及他方",即在涉外交往中基本上采用本国礼仪的同时,适当地采用一些交往对象所在国现行的礼仪。

其三,"求同存异"。所谓"求同存异",是指在涉外交往中为了减少麻烦、避免误会,最为可行的做法,是既对交往对象所在国的礼仪与习俗有所了解并予以尊重,更要对于国际上所通行的礼仪惯例认真地加以遵守。

**(五)与外国人交往要遵循"不必过谦"和"女士优先"的原则**

"不必过谦"原则的基本含义是在国际交往中涉及自我评价时,虽然不应该自吹自擂、自我标榜、一味地抬高自己,但是也绝对没有必要妄自菲薄、自我贬低、自轻自贱,过度地对外国人进行谦虚、客套。

所谓"女士优先",是国际社会公认的一条重要的礼仪原则,它主要适用于成年的异性进行社交活动之时。"女士优先"的含义是在一切社交场合,每一名成年男子都有义务主动自觉地以自己的实际行动去尊重妇女、照顾妇女、体谅妇女、关心妇女、保护妇女,并且还要想方设法、尽心竭力地去为妇女排忧解难。这并不代表女性是弱者,而是一种尊重。

"女士优先"原则还要求在尊重、照顾、体谅、关心、保护妇女方面,男士们对所有的妇女都一视同仁。

**点滴积累**

外事往来的主要要求是维护国家利益、严格遵守礼宾次序、尊重外宾的风俗习惯。

## 目标检测

### 一、选择题

（一）单项选择题

1. 公关人员在社会交往中必须遵循的基本礼节和仪式是哪项（　　）

A. 形态与手势　　B. 传播和沟通

C. 语言艺术　　D. 体态与非自然语言

2. 下列哪项是日常生活中最常见的交际形式，也是联络感情、增进友谊的一种有效方法（　　）

A. 接待　　B. 宴会　　C. 拜访　　D. 舞会

3. 公关礼仪最根本的原则就是（　　）

A. 公平对等　　B. 尊重公众　　C. 身份差异　　D. 从简实效

4. 舞会是一种跳交谊舞等的集会，是一种高尚讲究礼仪的社交活动，也是展示下列哪项的场所（　　）

A. 个人魅力　　B. 综合能力　　C. 个人品德　　D. 交际能力

5. 外国有句谚语："用十秒钟时间讲，用十分钟时间听"。这说明，下列哪项在人们的交往中居于非常重要的地位（　　）

A. 时间　　B. 表达　　C. 观察　　D. 聆听

（二）多项选择题

1. 公关礼仪的起源可概括为下列哪些方面（　　）

A. 起源于传统礼仪　　B. 是礼仪的一个重要分支

C. 是对公共关系和礼仪学的综合继承　　D. 服从于现代商品经济发展的需要

E. 形态礼仪是公关礼仪的一个重要组成部分

2. 公共关系礼仪的运用原则包括（　　）

A. 尊重公众原则　　B. 公平对等原则　　C. 身份差异原则

D. 从简实效原则　　E. 适中原则

3. 公关活动中的身份差异性原则包括下列哪些内容（　　）

A. 外事礼宾差异　　B. 地位差异　　C. 人种差异

D. 性别差异　　E. 职务差异

4. 下面哪些方面属于公关交谈中的"副语言"（　　）

A. 动作　　B. 语速　　C. 音质

D. 声调　　E. 表情

5. 在日常交往礼仪中，一般的称呼习惯有（　　）

A. 称行政职务　　B. 称技术职务　　C. 称行业职务

D. 时尚性称呼　　E. 称外号或小名

## 二、简答题

1. 简述礼仪的性质和作用。
2. 简述公关交谈礼仪的内容。
3. 简单描述握手的正确姿势。
4. 宴会的组织过程包括哪几个主要环节?
5. 外事往来中应该遵守哪些要求?

## 三、案例分析题

1995年,南京某房地产开发公司赠送给某著名演员价值20万美元的别墅,以期待形成名人效应和轰动效应。不料招来了“公司向谁献爱心”的争论,媒介对受赠方反应冷淡,却对赠送方抓住不放,质问到底是应锦上添花还是应雪中送炭。后来,那个演员打破沉默,称别墅犹如一件衬衫,朋友之间,“一个要送,一个就接受了”。其口气之轻松,使赠送方无地自容。试运用公共关系学的相关知识分析评点这一案例。

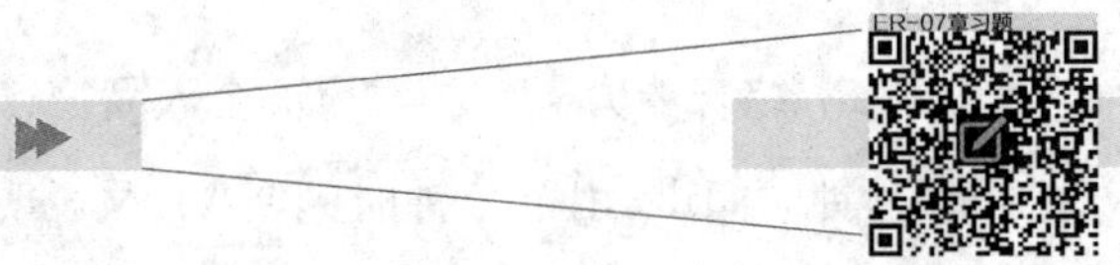

(秦东华)

# 第八章

# 公共关系专题活动

导学情景

情景描述

2016 年 4 月 28 日，以“盛世藏玉，产业振兴”为主题的中国·南阳第十三届玉雕节暨国际玉文化博览会开幕（河南南阳），一场以玉为媒、论玉赏花的文化盛宴如期而至。

为了将本届玉雕节办得更新、更实、更有成效，不断加以探索创新和完善提升，根据当前经济形势和玉文化产业发展所面临的实际困难，突出“互联网+玉产业”的创新发展；在举办好“展、销、评、论”等品牌活动的基础上，首次推出了玉雕作品现场拍卖会、网上拍卖会以及玉雕作品创作现场展演等活动，同时加强与专业公司合作，首次对玉雕节进行了形象包装，以精细化管理提升节会的品位和形象；严格按照中央“八项规定”要求，精简活动、压缩规模，坚持节俭办会、务实办会、高效办会的指导思想，将推动产业发展、服务招商引资、扩大对外开放作为筹办工作的出发点、着力点和落脚点。

学前导语

展览会有不同的特点，有的展览会是一种大型活动，往往成为新闻媒介追踪的对象，是新闻报道的好题材，展览会前一般都会预先做广告、宣传，举行开幕式、闭幕式，邀请业界名流前来，产生轰动效应。 本案例就是参展单位充分利用展览会制造新闻，扩大影响。 掌握展览会的新闻性，对成功举办展览会将会产生很好的作用。

## 第一节　公共关系专题活动概述

公共关系专题活动是指社会组织为引起公众关注、扩大组织的影响，而围绕某一特定主题来精心策划开展的公共关系活动，是有计划、有步骤地组织目标公众参与的集体行动，是组织与公众沟通的有效途径。组织者根据具体情况，通过独具匠心的策划，实施各种不同主题的公共关系专题活动，融洽组织和特定公众的关系，从而提高组织的知名度和美誉度，为组织发展创造和谐的社会环境。

### 一、公共关系专题活动的特征

#### （一）主题明确

公共关系专题活动具有明确的主题，活动策划与程序安排都要围绕这一主题进行。

#### （二）内容丰富

一项专题活动往往是一系列活动的组合，如一项庆典活动可能包括新闻发布会、展览、宴请、签字仪式、参观、联谊等多项活动。

#### （三）媒介多样

一项专题活动若要达到预期的目标，往往需要运用多种媒介，如电子媒介、印刷媒介，要通过声、像、光、现场、实物、纪念品以及报告、解说、咨询等多种形式来吸引公众的注意力以扩大影响。

#### （四）对象广泛

指邀请或参与的对象比较广泛。

#### （五）程序规范

公关专题活动是一个多环节、运作复杂的项目，要求有规范、完整的程序和步骤，组织严密，安排得当。

### 二、公共关系专题活动的目的

#### （一）制造新闻

在保证真实性的前提下，举办设计独特的主题活动，吸引新闻媒体和社会公众的关注，以扩大组织的社会影响，提高组织的知名度。

#### （二）促进销售

通过公共关系专题活动使社会公众从感情上接受组织，利用晕轮效应，进而接受组织的新产品、服务，从而促进销售。

#### （三）联络感情

利用社会传统的重大节日或组织自身有意义的纪念日，举办公共关系专题活动来传递组织对公众的善意，与社会各界广泛联络、广结善缘，改善组织内部公众的关系，增强凝聚力，为组织创造良好的社会环境。

#### （四）挽回形象

当组织形象受到损害时，需要运用多种手段加以纠正，举办专题活动不失为良方之一。

### 三、公共关系专题活动的时机

为了确保公共关系专题活动的成功，除了精心设计和组织外，还要善于抓着有利的甚至是转瞬即逝的时机，果断采取相应的措施和行动，以取得良好的公共关系效果。

#### （一）善于判断时机

要在熟悉组织自身及业务，把握外界公关形式、动向的基础上，恰当地分析利用何种机会可以从事哪些公共关系专题活动，以及所从事的公共关系专题活动给组织带来的影响，并作出正确判断，确定搞不搞某项公共关系专题活动。

#### （二）善于利用时机

在正确判断的前提下，牢牢把握好时机迅速开展相应的公共关系专题活动。一般组织开业之际是开展公共关系专题活动的最佳时机，可配合展开诸如开业典礼、新闻发布会等专题活动。另外，组织改名或联营、投产、新产品问世、新设备安装以及重大节日、纪念日、重大事件发生之际，也是开展公共关系专题活动的有利时机。

点滴积累 √

1. 公共关系专题活动的特征　主题明确、内容丰富、媒介多样、对象广泛、程序规范。
2. 公共关系专题活动的目的　制造新闻、促进销售、联络感情、挽回形象。

## 第二节　公共关系专题活动内容

公共关系专题活动是一个有计划地进行准备、实施和总结的过程，策划和举办成功的专题活动，要求公关人员不仅要有广博的知识，而且还要熟练掌握开展专题活动的技能。

公共关系专题活动的种类很多，较常见的有宴会、新闻发布会、展览会、联谊会、庆典活动、赞助活动和开放参观活动等。

### 一、宴会

宴会是常见的公共关系专题活动之一，为了表示欢迎、答谢、祝贺，为了融洽气氛、联络感情，公关部门常常要设宴会招待客人。

#### （一）宴会的种类

宴会可以分为正式宴会、一般宴会和便宴三种。

**1. 正式宴会**　遇有贵客来访或有重大庆典活动时，可举行正式宴会。正式宴会的规格较高，规模较大。正式宴会应由主持人先致祝酒词，然后宾主才能就餐，祝酒词可事先拟好，印发给各位参与者，也可以发表即席演说。主人祝酒后，应请主要客人致答谢词。祝酒词和答谢词要简单明了，切勿长篇大论。致辞末尾要彬彬有礼地提议为友谊或为某人某事“干杯”，与会者均应立即回应，这样才能使宴会的气氛融洽和谐。

正式宴会的席位、桌次应事先排定，并在入席前通知每一位出席者（也可以标明在请柬上），现场由公关人员或服务人员引导。

**2. 一般宴会**　一般宴会的规格可高可低，人数、桌数不限，形式比正式宴会随便些。庆祝新产品试制成功、某合作项目签约时都可以举行一般宴会。

**3. 便宴**　便宴又称非正式宴会，形式简单、随便、亲切，可以不排座次，不做正式讲话，菜肴道数可以酌减。招待合作者、小批客人来访、洽谈工作时可举办便宴。

#### （二）宴会的组织

宴会的成功与否，取决于组织工作做得怎样。在具体组织时可以考虑以下几个问题：

**1. 目的明确，对象范围合适**　一般情况下，公关部门主持的宴会都是为了某一特定事件的，比如庆功或者是答谢等。为此，应该充分考虑到邀请与此事件有关的代表人物参加，既不要有遗漏，也不要随便拉人凑数。参加宴会的人彼此身份要相当，否则会使宾客觉得不愉快，甚至感到自己未被尊重。

**2. 确定宴请时间和地点**　在确定宴请时间之前，最好先征求一下主宾的意见，然后作出决定。如果主宾最近很忙或有其他特殊情况，就可以适当延期，不宜勉强从事。

宴请地点也应有所考虑，如规格高低、费用多少、供应特色、环境情调等。一般比较隆重的宴会最好选择大家比较熟悉的地点，对其环境、供应和服务都应有所了解。

**3. 及时寄发请柬**　凡宴请须发请柬，这既是礼貌，也可以对客人起到提醒、备忘的作用。请柬应提前1周左右发出，并写清时间和地点，以便于客人提前安排。如有可能，请柬还应精心设计，让人一看感到赏心悦目，留下美好的第一印象。

**4. 饭菜合乎宾客口味**　选菜不应以主人的爱好为准，要考虑到来宾的年龄、口味、习惯、健康状况等。如习惯吃辣的贵州人来北京就可以考虑为他点些黔菜。有些人因年龄或健康原因而不能吃海味，则可安排些其他佳肴。宴请外国客人不一定总吃西餐，适当上一些中国的风味食品可能会更助兴。

**5. 桌次和席位安排妥当**　一般情况下，宴会只有一席时，要安排好座次；宴会有几席时，还应安排好桌次。应将贵宾安排在主桌上，其他各桌也要有主有客，妥善安排。

正式宴会均需排位，也可只排部分客人的席位，其他人只排桌次或自由入座。

安排座次的宴请，要提前放置桌次牌。桌次的安排以主桌位置为准，右高左低。排席位的主要依据是礼宾次序。有时主宾的身份高于主人，为表示对主宾的尊重，可将主宾安排在主人的位置上，主人则坐在主宾的位置上。

对于男女宾的安排，我国习惯按客人的职务、身份排列。如果夫人出席，就与女主人排在一起。

席位安排还要适当考虑某些特殊情况，如身份相近、专业相近的宾客可以排在一起；也可将年龄相近者排在一起；意见分歧者，有时为方便其相互沟通、改善关系，可安排他们在面对面的席位上。可以说，宴会的气氛是否热烈、融洽，在很大程度上与安排席位有关。因此，公关人员在安排宾客席位时要深思熟虑，切不可粗心大意。下面介绍几种桌次、席位的排法。

常见的席位排法见图8-1和图8-2。

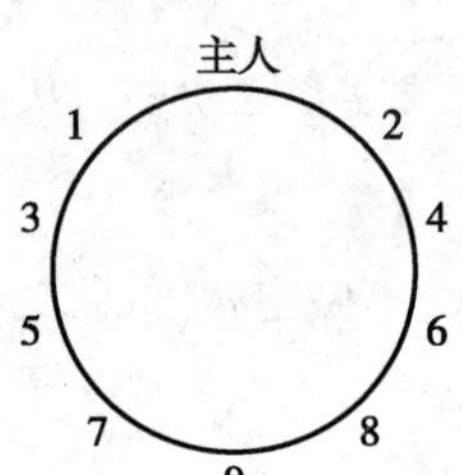


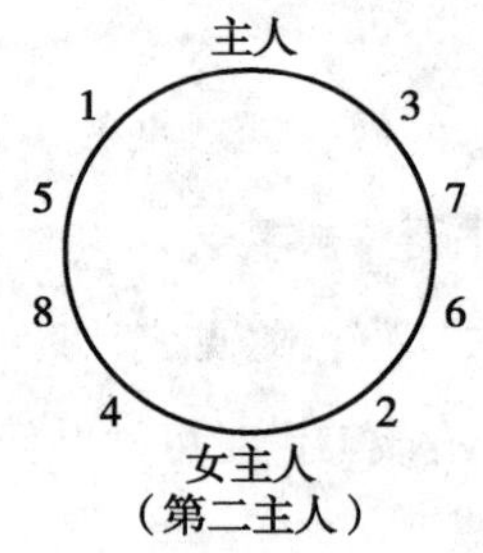


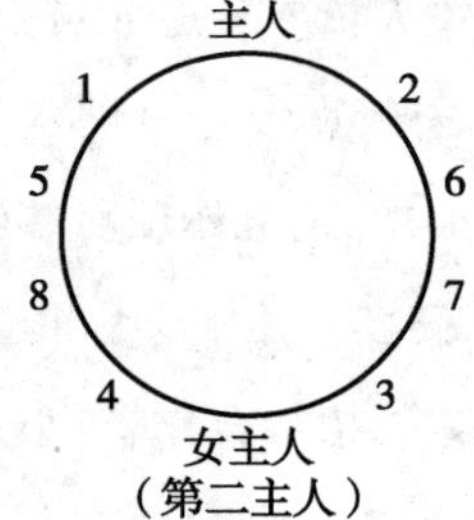


图8-1　圆桌常见的席位排法

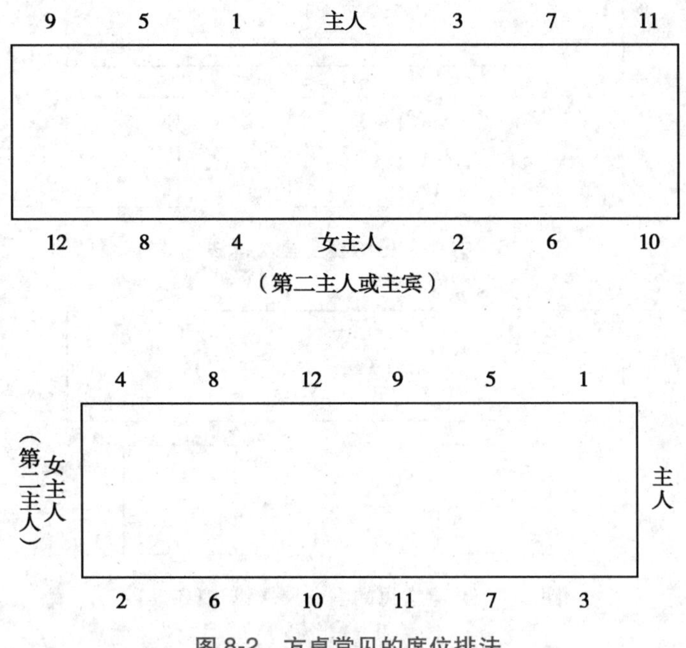


图 8-2　方桌常见的席位排法

常见的宴会桌次排法见图 8-3~图 8-7。

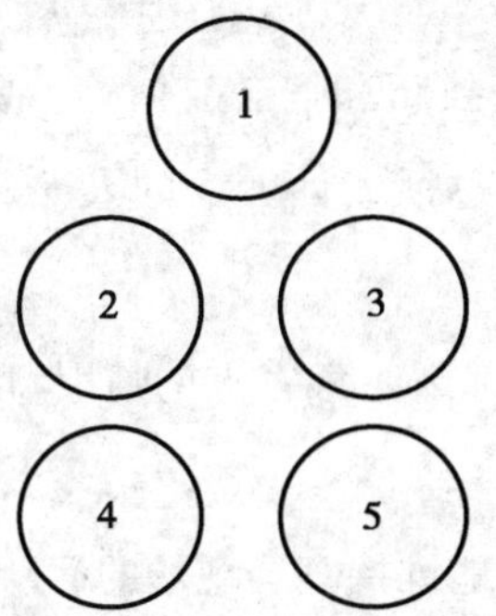


图 8-3　圆桌常见的宴会桌次排法（5 桌）

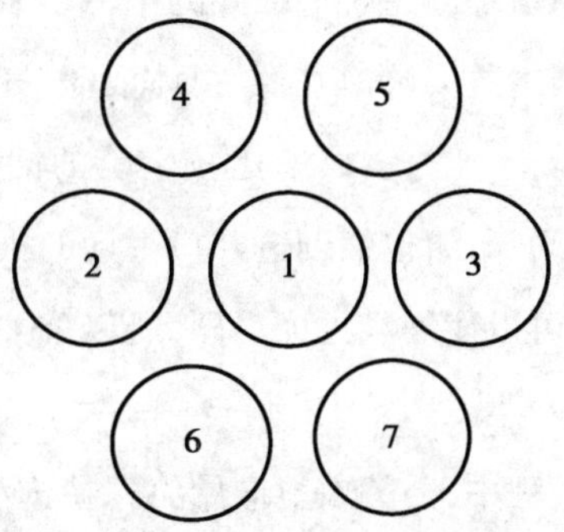


图 8-4　圆桌常见的宴会桌次排法（7 桌）

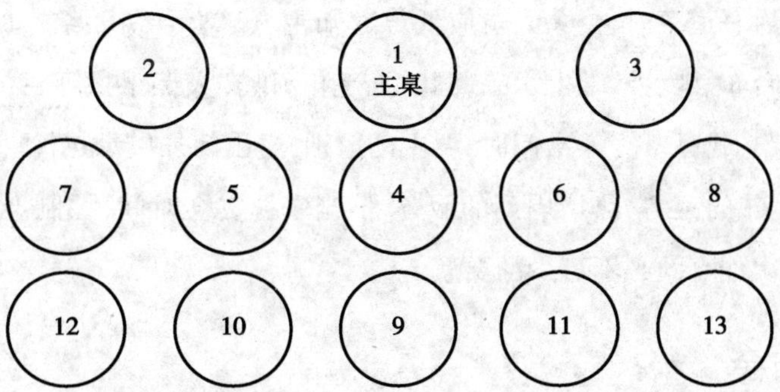


图 8-5　圆桌常见的宴会桌次排法（13 桌）

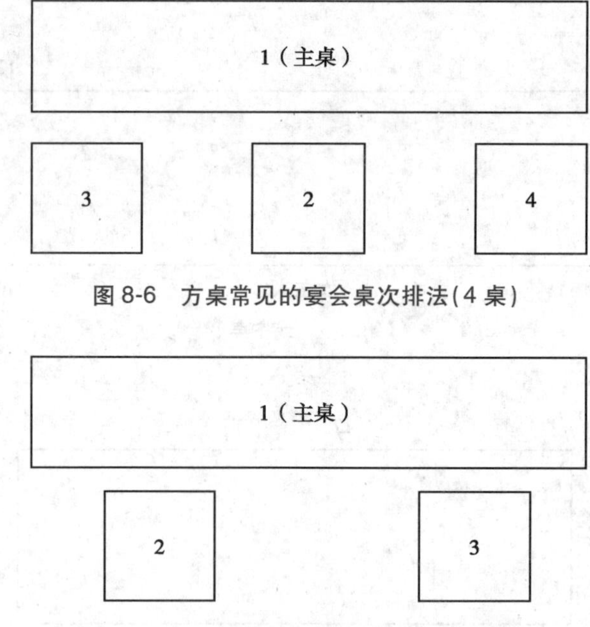


图 8-6　方桌常见的宴会桌次排法（4 桌）



图 8-7　方桌常见的宴会桌次排法（3 桌）

**6. 进餐气氛热烈**　主人要时刻掌握进餐过程中的气氛，尤其是公关人员更应掌握进餐技巧以便于创造轻松愉快、热情融洽的宴会气氛。要不时提出一些具有共同兴趣的话题。一般情况下，工作问题严肃，不宜在宴会上说，琐碎的生活小事也不要提及和议论。餐桌上比较容易展开的话题有当下的国际与国内重大政治事件、文体活动、气候、市场供应、烹饪技巧和社会时尚等。要注意满足大多数人的兴趣，不要过多议论比较生疏的话题。对那些没有说过话或话较少的人尤其要给予照顾，可以明知故问等，给他们创造开口说话的机会。

敬酒、劝菜可以使气氛更加热烈，所以公关人员应察言观色，时刻注意客人的情况，以便于在适当的时机敬酒、劝菜。

整个宴会过程中，公关人员应始终保持饱满的热情，积极主动地维持宴会现场的活跃气氛。

**7. 时间把控合理**　正式宴会的时间一般以一个半小时为宜。要掌握好宴会的节奏，宴会开始，宾客喝酒、品尝冷菜的节奏是缓慢的。待酒过三巡时开始上热菜，节奏慢慢加快，进入高潮，上主菜是最高潮。当上完最后一道菜时，公关人员应低声通知主人。宴会快要结束时，应迅速撤去碗、碟、筷、杯等，换上干净的台布、碟、刀，端上水果，同时上毛巾，供客人擦手拭汗，并做好送客准备。客人离席时，要提醒不要遗忘物品。客人出门时，要主动道别，送出门外以示热情。

**8. 其他**　合理美味的菜肴，热情周到的服务，恰当掌握宴会时间，控制上菜的节奏及热情的迎送工作是圆满完成一次佳宴的必不可少的要素。

## 二、新闻发布会

新闻发布会又称记者招待会，是政府、企业、社会团体和个人将各新闻机构的有关记者邀请来，宣布某一或某些重要消息，并让记者就此进行提问，然后由召集者回答的一种具有传播性质的特殊会议，是组织与新闻媒介进行的主动沟通。社会组织召开新闻发布会可以达到两个目的：一是广泛传播有关本组织的重要信息;二是与新闻界保持一种密切的联系。

**(一)新闻发布会的特点**

**1. 权威性**　社会组织以记者招待会的形式发布组织信息,其形式比较正规、隆重,而且规格比较高,有极强的权威性。

**2. 针对性强**　新闻发布会上,答问是活动的主要形式,在活动中记者就自己感兴趣的话题进行提问,针对性强;同时,在提问中,记者们还可相互启发,能更深入地掌握信息。

**3. 较高的价值性**　举办新闻发布会一般在组织急需的情况下进行,时间紧迫,这就要求召开新闻发布会的信息必然具有较高的新闻价值,值得新闻媒介和广大公众广泛重视和报道。

**4. 难度大、要求高**　召开新闻发布会不仅成本高,而且占用组织者和与会记者的时间也较长,对组织发言人和主持人的要求较高,如发言人和主持人要求头脑清晰、思维敏捷、逻辑性和应变能力强,因此举办记者招待会与其他专题活动相比,难度较大。

**5. 有助于感情交流**　在新闻发布会上,主持人或主要发言人与记者进行面对面的交流,可就一些问题达成共识,加强组织与新闻记者的相互沟通。

**(二)新闻发布会的策划与实施**

**1. 会前筹备**　会前筹备主要是论证举办新闻发布会的必要性。召开新闻发布会必须有充分的理由和明确的目的。在召开新闻发布会前,一定要慎重地选择发布会的因由和时机。只有在确认召开新闻发布会的必要性和可能性后,方可决定召开新闻发布会。在决定是否召开发布会之前,至少应确认以下两点:

(1)确定新闻价值:举行新闻发布会必须有恰当的新闻"由头"。

(2)确定最佳时机:一方面要考虑组织自身的需要;另一方面新闻发布会尽可能与社会大环境合拍,利用社会的声势扩大影响。

通常有必要举行新闻发布会的事件一般有新开张;新产品的开发、生产与投放市场;企业重组上市;发生重大(或紧急)事件;受到公众和新闻界的公开批评;开展重大的社会公益活动;重要的人事变动;企业的重要庆典或纪念活动等。

**2. 确定新闻发布会的主题**　主题是新闻发布会的核心内容,整个活动都要围绕主题开展。主题要有较大的新闻价值才能吸引记者;内容要单一、简明扼要,不要浪费时间。一个新闻发布会如果同时发布互不相干或关联不大的几个主题信息,会分散媒介和公众的注意力,影响新闻价值的实现。

**3. 确定举行新闻发布会的时机与地点**　举行新闻发布会需要选择最佳时机,以便于有关本组织的重要新闻能在最合适的时间内向社会公众进行传播。这一时间的选择应遵循两个原则:一是要在所要传播的信息最具有新闻价值时,二是被邀请的记者都能到会。发布会要尽量避免节假日、重大社会活动和其他重大新闻发布的日子。时间一般应控制在1小时以内,对与主题无关或过长的提问应有礼貌地予以制止。地点选择的主要考虑因素是要给记者创造各种方便采访的条件。一般安排在会议中心、专业新闻中心或大饭店会议室,会场要具备必要的照明设备、视听设备和通信设备等,并且要安静,不受电话干扰,交通要方便,要有舒适的坐椅以便于记者就座。

**4. 选择主持人和发言人**　记者的职业要求和思维习惯会使他们在新闻发布会上提出一些深刻、尖锐而且可能棘手的问题，这对新闻发布会的主持人与发言人提出了较高的要求。主持人要把握主题范围，掌握会议进程，控制会场气氛，促成会议的顺利进行；必要时还承担着消除过分紧张的气氛、化解对立情绪、打破僵局等特殊任务，应由有较高公共关系专业技巧的人担任。新闻发言人要透彻掌握本组织的总体状况及各项方针政策，面对新闻记者的各种提问，需要头脑冷静、思维清晰、反应灵敏，具有很强的语言表达能力，措辞精确，语言精练、流畅，发表的意见具有权威性。新闻发言人一般由组织的主要负责人或部门负责人担任。

**5. 确定邀请记者**　邀请哪些记者出席新闻发布会要根据所要发布的信息的重要性和影响程度来确定。从地域范围看，如果新闻内容仅限于本地，则以邀请当地新闻单位的记者出席为主；如果新闻内容涉及较为专门的业务，则以邀请专业性新闻单位的记者出席为主；如果新闻内容涉及全国，则邀请全国性的新闻单位的记者为主。从传媒范围看，应该邀请各种传播媒介的记者出席，既要有电台电视台的记者，也要有报纸杂志的记者，既要有文字记者，也要有摄影记者，以便于使本组织发布的重要新闻在社会上形成立体传播的态势。发给与会者的请柬应精致、美观，最好应提前 5~7 天发出，不要随意更改会议地点或时间，以免产生不严肃的感觉。对于重要的记者，最好在会前 1 天再电话联系 1 次。

**知识链接**

新闻发言人制度

新闻发言人制度是当今世界大多数国家推行的一种基本的信息发布制度。1933 年，美国总统富兰克林·罗斯福为了推动“新政”的实施，定期约请广播电台的记者到自己的办公室或寓所，以“炉边谈话”的形式向社会发布新闻，开创了新闻发言人制度的先河。我国政府于 1983 年 4 月开始设立新闻发言人制度，国务院设新闻办公室和新闻发言人。此后每年的全国人大会议和全国政协会议期间及举行其他重大活动时都要举行大规模的中外记者招待会。这一体现公开性和透明度的行之有效的政治制度也在工商企业界和其他社会服务领域得到了普遍的推广。与国家的新闻发言人制度一样，组织机构新闻发布制度的实施，为组织的信息传播开辟了一条更具有权威性的途径。

**6. 准备发言提纲和辅助材料**　要组织熟悉情况的人成立专门的发言起草小组，全面收集有关资料、信息，写出准确、生动的发言稿供发言人参考。还可以写出报道提纲，在会上发给记者作为采访报道的参考。要特别注意发言稿和报道提纲的内容是否统一，防止会上口径不统一。为了开好新闻发布会，公关人员应预先根据会议主题和内容的具体要求，备好宣传辅助材料。宣传辅助材料要尽量做到全面、详细、具体和形象，形式应多样，有口头的、文字的、实物的形式等。材料可在会议举行时现场摆放或分发，以增强发言人的讲话效果。

**7. 安排记者参观活动**　新闻发布会前后，可以配合会议主题组织记者进行参观活动，给记者创造实地考察、采访、摄影、录像等机会，增加记者对会议主题的感性认识。为使参观活动达到预期目的，应该在会前安排好将要参观的地点，选派专人接待、陪同及介绍情况。

**8. 布置会场**　布置会场是召开新闻发布会之前的重要准备工作之一。要为新闻发布会创造一个良好的会议环境，即安静、无干扰，室内坐椅要舒适，灯光适宜等。

**9. 制订经费预算**　经费预算可按记者招待会不同的规格和规模去进行制订，预算时应留有余地，以备急需。其经费预算一般包括场租费、会场布置费用、印刷费、饮食费、礼品费、文书用具费、音响器材费、邮费、交通费、电话费、传真费、上网费等。

**10. 做好接待工作**　培训接待人员和服务人员，要求他们穿戴整洁、适宜，仪表端庄，精神饱满、愉快，体现出组织的风格；安排会议的记录、摄影、摄像工作，以备将来的宣传和纪念之用。会后，如有必要可邀请记者共进工作餐，利用非正式交谈相互沟通，融洽与新闻界的关系，解决有关发布会没有解决的问题。这需要提前进行安排，精心选择宴会地点，要符合标准以及其他相关事宜。

### （三）会议程序

会议议程安排要紧凑，避免松散。

**1. 迎宾签到**　在接待站设签到处。最好请组织的一位主要负责人出面迎宾，以示礼貌，建立感情。

**2. 发会议资料**　工作人员将会前准备的资料有礼貌地发给每位到会者，使记者对会议有粗略的了解，在主持人发布信息时会对议题有更进一步的认识。

**3. 介绍会议内容**　会议开始时由主持人说明举办新闻发布会的原因、所要公布的信息或事件发生的简单经过。

**4. 引导、控制记者提问**　主持人要充分发挥主持和组织作用，言谈要庄重、有涵养、有感染力，能活跃整个会场气氛，引导媒体积极参与。如有记者的提问偏离会议议题时，要善于巧妙地将话题拉回来；出现紧张气氛时，能及时调节、缓和。

**5. 回答提问**　新闻发言人要准确、流利自如地回答记者提出的各种问题，不要随便打断记者的提问，也不要以任何动作、表情对记者表示不满，否则会引发记者发表不利的报道。即使有记者提出明显挑衅性的问题，也不要激动、愤怒，应有涵养地给予纠正或反驳。对于保密或不好回答的问题要有技巧地应对，如果吞吞吐吐，反而更会有记者追根究底，造成尴尬局面。例在一次记者招待会上，有位外国记者问当时的陈毅外长："贵国已成功发射了两颗人造卫星，请问第三颗何时发射？"陈毅外长爽朗地一笑，说："您等着看公告好了！"

**6. 参观和其他安排**　会议结束后，组织领导应站在出口，笑脸相送，感谢记者光临，为以后合作打下良好基础。可安排专人陪同记者参观考察。还可以安排茶话会、酒会，以方便个别记者单独提问，更能融洽和媒体的关系。

#### ▶▶ 课堂活动

以章首的"南阳第十三届玉雕节开幕系列活动等你来参与"为素材，策划一个新闻发布会，推选几位同学扮演举办方的不同角色，其他同学扮演记者；起草一篇记者参考的新闻稿件。

### （四）会议效果检测

1. 尽快整理出新闻发布会的记录材料，收集与会记者以及其他与会代表的反应，对会议的组织、布置、主持和回答问题等方面的工作进行总结，从中汲取经验，反思不足，并将总结材料归档备查。

2. 全面收集到会记者在报刊、电视、网络上的报道，进行归类分析，检查有无漏发信息，评价是否达到了会议预定目标，是否有由于失误而造成的谬误。

3. 对照会议签到簿，查看与会记者是否都发了稿件，计算发稿率，并对记者所发稿件的内容及倾向做分析，为以后就举办新闻发布会邀请记者范围作参考。对已发稿的记者给予致谢，加强与他们的友谊。

4. 若出现不利于本组织的报道，应作出良好的应对策略。若是有不正确或歪曲事实的报道，应立即采取行动，说明真相，向报道机构提出更正要求；若报道的虽然是事实，但不利于本组织，应虚心接受并致歉意，以挽回组织声誉。

## 三、展览会

展览会是一种通过实物、资料、影像、图片的展示和现场解说、现场操作相结合的方法，展示成果，给公众以极强的心理刺激，从而加深公众的印象，提高组织和产品在公众心目中的信誉的专门性公共关系活动。展览会以直观性和真实感不仅加深参观者的印象，而且会提高组织和产品在参观者心目中的可信度。同时，展览会还可以吸引众多新闻媒体的关注，取得更大的宣传效果。

对企业而言，展览会能够突出宣传产品和成果，引导大众形成新的消费观念和消费行为，从而提高知名度和影响力；展览会可以促进企业与公众的双向信息交流和沟通，及时获得公众对新产品的反馈信息。

### （一）展览会的类型

展览会从不同的角度，可以划分为不同的类型。

**1. 按内容**　可分为综合性展览会和专题性展览会。综合性展览会可以综合展示一个国家、一个地区或一个组织的建设成就，既有整体概括，又有具体形象，观众参观后会有一个比较完整的印象。例如我国举办的“改革开放成果展览会”。专题性展览会是行业组织围绕某一特定专题或专项内容而举办的，不要求全面系统，但要内容集中、主题鲜明、有一定的深度。

**2. 按规模**　可分为大型展览会、小型展览会和微型展览会。大型展览会由专业机构主办，规模大，展览项目多，如世界博览会、中部博览会等。主办这类展览会技术难度高、工作量大。小型展览会规模较小，常常由一个组织自己举办，展出的项目比较单一。微型展览会是最小规模的展览会，如商店橱窗的商品展览。

**3. 按性质**　可分为商贸性展览会和宣传性展览会。举办商贸性展览会的目的是为了促进商品交易，展出的是一些实物产品和新技术等，如中部博览会等。宣传性展览会通过展品向观众宣传某一思想或观点，或让观众了解某一史实，其特点是重在宣传，没有商业色彩，展品通常是照片、资料、图表及实物等，如世博会。

**4. 按时间**　分长期展览、定期展览和短期展览。长期展览的形式是长期固定的，如故宫博物院等。定期展览展出的内容需定期进行更换。短期展览是一种展出时间较短，展览结束后即行拆除的展览会。

**5. 按展出地点**　分室内展览、室外展览和巡回展览。室内展览在室内举行，不受天气影响，不受时间限制，可展出较为精致、价值很高的展品。室外展览在室外举行，规模可以很大，布展也比较简单，但会受到天气的影响。巡回展览是一种流动性的展览，往往利用车辆运往各地巡回展出。

（二）展览会的特点

展览会是社会组织在特定的环境条件下开展的一种专题活动。展览活动具有以下特点：

**1. 复合性** 展览会通常同时使用多种媒介，如展品、模型、实物演示、展台及展厅布置等实物媒介，宣传材料、产品介绍材料、展品的文字注释等文字媒介，讲解、广播录音或现场广播等声音媒介，各种幻灯、照片、录像等图像媒介，还有主持展览的各种服务人员、礼仪人员等人物媒介，这些都能给参观者留下深刻印象。

**2. 直观性** 展览会一般以展出实物为主，并以专人讲演、示范产品的使用方法等方式进行现场的示范表演。这种直观、形象、声情并茂的传播方式能吸引大批公众前来参观，并留下深刻的印象。

**3. 双向性** 展览会为组织与公众提供了直接接触、相互交流的机会，通过听取意见、相互交流、深入讨论，参展单位在让公众了解自己的同时，也在了解公众对展品、组织形象的意见反映，并根据公众反馈的信息及时改进工作。这种直接双向沟通的交流性、针对性强，收效较大，是一种高度集中和高效率的沟通方式。

**4. 新闻性** 有的展览会是一种大型活动，往往成为新闻媒介追踪的对象，是新闻报道的好题材，展览会前一般都会预先做广告、宣传，举行开幕式、闭幕式，邀请业界名流前来，产生轰动效应。参展单位可以利用展览会制造新闻，扩大影响。如拥有2000多年悠久历史的茅台酒，通过“酒香为媒”的轰动效应，在巴拿马万国博览会上荣获金奖，后驰誉五洲，成为举世公认的“国酒”“外交酒”。

（三）展览会的策划与实施

在举办展览会之前，首先要分析其必要性和可行性，否则就有可能费用开支过大而得不偿失或是盲目举办而起不到应有的作用。因为展览会是大型综合性的公关专题活动，需投入较多的人力、物力、财力。在确定举办展览会之后，应认真做好各项会务工作。组织展览会的一般原则是展览会主题思想明确，布局结构合理，布置美观大方、经济、新颖，解说精练、流畅、动人，给人以深刻的印象。

**1. 明确主题** 明确展览会的主题和目的、展览会的传播方式和沟通方式，确定整个展览会的领导者、策划者、执行者和工作人员。

**2. 编制预算** 具体列出展览会的各项费用，加以核算，有计划地分配展览会的各项经费，防止超支和浪费。

**3. 确定单位、参展项目和展览会类型** 举办者可以采取广告或给有可能参展的单位发邀请函的方式吸引相关单位参加，广告和邀请函要写清展览会的宗旨、展出项目类型、展览会的要求和费用以及对参观人数和类型的预测等，给潜在参展单位提供决策所需的资料；还可以利用网络进行展会招商、宣传。

**4. 选择时间和地点** 有些展览会要顾及时间性和季节性。在地点选择上要考虑到方便参观者，展览会地点的周围建筑是否与展览会的主题相得益彰，辅助设施是否容易配备和安置等。

**5. 培训人员** 展览会工作人员的素质和展览技能的高低对整个展览会的效果有重要影响，因此必须对展览会的讲解员、接待员、服务员和操作员等工作人员进行良好的公关意识和技能培训，并就展览会的内容进行必要的专业知识培训。

**6. 发布信息**　制订信息发布计划，如确定发布的内容、时机、形式等，公关人员应发掘展览会上有新闻价值的东西，以扩大展览会的影响。

**7. 布置展厅**　在展览厅入口设置咨询服务台和签到处，并贴出展览会平面图，作为参观指南。展览会布置应考虑角度、方向、背景、光线等综合因素，要使展品整齐、美观、富有艺术色彩，给人以美感。

**（四）展览会举办效果评估**

展览会举办效果评估是对实施展览工作所带来的社会效益的测量和评估。它主要体现在参观者对展品的反映、对组织的认识、对整个展览会举办形式和效果的看法等方面。其评估方法主要有以下几种：

**1. 留言**　举办者或参展者在展览厅出口处设置参观者留言簿，主动征求参观者的意见。

**2. 座谈会**　在展览会过程中，随机找一些观众座谈，谈论一下对展览会的观后感，并要求提出其看法和意见。

**3. 采访**　在展览会期间，记者活动在展览会上，随时随地提出一些双方感兴趣的问题让观众回答，来收集观众意见。

**4. 调研**　展览会结束后，向观众分发调查问卷，了解展览会举办的实际效果。

**（五）举办展览会的技巧**

**1. 设计布展，匠心独运**　设计布展时要围绕展览的主题，精心选择展品和制作展览图片、文字说明、实物模型，准备影视、音响资料等。然后根据展览大纲撰写布展脚本，组织美术、摄影、灯光、音响、装修等方面的工程人员进行展厅布置。同时，在布展中要体现自身的组织特色和形象，开阔思路，用创新的思路和模式，设计出具有独特效果的展示内容。

**2. 广泛传播，加深印象**　可以在展台上进行特殊装修或对样品进行特殊处理，以增强特殊性和新鲜感，借助展览会对组织及产品进行宣传。还要有效利用网络优势，使展览会的组织者和参加者及时了解相关信息，正确决策、充分准备。如利用网络进行展会招商、宣传、交易。随着互联网的发展，经济有效、方便自由的网上会展也应运而生，并具有广阔的发展前景。

对展览活动本身要有足够的宣传，通过新闻传播、广告、海报、传单、邀请函等方式将展览会信息传递出去，吸引观众，扩大影响。应设立专门机构并随时开放，充分利用一切可以扩大影响的机会。展览会上要注意挖掘素材，甚至制造新闻，引起媒体和社会公众的关注，如有重要潜在价值的新产品参展，或是重大项目签约等都是重要的新闻题材。对组织的重要人物或知名度高的社会名流等的出席要进行特别报道。一些大型的展览会还可以组织记者招待会。

**3. 接待有方，贵在真诚**　展览活动需要面对人数众多的观众，接待任务非常重要。要根据展览性质选派合适或相关部门的人员担任接待人员，要注重人员的基本素质，如相貌、声音、性格、自觉性、能动性等。同时，在展会现场要安排迎宾礼仪小姐。礼仪小姐既要热情迎客，也要做引导工作。接待人员要用真诚、专业、热情的服务，为参观者留下良好的印象，树立组织的正面形象。

## 四、公共关系联谊会

公共关系联谊会是以实现一定公关目标为宗旨的联谊性公关专题活动。它常常以一定的“会社”形式出现，着眼比较长远的经济交往与合作。公关联谊会对于保持和增进组织之间的感情、加强组织之间的信息沟通和经济合作具有十分积极的意义。

### （一）筹备

**1. 明确目标** 公共关系关联谊会的组织常常有一定的公关目的，根据整体公关目标的不同要求，这种经济目标的设立有不同的层次。有的以联络感情为主，通过联谊使企业组织之间或企业与公众之间建立起良好的关系，为今后进一步加强联络奠定感情基础；有的以沟通信息为主，通过信息交流，使联谊各方及时掌握市场动态，适应市场变化和需求；还有的以经济合作为主，通过一些生产项目或经营项目的合作，促进联谊各方提高经济效益。联谊目标明确后，才有利于选择联谊对象，开展联谊活动。

**2. 选择对象** 联谊对象的选择应以联谊目标为理论依据，根据联谊目标的不同选择不同的联谊对象。当然，联谊对象的选择还必须考虑到各方的愿望、要求和能力，不能一厢情愿或强人所难。

**3. 制订章程** 公关联谊会是一种社会形式的经济联谊体，为使联谊各方的合作能够常态化、制度化和稳定化，应制订联谊会章程，建立联谊组织机构，确定联谊会会员的权利、义务和联谊会的主要任务。

**4. 拟定计划** 公关联谊会成立后，应根据联谊会章程所规定的总体目标和任务，拟定出一定时期内的联谊活动计划，使联谊会活动的各项工作能够有计划、有步骤地进行。

### （二）注意事项

**1. 善于抓住有利时机。**

**2. 把握好活动原则** 即做到真诚相待、平等互利、少花钱、多办事。

**3. 积极策划筹备** 首先要围绕联谊目标策划活动内容，作出预算，筹措经费，然后确立联谊对象并发出邀请；再根据活动内容，选择适当的时间、地点，进行充分准备，活动日程的安排、活动场地的布置、主持、接待等都要有专人负责。

## 五、庆典活动

庆典活动是社会组织围绕重要节日或自身重大事件举行庆祝的一种公共关系专题活动，包括节庆活动、纪念活动、典礼仪式和其他活动。庆典活动实际也是一种展示组织形象、提高社会知名度的公关活动，一般场面较大、邀请的宾客较多。组织可以利用这种活动与一定数量的公众进行感情联络，结交更多的朋友，善结人缘，有效改善公共关系状态。在庆典活动中，社会组织要印发一些宣传资料，可以介绍组织的基本情况、介绍产品、宣传某种观念或解释某些问题，使公众更准确、更广泛地了解组织的宗旨、组织精神和组织的功能、作用，进一步扩大组织的认知度。

庆典活动气氛热烈，群众影响大，容易引起轰动效应，常常是新闻单位宣传的内容和报道的对象，是制造新闻的好形式。庆典活动可以引起三大效应：①引力效应：指组织通过庆典活动吸引公众的注意力;②实力效应:指通过举办大型庆典显示组织的强大实力,以增加公众对组织的信任感;③合力效应:开展大型庆典能增强组织内部职工、股东的向心力和凝聚力,提高公众对组织的信任感。

### (一) 庆典活动的类型

**1. 节庆活动**　节庆是利用盛大节日或共同的喜事而举行的表示快乐或纪念的庆祝活动。不同国家甚至同一国家的不同地区都有自己独特的节日,节日又有官方节日和民间传统节日之分。常见的官方节日有元旦、妇女节、消费者权益保护日、国际劳动节、儿童节、国庆节、圣诞节、感恩节、复活节等,民间传统节日有春节、元宵节、清明节、端午节、中秋节等。有些地方根据自身文化传统、风俗习惯、土特产等,组织举办一些具有地方特色的节庆活动,如北京地坛庙会、湖南的龙舟节、山东潍坊风筝节等。

**2. 纪念活动**　纪念活动是利用社会上或本行业、本组织的具有纪念意义的日期而开展的公关活动。可供组织举办纪念活动的日期和时间有很多,如历史上的重要事件发生纪念日、本行业的重大事件纪念日、社会名流和著名人士的诞辰或逝世纪念日;而本组织的周年纪念日、逢五逢十的纪念日及重大成就的纪念日更是举办纪念活动的极好时机。通过举办这样的活动,既可以对外宣传本单位的成就,扩大社会影响;又可以对内展望未来远景,鼓舞士气,凝聚人心。

**3. 典礼仪式**　典礼仪式包括各种典礼和仪式活动,如开幕典礼、开业典礼、项目竣工典礼、颁奖典礼、就职仪式、授勋仪式、签字仪式、捐赠仪式等。在实际工作中,典礼仪式的形式多样,并无统一模式。

签字是一种常见仪式,签字时,双方签字人的身份地位应大体相同。安排签字仪式是一项细致的工作。第一,要做好文本的定稿、翻译、校对、印刷、装订、盖印等工作;第二,准备好签字用的文具、国旗等物品;第三,与对方商定签字人员及参加签字仪式的人员,原则上是双方参加会谈的人员出席,或者是为表示重视,安排较高级别的领导人出席签字仪式。签字后,由双方签字人员互换文本,相互握手,有时还备有香槟酒,以示庆贺。

### (二) 庆典活动的组织

1. 庆典活动的主题明确,围绕主题来安排活动内容。每次庆典活动都有一个事由,但这仅仅是一个名目,是一个形式主题。公关人员需根据组织需要和公众需要进行精心设计主题。在确定真正的主题后,再围绕主题来安排有关活动内容和活动形式。

2. 拟定庆典活动的程序,落实有关任务,明确职责分工。庆典活动一般都比较盛大,工作任务繁重,需要组织内部的有关人员密切配合、共同完成。要做到有条不紊、忙而不乱,要确定庆典活动的程序,按照典礼规格确定司仪,按照有关活动内容将任务具体落实到人。尤其是后勤工作和组织工作一定要有专人负责,对负责签到、接待、摄影、录像、音响、现场布置等的人员要讲清活动内容、礼节、纪律等要求,在庆典活动前要仔细检查有关设备和材料。

3. 拟定邀请的宾客名单。为烘托气氛,体现层次、规格,同时为给各类公众留下友好的印象,组织一方面要力争全面邀请各界公众,不应有疏漏,如邀请的宾客应包括上级组织、社区公众、社会名流、社团代表、同行业代表、新闻记者、合作伙伴、员工代表及其他公众代表等;另一方面要力争政界要员出席，如政府职能部门领导、地方各界官员，他们在庆典活动亮相、参加剪彩（或揭幕、奠基）、讲话会给公众造成很大的影响力。拟定好名单后，应将请柬于1～2周前送达出席人员手中，以便于被邀请者安排时间，按时出席庆典活动。参与致辞的人员要有一定的代表性或有一定的社会地位，参与剪彩的己方人员应是组织的负责人，客方人员应约请地位较高的和有一定声望的知名人士。

4. 利用新闻媒介做信息传播工作。庆典活动是大规模的信息传播活动，时效性非常强，因此一定要将活动计划及早通知各新闻机构。要事先确定好邀请的新闻媒介名单，安排专人接待新闻记者，为记者采访提供各种便利，以利用大众媒介造成轰动效果。大型庆典活动最好设立新闻中心，其组织方法与新闻发布会相似。

### （三）庆典活动的一般程序

庆典活动的一般程序摆阔典礼开始-介绍来宾-祝词与答词-剪彩（或奠基、签字仪式）-余兴节目。

**1. 典礼前**　庆典活动的现场要精心布置，要体现宏大、隆重、壮丽和喜庆的场面，如悬挂横幅、条幅，放置彩旗、鲜花，配置大型立体显示屏，礼仪人员服饰及大型队列，安排放气球、鸽子活动等灵活的方式渲染现场喜庆、热烈的气氛，然后由主持人在恰当的时机宣布典礼开始。

**2. 来宾介绍**　由组织内地位较高的人员逐一介绍特邀来宾，或由主持人介绍。

**3. 嘉宾祝词和领导讲话**　庆典活动通过来宾祝词与组织负责人的答词来传播有关组织的信息。

**4. 剪彩**　这是庆典活动独有的节目，是活动的高潮。通常由上级领导、政府官员或社会知名人士与组织领导人共同充当剪彩人。不过，也可以创新，请劳模或其他普通市民、员工剪彩等。

**5. 余兴节目**　正式庆典时间不宜过长，以求短时间的最佳效果。安排余兴节目可以相对延长活动的时间，扩大组织与公众的直接交流，密切双方关系。余兴节目可以是传统舞狮、舞龙，传统鼓乐表演，杂技、戏曲、魔术表演等文艺演出，也可以放映电影、开座谈会等。

庆典结束后，可组织来宾参观本组织的设施、陈列等，增加宣传的机会，通过座谈、留言形式，广泛征求意见，并综合整理、总结经验。

### （四）举办庆典活动应注意的问题

庆典活动既是社会组织面向社会和公众展现自身的机会，也是对自身的领导和组织能力的检验。它并不像有些人理解的只要场面大、客人多、吃得好、纪念品丰厚就达到了目的，而是有一定技巧和艺术的活动，需要公关人员精心策划、准备充分、认真组织、仔细协调。因此，举办庆典活动时，公共关系人员应做到接待热情、头脑冷静、指挥有序。在举行庆典活动时需要注意以下问题：

**1. 目标明确**　庆典活动不能只是为了制造气氛或例行形式，必须要有明确的目标。目标的选择可以是单一的，也可以是多元的。就总体而言，这类活动的目标主要是扩大影响，提高知名度和联络公众。具体而言，不同的庆典活动又有不同的目标。如庆祝活动的目标主要是加强宣传，扩大影响；而纪念活动的目标除此之外，还有宣传某种观念、解释某个问题、澄清某些事实等。一般而言，每次活动必须有一个主要目标，其他目标则处于从属的地位，不要面面俱到、平均用力，冲淡了主题，影响活动的效果。

**2. 内容充实**　庆祝活动的内容必须是本组织发生的值得庆祝的事件，如开业、竣工、厂庆、获奖、中标、超额完成任务、新产品面世、技改成功、企业升级、节能降耗、安全生产、机构变动、组织发展等。纪念活动的内容除了是本组织值得纪念的事件以外，还可以是社会上值得纪念的事件。当然，社会纪念的事件必须是和本组织有一定联系，并且是为本组织服务的事件；否则就不是公关活动，而是政治活动或社会公益活动了。

**3. 时机恰当**　庆典活动的时机不能机械和呆板，庆祝和纪念活动举办的时间当然是值得庆祝和纪念的时日。如果活动时间正好与社会上某些重大活动重合，将会发生矛盾冲突。本组织的活动将会被社会上的重大活动冲淡而黯然失色，事倍功半。遇此情况，就应将时间适当调整，一般可提前进行。庆祝和纪念活动的时机还要与活动的目标和内容相适应。特别是庆祝活动，何时举办适宜完全可以由组织决定。这就要从主客、观两个方面来考虑，既是宣传效果最好的时间，又是所邀请的公众较适合的时间，还要让公关部门有充分的时间来准备。

**4. 主题突出**　庆典活动决不能只图形式、做表面文章，而要挖掘深刻的主题，使活动具有强烈的社会意义，以增强社会效果。挖掘主题既要与活动内容相结合，更要与社会热点问题、公众关心的问题、能引起强烈反响的问题相结合。两者的结合要自然、协调，不露痕迹，避免生拉硬套、画蛇添足。

**5. 形式新颖**　庆典活动通常有较固定的程序，一般是主持人、来宾、领导讲话，剪彩或揭牌，宴请或娱乐活动。这种程序很难给人留下深刻的印象，也缺乏新闻价值。因此，要巧妙地构思一些健康向上的、富有意义的、能达到预定目标又花费不多的新颖活动。例如北京大学百年校庆活动发了一趟校庆专列，方案策划令人赞叹。创意者将北大百年历史与中国百年历史联系起来，在发散和集中思维中进行类比联想。从北大对中国百年历史的贡献中开掘和精炼出北大的传统、北大的精神。再运用联想找到最能深刻表现北大传统和北大精神的象征物——尽管有颠簸、有风雨，但永远是向前的列车。又进一步联想到“专列”这种特殊形式，再进行大胆迁移想象出一个新颖脱俗的方案——开“北大专列”。将今天和未来密切联系起来，从深圳始发，沿改革开放之路前行。这样不仅宣传了北大的传统、历史、精神，也宣扬了科教兴国战略，宣传了北大在科教兴国中的新贡献、新风采。

## 六、赞助活动

所谓赞助活动，是指社会组织为赢得政府、社区及相关公众的支持，创造组织生存和发展的良好环境，以不计报酬的捐赠方式，出资或出力支持某一项社会活动、某一种社会事业，以扩大组织影响，提高知名度和美誉度的公共关系活动形式。社会组织赞助活动往往是针对一些公益性、慈善性、服务性、娱乐性、大众性的项目。

### （一）赞助活动的目的

赞助活动在现代社会中十分普遍，可以说，离开了商业赞助，许多大型的公益活动几乎很难进行。在我国，随着组织公共关系意识的提高，社会组织的赞助数量越来越多，金额也越来越大。有的组织为“希望工程”捐款，一掷千金；有的企业赞助体育事业，不遗余力。为什么社会组织对赞助活

动会乐此不疲呢,其主要原因有以下几点:

1. 通过赞助既可达到宣传的目的,又可增强说服力和影响力。

2. 制造新闻效果,扩大社会组织的认知度,提高组织在公众中的美誉度。

3. 通过赞助表明社会组织勇于承担社会责任,可以树立关心社会公益事业的良好形象。

4. 通过赞助建立与公众的关系,增强社会组织与外界交流的和谐度。

**（二）赞助活动的类型**

**1. 赞助体育**　这是赞助活动中最常见的一种类型。由于体育比赛活动拥有众多的观众,可以带动人民体质的提高,而且往往是新闻媒介热衷报道的对象,对公众的吸引力大。赞助体育运动常见的形式有赞助体育训练经费或物品、赞助体育竞赛活动、设立体育竞赛奖励项目等。

**2. 赞助文化**　社会组织积极赞助文化生活、培养公众的情操、丰富公众的生活内容,不仅可以增进社会组织与公众的深厚感情,而且可以提高民族文化素养,提高企业的文化品位和知名度。赞助文化生活的方式主要有赞助拍摄与社会组织有关的影视片、资助文艺演出队伍、赞助文化演出活动等。

**3. 赞助教育**　教育事业是百年大计。社会组织自觉地赞助文化教育事业,体现了企业对社会的责任。既可以促进学校教育事业的发展,又可以为社会组织树立一种关心社会教育事业的良好形象。同时,也为组织与有关院校建立良好的关系,有利于组织的人才招聘与培训,为长期发展提供后备力量。如2011年2月H医药企业启动了“感恩社会、光彩人生”的慈善赞助计划,在安徽省贫困山区持续援建“国胜希望小学”,同时为安徽省每年考取北京大学医学部的经济困难学子们持续赞助完成学业的相关费用。

**4. 赞助慈善**　为社会分忧解难是组织的义务,赞助福利和慈善事业是组织谋求与政府和社区两大公众的最佳关系的手段。为各种需要社会照料与温暖的人提供物质、经费帮助,开展服务活动,出资参加市政公共建设,既是社会组织向社会表明履行社会义务的重要手段,也是社会组织改善社区公众关系、政府公众关系的重要途径。赞助慈善可以提升企业的公众形象,也可以赢得消费者的心,能提升企业的品牌价值和整体形象,带来的社会效应常常超出其广告投入,取得事半功倍的效果。

**5. 赞助学术**　这是一种高层次的,直接追求组织的社会效益和长远影响的赞助活动。组织可以自己设立机构,也可以长期支持某些学士研究机构的研究活动,如医学方面的研究。

**6. 其他赞助活动**　其他赞助活动如赞助各种展览和竞赛活动、赞助建立职业性奖励基金等。

**（三）赞助活动的基本原则**

**1. 效益原则**　社会组织开展赞助活动的目的是树立组织形象,表明组织积极承担社会责任和义务。因此,开展赞助活动必须着眼于社会效益,以获得公众的普遍好感。

**2. 合法原则**　这是开展赞助活动的基本要求。一方面,赞助活动的对象要合法,即遵守法律道德要求,符合社会利益和公众利益,否则会给公众“助纣为虐”之感,有损组织形象;另一方面,赞助的方式要合法,即严格遵守政策法规,不能利用赞助搞不正之风。

**3. 实力原则**　社会组织开展赞助活动应当量力而行,根据组织的经济实力,支出合理的赞助经费。

**4. 公众相关原则**　一般社会组织赞助的活动对象应当与公众生活或社会组织的经营内容相关,以获得直接的公共关系宣传效果。如从1990年赞助亚运会中国代表团开始,到1992年巴塞罗那奥运会、1996年亚特兰大奥运会、2000年悉尼奥运会、2004年雅典奥运会、2008年北京奥运会,李宁运动装一直是中国运动员的标准装备。如今,“李宁”已经成为中国体育用品行业当之无愧的第一品牌,其品牌成长与体育赞助分不开。

**(四)赞助活动的工作程序**

赞助活动是一种技术性很强的公共关系专题活动,一项成功的赞助活动一般包括以下一些程序:

**1. 赞助活动研究**　开展赞助活动,进行赞助研究是非常重要的一步。组织应从经营活动政策入手,分析组织公共关系状况、经济状况、赞助活动的影响、被赞助者的公共关系等。并据此考核需要赞助的项目是否对社会、对公众有益,是否能对本组织产生有利影响,研究赞助项目的必要性、可行性、有效性。

**2. 制订赞助计划**　赞助活动是一种有计划的公共关系专题活动。组织要在赞助研究的基础上制订详尽的赞助计划,赞助计划的内容应该具体、翔实。一般应包括赞助的目标、对象、形式;赞助的财政预算;为达到最佳赞助效果而选择的赞助主题和传播方式;赞助活动的具体实施方案等。同时应考虑应变方案,防止赞助规模超过组织的承受力。

**3. 费用预算**　赞助活动也会产生一定的费用。因此,应提前制订出预算,同时还应进行成本核算和效益分析,帮助组织控制赞助费用,减少浪费,保证社会和组织都能获益,达到双赢的目的。

**4. 审核评定**　每进行一次具体项目的赞助,都应由组织的高层领导或赞助委员会对此项目进行详细的分析研究;结合该年度的赞助计划进行逐项的审核评定,确定可行性、赞助的具体方式和款额及赞助的时机,以便于制订此项赞助的具体实施方案。

**5. 具体实施**　组织要派出专门的公共关系人员去实施赞助方案。公关人员要充分利用有效的公共关系技巧,使组织尽可能地借助赞助活动扩大其对社会影响;同时,应采用广告和新闻传播等手段辅助赞助活动,使赞助活动的效益最大化。

**6. 效果评定**　赞助活动结束后,应由组织自身和专家共同对照计划来测定实际效果。检测过程包括检查、收集各个方面(如公众、新闻媒介、受赞助组织)对赞助活动的看法、评论,对经验加以总结,对教训进行反省。

## 七、开放参观

开放参观是社会组织为了密切与公众的联系,增进公众对组织的了解,展示自身实力与成就而举行的一种专题性公关活动。开放参观活动可增加组织的透明度和扩大组织的知名度,可以取得公众的理解和支持,有助于消除人们对组织的误解和疑虑,改善关系。例如某电视台定期举办公众开放日,让公众参与了解节目的制作过程,安排节目主持人与观众进行面对面的交流与沟通,从而与公众建立了良好的互动关系。

（一）开放参观活动的作用

**1. 提高透明度** 社会组织通过对外开放参观，主动将自己展示在公众的视线下，让公众直接了解组织各个方面的情况，大大提高组织的透明度。

**2. 增加凝聚力** 通过对来宾的礼貌接待，可赢得公众对自己的好感，缩短组织与公众之间的距离，促使感情互动，增添组织的凝聚力。

**3. 增强沟通能力** 开放参观的过程就是组织领导人与工作人员同各界参观者直接接触的过程，通过解说介绍组织的情况，回答和解释参观者提出的问题和疑虑，倾听参观者的意见和建议。

**4. 消除误解** 当组织因为某些客观或主观原因，让某些公众产生误解或疑虑时，对外开放参观就是一剂消除误解、排除疑虑的良药。例如靠生产炸药起家的杜邦公司最初生怕新闻媒体找麻烦，因而层层戒严，不让记者采访报道。但是，在公众中传播的谣言却越来越多，最后，社会上甚至形成了一种可怕的印象：杜邦——杀人。后来公司采纳了艾维·李的建议，主动让记者进厂参观，介绍情况，将真相告诉公众，很快，杜邦公司纠正了过去给人们造成的坏印象，开始得到公众的好评。

**5. 提高素质** 组织要对外开放参观，就必须注意自己的环境形象、人员素质形象、产品形象、服务形象等，以便于给观众留下较好的印象。所以，无形中会对组织产生一种压力，促使管理者努力提高管理水平，促进组织的总体素质得以提高。

（二）开放参观活动的策划与组织

**1. 确立主题** 任何一次对外开放参观都应有一个明确的主题，即想通过这次活动让参观者留下怎样的印象、取得什么效果。企业对外开放参观活动最常见的主题是强调企业优良的工作环境，表明是社区理想的一员，会给社会造福。

**2. 确定日期** 注意参观日期不要和重要的节日或社会组织的重要活动发生冲突。因为在重要节日公众一般都有自己的安排；在社会组织举办重要活动期间，参观者一方面看不到日常工作的场面，另一方面也会给接待工作造成极大的麻烦。

**3. 成立机构，配备专门人员来负责此事** 该机构中应至少有1名决策层的人来总协调，应有相关部门的负责人和具体的工作人员参加。

**4. 宣传准备** 应充分重视宣传工作，最好事先通知新闻部门，利用新闻媒介来扩大影响。同时，也应对组织内部的全体员工做好宣传工作，使每个人明白对外开放参观工作的意义与目的，人人自觉地参与这项活动。

**5. 确定开放内容** 其内容一般包括情况介绍、现场观摩和实物展览三种。情况介绍一般是事先准备好深入浅出、图文并茂、印刷精良的宣传小册子，发给参观的公众；也可在现场观摩时，以口头讲解的形式，边走边结合具体场景进行介绍。现场观摩就是让公众参观工作现场，以厂房布置、厂区环境、工作流程或员工的实际工作来说明社会组织的内在面貌。实物展览是以资料、模型、样品的陈列等对公众做补充说明。

**6. 选择路线** 选择参观路线的主要要求是既可以引起参观者的兴趣并保证他们的安全，又对组织正常工作的持续干扰最小。参观路线应有明确的路标，且事先需采取安全措施；安全人员应在必要的地方设置警告信号和障碍，以防止意外发生。

**7. 做好接待** 对导游或解说人员要事先进行挑选、培训，使他们熟练掌握参观过程中每一个参观点的解说内容。参观点的员工应佩戴印有个人名字的标牌，并要礼貌、耐心、认真地回答来宾提出的各种问题。要热情周到地做好参观者的接待工作，安排合适的休息场所，提供必要的服务，如茶水、饮料和电话等。参观结束后，要做好欢送工作，并认真听取他们对组织的看法和建议，注意收集参观者的意见，整理分析后提交有关部门。对组织予以采纳的意见，还应将实施情况反馈给提议者。

俗话说“百闻不如一见”，将公众请进来，让事实说话，往往具有极强的说服力。因此，安排开放参观是让外界了解企业实际状况的绝好机会，是效果很好的公关活动。同时，让公众亲临现场，也表现出企业对社会各界的善意和诚意，有利于搞好外部公众关系。

### （三）开放参观活动的注意事项

1. 采取有效措施，确保参观者的安全。
2. 接待人员认真履行职责、热情周到服务。
3. 做好各种应急准备，注意组织保密工作。
4. 适当安排活动，加深参观者的印象。

**点滴积累**

1. 宴会的种类有正式宴会、一般宴会和便宴三种。 正式宴会的时间一般以一个半小时为宜。
2. 新闻发布会是组织与媒介进行的主动沟通。 举办新闻发布会对组织、实施要求高，要经过充分的论证，精心筹备，按程序实施，会后还要做好善后。
3. 展览活动具有其特殊的作用和特点。 从不同角度可以将展览会划分为不同类型。 展览会有规范的策划实施程序和步骤，要组织严密、安排得当。
4. 公共关系联谊会筹备要注意的问题有目标明确、选择对象、制订章程、拟定计划。 联谊会的注意事项是抓住时机、把握原则、策划筹备。
5. 举办庆典活动可以向社会展示组织形象，提高社会知名度。 庆典活动的程序不复杂，但要办得热烈隆重，给人留下强烈而深刻的印象，需要精心策划。 庆典活动参加的人数多、规模较大，需要精心安排。
6. 赞助活动是企业常见的公关活动，必须遵守基本原则。 赞助时机的选择是赞助活动成功的关键，赞助活动的方式也很重要。
7. 开放参观是社会组织为了密切与公众的联系，增进公众对组织的了解，展示自身实力与成就而举行的一种专题性公关活动。 开放参观的作用有提高透明度、增加凝聚力、增强沟通力、消除误解、提高素质。

## 第三节 公共关系案例

典范的公共关系案例可以反映不同时期公共关系实务的发展水平、企业发展状况和社会变革的现实。恰当地借鉴一些典范的公共关系案例，无论对行业发展、务实借鉴还是学术研究，都有重要作用。

## 一、高扬爱国旗帜——巧用传播沟通

### （一）案例

香港回归祖国倒计时活动

——《×××》杂志社的公关创意

《×××》杂志社组织策划了高扬爱国主义旗帜的中国政府对香港恢复行使主权倒计时活动，产生了深刻的政治意义与深远的历史意义。其创意如下：

**1. 项目调查**

(1)历史：涉及香港问题的《南京条约》是英国强迫清政府签订的不平等条约。

(2)立场：香港是中国领土，不属于“殖民地”范畴。邓小平同志明确地表示1997年要收回香港。

(3)结论：1997年7月1日这一天回归，使一个世纪的悲欢离合、一个民族的沧桑荣辱在这时刻凝聚升华。

**2. 项目策划**

(1)目的：高扬爱国主义旗帜。

(2)切入点：倒计时（让它分分秒秒叩动每一位中华儿女的心弦）。

(3)规模：每字高度不小于1m，总面积150$m^2$，可视距离1000m以上。

(4)焦点：倒计时牌建在祖国首都北京，具体建在市中心——天安门广场的中国革命历史博物馆正中。

(5)层次：报呈新华社领导、北京市政府、国务院港澳事务办公室，直到中央领导。

(6)时间：启动在1994年12月19日（《中英联合声明》发布10周年）至1997年7月1日，运行925天。

**3. 项目实施**

(1)高层公关：中央领导支持。

(2)政府各职能部门公关：热情赞许。

(3)横向公关：全国人民振奋。

**4. 项目评估**

(1)中央领导高度评价。

(2)925天中，倒计时牌参观率最高，也是爱国主义教育基地。

(3)世界之最：面积、时间、参与人数、新闻报道。

### （二）案例分析

此案例主要体现了公共关系状态、公共关系活动和公共关系观念三个知识点。三者之间的关系是公共关系活动的结果，形成特定的公共关系状态，而自觉、科学的公共关系活动又是在现代公共关系观念的指导下进行的。

1. 公共关系活动是指运用传播沟通的方法来协调组织的社会关系，影响组织的公众舆论，塑造组织的良好形象,优化组织的动作环境等一系列公共关系工作。“香港回归祖国倒计时”这一公关活动就是通过项目调查、项目策划和项目实施等公共关系操作实务,紧紧围绕香港回归这一重大历史事件、高扬爱国主义旗帜的主题策划并实施的,具有深刻政治意义和深远的历史意义。

2. 公共关系状态是指一个组织与其公众环境之间客观上存在的关系状况和舆论状况。《×××》杂志社的这种公关活动得到了中央领导的高度评价,从1994年12月19日至1997年7月1日的这925天中,倒计时牌成为爱国主义教育基地,并创造了数项世界之最。公众从中受到爱国主义教育,组织与公众间的关系状况和舆论状况得到极大的优化。

3. 公共关系观念是一种引导组织行为的价值观念和行为准则。此次活动的策划人员正是通过形象观念、公众观念、传播观念、协调观念、互惠观念和服务观念,策划并实施了此次爱国主义教育活动。

## 二、建筑音乐融合——掀起申奥高潮

### (一) 案例

“三高”为中国申奥放歌

2001年6月23日晚,昔日的皇家禁苑乐声翩翩、弦歌阵阵。世界著名三大男高音歌唱家在紫禁城午门广场联袂演出,在“6.23国际奥林匹克日”掀起了北京申奥活动的高潮。原国务院副总理李岚清和数万热情的中外观众一同观赏了这场精彩演出。

当晚三位“歌剧之王”身着黑色燕尾服,在紫禁城古老红墙之间的舞台上神采奕奕,他们演唱了近三十首脍炙人口的歌剧选段或歌曲。从卡雷拉斯的《我知道这个花园》,到多明戈的《星光灿烂》,再到帕瓦罗蒂的《今夜无人入睡》,洪亮而富有穿透力的歌声赢得了在场三万名观众的热烈掌声。

昔日这里曾经钟鼓齐鸣,如今西方歌剧回声在这里缭绕;昔日皇帝在这里议政,如今三位西方音乐大师在这里纵情高歌。东方建筑的神韵与西方音乐经典在这里得到了完美的交融,古老的紫禁城在一个充满激情的夜晚被唤醒,改革开放的中国以一场东西文化交融的音乐盛会,向全世界展示出中国积极走向世界的宽阔胸怀。

紫禁城午门广场“歌剧之王”的成功演出,通过电视可直接覆盖全球110多个国家和地区的33亿观众。

### (二) 案例分析

1. 此案例体现了名流公众在公共关系活动中的地位和影响。名流公众指那些对社会舆论和社会生活具有较大影响力和号召力的有名望人士。世界著名三大男高音歌唱家就属于名流公众。

2. 组织在策划公共关系活动时,往往借助名流的知名度扩大组织的公共关系网络,扩大组织的公众影响力,丰满组织的社会形象。在公关活动中,组织借助社会名流的知识和专长为组织的经营管理提供有益的意见咨询;借助社会名流的关系网络为企业广结善缘;借助社会名流的社会声望提高组织的知名度。

3. 在本案例中,世界三大男高音歌唱家在世界上拥有较高的名声和地位,是典型的名流公众。这类公众对传播的作用很大,影响力很强。通过社会名流去影响公众和舆论,往往具有事半功倍的效果。

组织利用公众“崇尚英雄”“崇拜明星”的社会心理，与社会名流建立良好的关系，将本组织的名字与社会名流的名望联系在一起，提高了组织在公众心中的位置。

4. 世界著名三大男高音歌唱家聚首北京，为中国放歌，这是我国对外文化交流的空前创举，大大提高了中国文化在世界范围内的影响。

## 三、妙用传播媒介——获取良好效益

### （一）案例

“请留心你家的后窗”

20世纪50年代，好莱坞影片《后窗》曾风靡香港，该片描写了一个脑部受伤的新闻记者在家养伤时闲极无聊，便买来一架望远镜，每日坐在屋子里从对面楼层的后窗窥视住户的家庭隐私，从而卷入了一场谋杀案。影片上映后，香港人竞相观看，形成了“后窗热”。这时，香港的一家生产百叶窗的企业成功地抓住了这一事件，他们在报上连续刊登题目为“请留心你家的后窗”的销售广告，生意一下子兴隆起来。

### （二）案例分析

1. 此案例说明了大众传播媒介在公关活动中的重要作用。科学调查表明，大众传播对某些议题的着重强调和这些议题在受传中受重视的程度构成强烈的正比关系。在案例中，企业抓住“后窗热”，利用报纸连续刊登“请留心你家的后窗”这则广告，就充分利用这一原理，多次大量地报道这一事件，从而使社会中的公众突出地议论这一话题。

2. 当大众传媒热情介绍某个新闻事件时，也就意味着这个新闻事件可能成为公众关注的“议题”。同时，公众需要有人出面对复杂的信息加以整理，为他们选出那些值得关心和注意的事件。案例中的报纸就扮演了这一角色，它反复强调“后窗”这一问题，使“后窗”成为公众关心的问题。

3. 在这次公关活动中，企业通过大众传播媒介在社会中形成一个热门话题，让这个话题直接或间接地与组织及其产品挂钩，从而达到良好的传播效果。他们借助“后窗热”这个与自己产品关联度极高的“议题”通过报纸宣传，轻而易举地掀起了一个“百叶窗热”，从中获得了良好的市场效益。

## 四、创造新闻价值——扩大社会影响

### （一）案例

10万美元寻找主人！

某公司宣传其新型保险柜的卓越功能，登出一则这样的广告：

“10万美元寻找主人！本公司展厅保险柜里存放有10万美元，在不弄响警报器的前提下，各路豪杰可用任何手段拿出享用！”

广告一出，轰动全城。前往一试身手的人形形色色，有工人、学生、工程师、警察和侦探，甚至还有不露声色的小偷，但都没有人能够得手。各大报纸连续几天都为此事进行免费报道，影响极大。这家公司的保险柜的声誉随之大增。

**（二）案例分析**

1. 此案例体现了策划新闻事件在公共关系活动中的实际应用。策划具有新闻价值的事件也叫“制造新闻”或“策划新闻”，是组织争取新闻宣传机会的一种技巧。组织通过策划，举办具有新闻价值的事件或活动，吸引新闻界和公众的注意力，制造新闻热点，争取被报道的机会，以达到提高知名度、扩大社会影响力的目的。此案例中，这家公司就策划了“10 万美元寻找主人”这一具有新闻价值的事件，达到了自己的公关目的。

2. 此案例是一则以制造新闻获得强大效应的公关实例，新型保险柜公司未出 1 分钱的广告费，却取得了极好的广告效果。这就是因为他们充分运用了制造新闻事件这一公关手法，引来公众注意，向公众传递了组织和产品的信息，增强了公众的信任感。

3. 使用制造新闻的关键是“新”，跟在别人后面，就会失去新闻价值，公众不会产生新鲜感，也就失去兴趣。因此，公关人员应善于开动脑筋，充分发挥创造性和想象力，出奇制胜，才能奏效。

## 五、老配方新商标——保持品牌活力

**（一）案例**

美国可口可乐公司的“古典可口可乐”

1985 年，美国可口可乐公司因为销售额比百事可乐公司低而处于竞争劣势。为了增强产品的市场竞争力，可口可乐公司决定将老配方打入冷宫，宣布采用新配方。公司曾对 19 万消费者进行品尝调查，其中有 55%的消费者喜欢用新配方制成的饮料，据此，公司就以新配方进行生产，没想到激起许多人的强烈抗议，公司每天收到无数抗议信和抗议电话。一位女顾客在信中说：“我一生只有两件事是最重要的——上帝和可口可乐。但是，你们现在夺走了一件。”不少顾客认为，老可口可乐风味独特，新可口可乐淡而无味。当年 6 月，在美国旧金山竟发生了“全国老可口可乐饮户协会”举行的一场抗议新可口可乐的大型示威活动。在其他地方，有几十万人签名要求恢复可口可乐的老配方，有些顾客组织了“老可口可乐俱乐部”，发动老可口可乐爱好者上街游行示威，甚至向法院提出控告。他们认为可口可乐公司改变配方是轻举妄动，盲目创新，忽视传统价值。更为重要的是，从当年 5 月改用新配方后，可口可乐的销量大跌。在公众的巨大压力下，7 月可口可乐公司召开紧急会议，决定恢复老配方生产。7 月 10 日宣布恢复老配方并冠以新商标——“古典可口可乐”，同时，也采用新配方生产可口可乐新品种，以满足不同顾客的需要。这样一来，便形成了新、老可口可乐两面夹击百事可乐的攻势。于是，可口可乐公司的股票每股猛涨了 2.75 美元，而百事可乐公司的股票却相应下跌了 0.75 美元。

**（二）案例分析**

由此可见，始终如一的“本地化思维、本地化营销”是可口可乐的策略核心。看似简单却是一个复杂而精确的实施过程，投入了大量的专门人才、专门计划，全力以赴地保证每个策划步骤实施到位，这也许正是可口可乐保持品牌活力的独特手段。其他公关组织可以学习百事可乐公司那种除低价格供货外，还可适当对经销商提供诸如1个月的赊销支持、免费旅游、季度抽奖等活动，大量采用直销方式，直接面对终端零售市场，促使大部分的零售商采用自己品牌的产品等。毕竟今天的中国市场是谁掌握了渠道终端，谁就掌握了消费者；谁掌握了消费者，谁就拥有了市场。

**点滴积累**

典范的公共关系案例的作用：可以反映不同时期公共关系实务的发展水平、企业发展状况和社会变革的现实。恰当地借鉴一些典范的公共关系案例，无论对行业发展、务实借鉴还是学术研究，都有重要作用。

## 目标检测

### 一、选择题

（一）单项选择题

1. 赞助活动是指社会组织以不计报酬的捐助方式，出资或出力支持某一项社会活动、某一种(　　)

   A. 家庭事业　　B. 社区事业　　C. 个人事业　　D. 社会事业

2. 展览会可以达到使组织找到自我、宣传自我、增进效益的作用，它是(　　)

   A. 商业性的　　B. 公益性的

   C. 宣传性的　　D. 既有商业性的又有非商业性的

3. 赞助活动的目的主要有几个方面，其中以赞助活动为手段，扩大企业的知名度的赞助活动以下列哪项为主要目的(　　)

   A. 提高社会效益　　B. 扩大影响　　C. 承担社会责任　　D. 增进感情

4. 展览会的特点有(　　)

   A. 综合运用多种传播手段，能给观众留下深刻的印象

   B. 效率高，省时省力

   C. 正规隆重

   D. 传播迅速

5. 新闻发布会又称为(　　)

   A. 信息发布会　　B. 新闻聚会　　C. 记者招待会　　D. 宴会

（二）多项选择题

1. 公共关系专题活动的基本特点有(　　)

   A. 主题明确　　B. 内容丰富　　C. 媒介多样

   D. 对象广泛　　E. 程序规范

2. 公共关系专题活动的作用主要有(　　)

   A. 制造新闻　　B. 为促销服务　　C. 联络感情

D. 塑造形象　　E. 挽回形象

3. 新闻发布会的程序包括(　　)

A. 发会议资料　　B. 迎宾签到　　C. 介绍会议内容

D. 答问　　E. 引导、控制记者提问

4. 举办展览会是有一些技巧的,下列属于此类技巧的是(　　)

A. 提前策划,广泛邀请　　B. 认真准备,聚拢人气

C. 设计布展,匠心独运　　D. 接待有方,贵在真诚

E. 广泛传播,加深印象

5. 赞助活动的类型主要有(　　)

A. 赞助体育活动　　B. 赞助文化(艺术)事业　　C. 赞助教育事业

D. 赞助慈善和福利事业　　E. 其他赞助活动

## 二、简答题

1. 怎样策划组织好一次新闻发布会?
2. 怎样办好展览会?
3. 怎样搞好赞助活动,提高组织的知名度和美誉度?
4. 典礼仪式的组织工作有哪些?
5. 搞好开放参观活动应做好哪些工作?

## 三、案例分析题

案例1:某药店开业仪式上,既听不到震耳欲聋的鞭炮轰鸣,也看不到成群结队的领导光临,伴随阵阵悠扬悦耳的军乐声,药店工作人员向在场的第一批顾客散发了20束鲜花,然后由得到号码8、18的两位顾客当众为公司剪彩。此时此刻、此情此景,人们感到顾客就是“上帝”已不再仅仅是商店里装点门面的标语条幅。

案例2:某百货公司进行了店堂装修,扩大了营业面积,增加了商品品种,准备在元旦重新开业。他们订制了一批精巧的生日纪念卡和小礼品,在报纸和电视上刊登广告,邀请历年元旦出生的人在公司重新开张之际来店共同庆生。一位81岁高龄的老人闻讯后,高兴地说:“我活了81岁,第一次遇到商店为顾客过生日的。”他打发60岁的儿子到店里代他受喜。这位花甲老人替父亲进店领取生日纪念品后,又被琳琅满目的商品所吸引,边看边买,出店时,大包小盒提了一大串。下午2时,一名男子手持医院证明来到店里,说他女儿是当天上午10时降生的。经理代表公司向他表示祝贺,并向他女儿赠送礼品,他激动地说:“你们给顾客带来了生日的乐趣,把美好的情意送到了顾客心里。”到下午5时,共发出生日礼品千余份,商店的客流量已超过20万人次,销售额达100万元,相当于过去日平均销售额的十几倍,创该店历史上的最高纪录,并为以后扩大销售奠定了良好的基础。

讨论:分析案例中两家企业开业庆典活动的成功之处在哪里。

四、接待工作实训

（一）训练目的

通过训练，熟悉接待工作的基本原则、程序及一般要求，并从中培养学生的主动热情的工作意识、良好的自我形象塑造意识、周到细致的服务意识，提高公关与交际基本素质。

（二）训练方式

设置接待模拟情景，以4~6人为一组，分组对应训练。

（三）项目能力培养体现

服务质量完善意识（主动、热情、细致、周到）→自我形象塑造意识→公关与交际能力→文字速写能力。

（四）训练环节与对应能力训练

1. 准备工作　情景设置，接待室布置；物质准备，如茶水、介绍材料等。对应能力训练：一般事务处理能力。

2. 人员组织　引导、服务、会见与会谈人员的安排；礼仪及服务人员的形象设计（着装、举止、用语等）。对应能力训练：组织能力及礼仪形象设计能力。

3. 接待实施　接待规范模拟训练（方位、方式、行为举止等）；会谈记录（小组分工、专人记录、内容完整）。对应能力训练：公关交际能力、文字速写与组织能力。

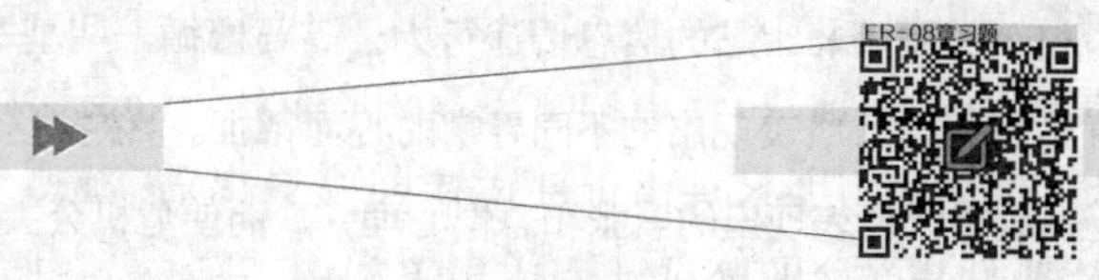


（夏　曼）

# 第九章

# 公共关系危机管理

导学情景

情景描述

1996年6月，湖南常德汉寿县退休老人陈某在喝完“S”公司的“S”口服液后去世，其家属随后向“S”公司提出索赔，该公司拒绝给予任何赔偿，并声称陈某的死亡是自身的问题。遭到拒绝后，陈某家属将“S”公司告上法院。1998年3月，“S”公司一审败诉，随之在20多家媒体的炮轰下，引发了该公司“S”口服液的销售大滑坡。4月“S”口服液的销售额就从上年的月销售额2亿元下降至几百万元，15万人的营销大军被迫削减为不足2万人，生产经营陷入空前灾难之中。据该公司介绍，官司给公司造成的直接经济损失达40多亿元，国家税收损失了6亿元。1999年3月，法院终审判决“S”公司获胜，但此时“S”公司已经陷入全面瘫痪状态。

学前导语：

危机公关属于非常态的信息传递行为，需要遵循一些基本原则。这些原则制订的标准是根据在危机中受众所表现出的不同寻常的心理特征。依据这些原则进行危机公关可以在很大限度上减轻受众所表现出的紧张和恐惧心理，从而使危机公关在处理危机的过程中发挥积极的作用。本章将带领大家学习公共关系危机的概述、防范、处理和公共关系谈判的相关知识。

在美国某机构对全球500名大公司董事长和总经理进行的一项关于危机的调查中，表明85%的企业最高管理者同意现代企业面对危机好像面对死亡和税收一样不可避免，而74%认为企业曾接受过严重危机的挑战。面对危机，如何化解并转危为“安”，甚或转化成塑造组织形象的契机，是全球公共关系危机管理共同面对的重大课题。目前许多医药行业企业公共关系意识淡薄，缺乏运用公关技巧进行危机管理的技能。如上述案例中，“S”公司因为缺乏危机意识，最终因其忽视公众、反应迟缓、不愿主动承担责任而付出了惨痛的代价。

## 第一节　公共关系危机概述

### 一、公共关系危机的基本概念

#### （一）危机

专家、学者们给危机赋予各种各样的定义。芬克（Fink）将危机定义为在确定的变化逼近时，事件的不确定性或状态。巴顿(Barton)将危机定义为惊奇、对重要价值的高度威胁、需要在短时间内作出决定的特定状态。弗恩·班克思(Fern-Banks)将危机定义为对一个组织、公司及其产品或名声等产生潜在负面影响的事故。斯格(Seeger)等人将危机定义为一种能够带来高度不确定性和高度威胁的、特殊的、不可预测的、非常规的一系列事件。

危机事故、事件等一般都能引起媒体的广泛报道和公众的密切关注,对组织正常的工作造成极大的干扰和破坏,使组织陷入舆论压力和困境之中。危险总是与机会并存,处理和化解危机,将其转化为塑造组织形象的契机是对组织公共关系工作水平极具挑战性的考验。

### (二)公共关系危机与危机公共关系

公共关系危机即公关危机,是指组织在生产经营过程中,由于其内外因素的影响,导致组织在公众心目中的形象和信誉下降或严重受损,对组织的正常生产经营活动产生影响甚至对组织的生存和发展构成严重威胁的事件。公关危机是一种特殊的危机状态,伴随着各种危机出现,又不能仅仅用具体的技术手段、业务手段、经济手段、政治手段、行政手段、法律手段去处理。

危机公共关系简称危机公关,是指组织在危机状态下,面临公共关系失调、组织形象受损时,运用传播沟通的方法去应对和化解危机,帮助组织控制事态、化解矛盾、解决冲突、引导舆论、挽回影响、重塑形象的公共关系活动。如公关工作创始人艾维·李成功解决工业矿井崩塌事故、公共关系泰斗爱德华·伯纳斯成功协助尼克松摆脱水门事件的阴影,都是危机公关的经典。

公共关系危机是一种状态,是对所出现的问题的描述,而危机公共关系则强调的是一种行动过程。

### (三)公共关系危机管理

公共关系危机管理有广义和狭义之分。其中狭义的公共关系危机管理就是指危机公关,指对已经发生的公共关系危机事件的处理过程。广义的公共关系危机管理是指公共关系从业人员在危机意识或危机观念的指导下,依据管理计划,对可能发生或已经发生的公共关系危机事件进行预测、监督、控制、协调处理的全过程。

## 二、危机的特征

公共关系危机有很多特征,主要有以下几个方面:

### (一)必然性与偶然性

危机的发生是必然的,这是自然界和人类社会不变的客观规律。一方面,随着组织自身的构成要素和运作规律的越来越复杂化,组织的运营管理能力和资源配置能力不能与之无缝衔接,这一对矛盾体的产生必然会引发危机;另一方面,随着组织赖以生存的外部环境越来越复杂化,自然灾害、人为突发事件、极限竞争等都会对组织造成挑战和威胁,使危机的发生成为必然。但危机的发生又是偶然的,公共关系的任何一个薄弱环节都可能因某种偶然因素而致失衡、崩溃,形成危机。危机的必然性要求组织将危机管理战略纳入整体发展战略之中,对危机的发生、发展及其影响因素进行专门的研究、清醒的认识和高度的防范,将危机管理制度化、日常化;而危机的偶然性则要求组织学习和积淀丰富的危机应对经验,掌握和运用成熟的危机管理技能,以求化险为夷、转危为安。

### （二）突发性与渐进性

公共关系危机的暴发是一个从量变到质变的过程。酿成危机的因素是一个累积渐进的过程，若危机在潜伏期内蓄积的危害性能量未能有效衰减，终有一刻会导致组织公共关系危机在人们未曾防备下突然暴发，并通过连锁反应迅速蔓延，使公众与组织的关系迅速恶化，大量的顺意公众转变成逆意公众。一个组织突然暴发了危机，无论是来自于主观或客观，还是两者都有的原因，都是平时疏于警觉的后果。

### （三）未知性与可测性

危机在什么时间、什么地点发生，破坏性多大往往是难以预料的，特别是自然灾害、科技新发明等带来的冲击是难以抗拒的。但是危机的发生也存在一定的规律性因素，可以通过对这些规律性因素的研究来预见发生危机的可能性，这就是可测性。

### （四）急迫性与关注性

组织公共关系危机总是在短时间内暴发，危机发生后，情况往往瞬息万变，危机的应对和处理具有很强的紧迫性。由于现代传播媒体十分发达，危机一旦暴发就会造成巨大影响，成为社会和舆论关注的焦点和讨论的话题，成为竞争对手发现破绽的线索和为其进行打击提供契机，成为主管部门检查批评的对象。总之，组织公共关系危机一旦出现，它就会像一颗突然爆炸的“炸弹”，在社会中迅速扩散开来，对社会造成严重的冲击。

### （五）破坏性与建设性

危机一旦发生，不仅会给组织带来严重的形象危机和巨大的经济损失，甚至还会危及组织的生存。危机一方面暴露了组织存在的问题，另一方面更是给组织提供了一个检视自我应对风险能力的机会，更是展示组织形象、塑造组织形象难得的机遇。抓住这个机会，就会将坏事变好事，迅速提高组织的知名度、美誉度。

认识到危机的破坏性，才不会掉以轻心、麻痹大意；认识到危机的建设性，才会采取主动姿态，沉着冷静而满怀信心地面对危机，为组织建立富有竞争力的声誉，树立组织的形象和为组织的重大问题创造解决机会。正如一位公关公司经理所说：“危机，即危险加机遇。”对受损的组织形象的恢复要采取迅速、切实有效的危机对策。

## 三、危机的分类

从不同角度出发，危机可以划分为不同类型。准确认识和判断危机的类型，以明确危机处理的权限和责任主体，是危机管理的前提。

### （一）根据危机性质分类

**1. 素质危机**　指由于组织内部员工素质不高造成自身生存的危机，如员工公关意识淡薄、质量意识和专业技能低下、技术水平不高等。

**2. 突变危机**　主要指自然灾害或人为灾难带来的危机，如地震、风暴、流行病、恐怖袭击、群体暴动等。

**3. 经营危机**　指管理不善导致的危机，如投资失误、产品质量低劣、管理混乱等。另外组织由于种种原因破产倒闭也属于此类危机。

**4. 形象危机**　指组织由于自身形象不好，知名度、美誉度不高而造成的危机。如不当的广告宣传引发的危机。

**5. 信贷危机**　指因组织丧失信誉，无法得到银行贷款，一时又难以筹集到资金，组织难以维系而形成的危机。

**6. 商誉危机**　即商业信誉危机，主要是指不履行合同、不按时交货、质量低劣而形成的经营危机。商誉是组织存在和发展的根本，出现商誉危机会直接威胁组织的生存。

**7. 产品安全危机**　产品是生产企业的灵魂，当出现产品质量和安全危机时，若处理不当，往往容易出现顾客抵制、索赔、诉讼、媒体参与等诸多连锁性危机。

**（二）按可预知程度分类**

从发生之前人们对危机的预知程度方面，可分为在一定程度上可预测的危机（如灾害性天气）和难以预测的危机（如恐怖袭击、犯罪行为等）。

**（三）按可避免性分类**

从其发生的必然性方面，可以分为有避免可能的危机（主要指人为的危机，如一些重大责任事故、群体性过激行为等）和无法避免的危机（主要指非人为的突发，如地质灾害、洪水、飓风等）。

**（四）按影响范围分类**

从危机的规模和影响范围大小，可分为全球性危机、地区性危机和局部性危机。

**（五）按复杂程度分类**

根据危机形成的冲击的复杂程度，可以分为单一型的危机和复合型的危机。前者指某一危机的影响局限于危机本身，没有引起继发性的危机；复合型的危机指由于其涟漪效应又引发了新的危机。

**（六）按发生顺序分类**

按照危机的发生顺序，可将其分为原发性危机和继发性危机。前者是指最初发生的危机，后者是由最初的危机诱发出来的新的危机，两者之间存在着因果关系。

**（七）按危机发展的速度分类**

**1. 龙卷风型**　指事件来得快、去得也快，而且问题解决了以后不留什么后遗症。

**2. 腹泻型**　这类危机是逐渐发展而来的，但暴发后很快就结束了。

**3. 长投影型**　这类事件是突然暴发，其后果却会持续比较长的时间。

**4. 文火型**　这类危机在暴发前会经历一个酝酿的过程，暴发后也需要一段比较长的时间才能逐渐化解。

**（八）按危机的来源分类**

按照危机的来源，可以分为内生型危机与输入型危机。内生型危机是指其发生是由于系统内部的某些因素发展失衡造成的，而与系统外部关系不大。输入型危机是指其产生主要是由于系统外部的输入造成的，而不是系统内部的问题。内生型危机与输入型危机显然是相对的，站在不同的角度有时会发生转化。

（九）按事件涉及人群的倾向分类

按照危机所涉及人群的态度和倾向是否一致，可以将危机划分为利益一致型危机和利益冲突型危机，也可以称为冲突型与非冲突型危机。利益一致型危机是指危机所涉及的所有人的利益基本上是一致的，不存在强烈的冲突，所有人都会为应对危机的不良影响而共同努力。利益冲突型危机是指在突发事件所涉及的人群中存在着利益不一致的两个或多个群体，他们各自对事件的态度是完全不同的。

（十）按危机发生的具体领域分类

按照危机发生的具体领域分类，可以将其划分为许多类型，如政治危机、经济危机、自然灾害危机、事故型危机、公共卫生突发事件、群体冲突危机、环境生态危机、价值危机等。这种分类方法没有强调危机某个特定方面的性质，但具有比较直观、具体的优点，所以很多时候会被用到。

在确定危机类型与特征的基础上，必须密切监视其发展，并及时把握时机，快速作出反应。

## 四、危机的分期

危机和人类一样，也有一个生命周期。不同的学者依据不同的标准和不同的视角，划分也不尽相同。在众多的阶段划分方法中，有三种最为学界所认同的模型，其分别是：

（一）三阶段周期模型

三阶段周期模型将危机周期分为三个阶段：

**1. 危机的潜伏期**　这个时期，危机“征兆”“迹象”“隐患”出现，但经常没有被注意到或者没有受到重视。

**2. 危机的暴发时期**　这个时期，危机形成、暴发、升级、逐渐降温并最终结束。暴发期里，伤害性事件甚至流血冲突加剧，社会生产和生活处于瘫痪和严重混乱状态。

**3. 危机的后遗症与恢复重建时期**　危机的后遗症一方面表现为需要重建的社会心理；另一方面体现在社会结构与功能的全面失调，生产要恢复、经济要发展、政治要稳定，一切秩序亟待重新建立。

（二）四阶段周期模型

芬克（Fink）在1986年以病理学的观点，提出了危机生命周期的四个阶段论——潜伏期、暴发期、蔓延期和解决期，这是最早提出的关于危机阶段划分的模型。他用医学术语形象地对危机的生命周期进行了描述：

**1. 征兆期**　有线索显示有潜在的危机可能发生。

**2. 发作期**　具有伤害性的事件发生并引发危机。

**3. 延续期**　危机的影响持续，同时也是努力清除危机的过程。

**4. 痊愈期**　危机事件已经完全解决。

（三）五阶段周期模型

米特罗夫（Mitroff）提出五阶段论：

**1. 信号侦测**　识别新的危机发生的警示信号并采取预防措施。

2. **探测和预防**　组织成员搜索已知的危机风险因素并尽力减少潜在损害。

3. **控制损害**　危机发生阶段，组织成员努力使其不影响组织运作的其他部分和外部环境。

4. **恢复阶段**　尽可能快地让组织运转正常。

5. **学习阶段**　组织成员回顾和审视所采取的危机管理措施，并整理便于今后借鉴。

## 五、危机的分级

根据《国家突发公共事件总体应急预案》，按照各类突发公共事件的性质、严重程度、可控性和影响范围等因素，将危机事件分为四级，即Ⅰ级（特别重大）、Ⅱ级（重大）、Ⅲ级（较大）和Ⅳ级（一般），依次用红色、橙色、黄色和蓝色来表示。根据"能力本位"和"重心下移"的分级管理原则，特别重大、重大、较大和一般突发公共事件分别由中央级、省级、市级和县级政府统一领导和协调应急处置工作。

## 六、危机发生的原因

通过对危机促发因素的分析，帮助组织采取相应的措施。

### （一）危机的外部原因

1. 不可抗力的灾难或重大事件、事故，如火灾、地震、台风、水灾造成的自然灾难；或由人为原因造成的重大事件、事故，如恐怖活动、抢劫事件。处理这类危机要尽快做好抢救和善后工作，以最大限度地减少损失，争取受害者及社会的理解；同时要及时将事实真相告知公众，消除谣言。

2. 政治制度、经济政策、法律法规等因素变化对组织既得利益的影响而造成的危机。

**课堂活动**

2007年某日某记者乔装成患者，将事先准备好的茶水当作尿样送到某市10家医院检测，结果有6家医院检测出茶水呈"阳性"，即"患者"有炎症。随后刊发了题为《茶水当作尿液样本送检，医院竟化验出了炎症》的新闻；同期，当地电视台某栏目也连续报道了"茶叶水冒充患者尿液进行医学检验发现其中存在白细胞"的电视节目……很快，"茶水发炎"事件在网络上迅速传播开来，医生群体又一次成为"千夫所指"。同日，涉及"茶水发炎"事件的医院马上对此作出了反应：召开紧急会议，调查事件真相，部署下一步工作；重复进行"用茶水做尿常规化验"的实验，结果证实尿检仍可报告为"白细胞"阳性；当天下午，医院领导亲赴电视台，就调查事实做了反馈及沟通；院方还发表声明称，"以茶代尿"是一起彻头彻尾的伪科学事件。你怎么看待这起事件?

3. **失实报道引起的危机**　社会公众对事件本身缺乏详细而全面的了解，对事情的本质很难进行科学的分析。公众对新闻媒体的信任度高，其报道习惯上被理解为事实。由于新闻媒体报道失实、不全面，甚至曲解事实、报道失误，从而导致公众对组织的误解，使组织形象受损。如新科技成果"JJ安定片"就是由于媒体一条不切实际的"假药救了两条人命"的新闻（事实是他们服下的是药性强，但毒性很小的安定片，该药为全国首创，要致命必须服50瓶以上，所以这对夫妇没有死），导致公众误解，惨遭厄运。

**4. 其他**　谣言和敲诈者的破坏等给组织带来的危机。

**（二）危机的内部原因**

许多危机产生的根源在于组织内部的管理体制或人为因素。

**1. 管理者缺乏危机意识**　当组织利益与社会利益发生矛盾时，管理者不惜损害公众利益来维护组织自身利益，导致危机出现。如 2012 年 4 月 15 日“毒胶囊事件”曝光，媒体曝光铬超标的胶囊制成的药品有 13 个批次，最高超标 90 倍，引发医药行业大地震。为了避免用工业明胶替代药用明胶制成胶囊，从 2010 年起，《中国药典》规定药用明胶的铬含量为 2ppm（1ppm＝1mg/kg），是强制执行的国家标准。铬超标问题暴露出部分企业质量管理体系不健全、法律意识淡薄、社会责任缺失、危机意识淡漠。

**2. 产品、服务质量有问题**　产品质量是企业形象的基础。如 2006 年发生的“齐二药”事件就是在整个公司上、下层疏忽质量把关而引发的恶性质量事故。

**3. 组织人员素质低下**　一方面，领导者缺乏公关意识，对公众的正当权益置若罔闻，甚至粗暴对待公众，引发组织形象危机；另一方面，很多时候公众是通过员工的行为举止了解、认识组织形象的，员工的不当行为会给组织形象带来恶劣后果。如 2004 年 3 月，某院五官科主治医师席某被选派到 S 大学附属医院进修，他在进修期间多次借指导老师的名义向患者索要“红包”，席某的行为引发医生形象破坏、公众对进修生的诋毁，给医院造成形象危机。医院发现后开展了紧急调查，给予严肃处理。又如某市儿童医院医生上班期间打游戏，上社交网络没有及时救治患儿，受到患者家属投诉，引发社会对医护人员信誉的拷问。

**4. 公共关系活动本身的失策**　公关活动策划不当或忽视市场调研，都会导致危机事件发生。如某药厂通过电视投放的海量广告和明星们的群体代言，迅速催生了一个高达百亿的补钙市场，引发了全民“补钙运动”。然而在 2000 年，由某明星出任品牌代言人的广告，因涉及侵权引发“××阿姨事件”。由此引爆了人们对医药、保健品广告大投入，明星群体代言，硬性商业灌输策略的不满，导致了产品和组织在消费者心目中信誉的减分，销售额开始大幅下降。该药厂的品牌危机也引发了公众和政府行政部门对钙剂市场不良现象的关注，犹如推倒了多米诺骨牌，钙剂产品遭遇了整体信誉危机，轰轰烈烈的全民“补钙运动”到此结束。

**点滴积累**

1. 公共关系危机是一种状态，是对所出现的问题的描述，而危机公共关系则强调的是一种行动过程。
2. 危机有破坏性与建设性、急迫性与关注性、未知性与可测性、突发性与渐进性、必然性与偶然性五个方面的特征。
3. 准确认识和判断危机的类型，以明确危机处理的权限和责任主体，是危机管理的前提。
4. 导致危机的原因有内部、外部两个方面。

## 第二节　公共关系危机的防范

美国《危机管理》的作者曾进行过有关调查。结果显示，危机困扰的时间平均为8周半，而没有应变计划的公司要比有应变计划的公司延长2.5倍。虽然说任何企业都可能遇到危机，但是这并非说危机不可预防。公共关系危机预防是指对公共关系危机的隐患进行监测、预控的危机管理活动。预防是组织危机管理的重要组成部分，任何组织都应该重视公关危机的预防工作。这是危机公关中最艰难，也最有价值的部分。

### 一、树立全员危机意识

俗话说“人无远虑，必有近忧”。在全球化的竞争面前，企业乃至我们的民族时时刻刻都处在危机之中。企业要想更好地生存发展，就必须进行危机预防管理，从观念上树立危机意识。领导决策层要树立较强的危机意识，全体员工要牢固树立使命感和责任感，保持危机感，不断提高质量意识、服务意识、形象意识，有效预防消除危机隐患。海尔集团总裁张瑞敏说：“今天的海尔像一辆疾驰在高速公路上的车，速度非常快，风险也非常大，失之毫厘、谬以千里。海尔完全有可能在一夜之间被淘汰出局。”树立危机意识是危机防范与危机管理的基本前提。有高度危机意识的组织及员工，日常工作中会自觉防微杜渐、排除隐患；在危机暴发时，能够临危不乱、应对自如。这样的企业虽然也不可避免地会遭遇危机，但一般不会轻易被危机击垮，而是能够战胜危机、在危机中崛起。

### 二、成立危机管理机构

正如英国危机公关专家迈克尔·里杰斯特说：“任何公司都需要有危机管理措施，唯一不同的是根据组织性质和大小，其实施情况有所变化。无论如何，都需要抓住问题的关键，那就是组建危机管理小组来制订或审核危机处理方案及其工作程序”。危机管理机构由组织的主要负责人挂帅、各部门负责人参与、具体职能部门运行，它是信息枢纽，发挥领导和协调作用。

#### （一）危机管理机构的设置

一般大、中型医药行业企业实行三级组织三级管理的方式，见图9-1。

**危机管理委员会……………………………决策机构**

**危机管理办公室……………………………常务执行机构**

**危机管理工作组……………………………操作机构**

图9-1　三级组织三级管理的结构

危机管理机构的主要职责包括预测可能出现的公关危机；制订危机防范的方针和政策；制订危机处理的策略和步骤；指导和监督组织各部门公共关系危机预防管理的措施；编制危机管理的经费预算；对全员进行公关危机教育培训；对公关危机处理进行指导和咨询等。危机管理机构要确保信息通畅、责权清晰，即组织内的任何信息均可通过适当的程序和渠道传递到合适的管理层级和人员，并能得到及时的反应和回应，组织内的各个部门和人员责任清晰、权利明确。

### （二）危机管理机构人员的确定和训练

拥有一个训练有素的危机管理团队是确保危机管理组织良性运转的重要方面。危机管理团队中要有能运用技术和资源、及时提供检测报告的人员；有在危机发生时，能及时联系媒体、澄清事实、正面传播的人；也有能与危机当事人、政府部门、同行、专家学者等进行沟通协调，从根源和权威层面控制危机的人等。为提高危机公关能力，要组织团队学习危机处理的成功与失败案例，从中汲取经验和教训，进行综合模拟演练等。

## 三、建立危机预警系统

建立危机预警系统是有效发现和消除危机隐患，对突然到来的危机事件快速反应，降低损害，维护组织形象的有力保证。危机预警系统就是运用科学的技术方法和手段，对公众、竞争对手、政府和利益相关者进行分析，分析危机出现的可能性，及时捕捉潜在的危机信号，随时对组织的运行状态进行监测，对危害组织生存和发展的问题进行事先预测和分析，以达到防止和控制危机暴发的目的。危机预警程序主要包括以下三个方面的内容：

### （一）危机监测

即对可能引起危机的各种因素和危机的表象进行严密的监测，搜集有关危机发生的信息，及时掌握危机变化的第一手材料。凡是监测到危机信号时，都要及时向相关领导汇报，将危机消灭在萌芽状态，保证组织的健康平稳发展。监测危机的方法主要有：

**1. 根据组织的性质特点来分析预测** 不同性质的组织孕育着不同的危机，比如煤矿等生产企业容易发生人身意外事故、商业组织发生较多的是经济纠纷、医疗机构最多的是医患纠纷、医药企业最常见的是药品质量安全问题等。着重检查相应方面，及时发现和排除隐患。

**2. 从组织发展历史来分析预测** 找出组织发展过程中曾经发生过的每一次危机事件档案，从中分析总结，发现潜在的危机。

**3. 从同行危机教训中研究总结** 处于同一行业的组织面临的条件比较接近，可以借鉴同行发生危机的情况，来推测自己发生危机的可能性。

### （二）危机预测和预报

即对监测到的信息进行鉴别、分类和分析，使其更有条理、更突出地反映出危机的变化；对未来可能发生的危机类型及其危害程度作出估计，并在必要时发出危机警报。危机监测与预测是相辅相成的，它们是组织进行危机预控和处理危机的基础与依据，其中最重要的是收集和整理信息，选择适宜的方法作出判断，以赢得危机处理的时间。

### （三）危机预控

即针对引发危机的可能性因素采取应对措施，并制订各种危机管理预案，以有效避免危机的发生或尽量将危机造成的损失降到最小。

## 四、编制危机管理预案

危机预防是将危机公关由“消极防御型”转变为“积极预防型”的关键。事先制订周密的应急计划是控制潜在危机的花费最少、操作最为简捷的方法,如《国家突发公共事件医疗卫生救援应急预案》。编制危机管理预案应依据社会组织现有的人、财、物实际情况,主要内容包括:

1. 对组织潜在的危机进行分类,并制订相应的预防方针政策。
2. 为其中的各类危机预防制订具体的方案。
3. 确定与危机相关公众的范围及沟通方法。
4. 建立有效的沟通网络。
5. 确定危机处理过程中各个环节的具体人选,明确分工。
6. 明确各类危机处理的“总指挥”。

点滴积累

1. 公关危机的预防是危机公关中最艰难,也最有价值的部分。
2. 进行危机预防管理,首先从观念上要树立危机意识。
3. 建立危机预警系统是有效发现和消除危机隐患,对突然到来的危机事件快速反应,降低损害,维护组织形象的有力保证。
4. 制订危机管理预案是控制潜在危机的花费最少、操作最为简捷的方法。

## 第三节 公共关系危机处理

企业危机管理与公共关系专家奥古斯丁说:“每一次危机本身既包含导致失败的根源,也孕育着成功的种子,发现、培育以便于收获这个潜在的成功机会就是危机公关的精髓。”

### 一、危机处理的意义

#### (一)降低或挽回经济损失

公共关系危机的后果之一就是危机能够给组织带来直接或间接的经济损失。组织在处理公共关系危机的过程中,要努力控制所有导致危机的因素,控制事态的发展,减缓事态发展的趋势,更要防止导致危机再次发生的因素,避免雪上加霜的局面出现。组织在危机发生后采取的所有努力,就是要尽最大力量将危机带来的损失降低到最低限度,尽力挽回经济损失。

#### (二)重塑组织在公众心目中的良好形象

公共关系危机的实质就是组织的形象危机和声誉危机。无论是由什么原因引发的公共关系危机,都会不同程度地影响组织在公众心目中的良好形象。公共关系危机处理的根本目的就是维护组织在公众心目中的良好形象,维护组织的社会声誉,控制事态的进一步发展,使形象损失降低到最低限度。同时,还能变不利因素为有利因素,迅速提升组织在公众中的知名度和美誉度,塑造更加优良的组织形象。

#### (三)协调与公众的关系

组织的良好形象得益于和有关公众关系的协调与和谐。当面临公共关系危机时,组织与公众的关系就处于不协调的状态。这时,有关公众就成为消极的行为公众,产生对组织不利的行为。公共关系危机处理就是要千方百计地消除危机事件给组织带来的各种不利影响，树立公众至上的理念，协调组织与公众的关系，重塑组织在公众心目中的良好形象。

## 二、危机处理的原则

一般来说，危机处理包括两个方面：一是技术处理，主要进行事务性的善后；二是公共关系处理，主要进行传播和沟通性的协调活动，如向外界公布事实真相、稳定民心、恢复信誉等。技术处理是“硬”处理，公共关系处理是“软”处理，只有双管齐下，才能有效地解决危机事件引发的一系列问题。

### （一）公众至上原则

这是公关危机处理的核心原则。公众是组织赖以生存和发展的基础，组织的一切行为都必须以公众的利益为出发点，才能获得长久的信任与支持。否则，可能导致危机进一步蔓延恶化。在危机公关中，首先要将受害者放在第一位，真诚地道歉，并主动、迅速采取措施进行补救，安抚受害者，取得公众的谅解和合作，尽快化解危机。

### （二）积极主动原则

当危机事件发生后，组织应该主动直面危机，寻求解决问题的最佳方案。危机中的组织会受到媒体和公众的强烈关注，如果这时组织没有及时正确地作出反应，丧失了第一时间、第一地点的主动作为，就会处于被动地位。组织应立即掌握对外发布信息的主动权，确定信息传播的公众对象，确定危机传播的媒介及其联系人。拟定统一的传播内容和传播口径，避免“信息真空”，强调信息发布应全面、真实，越是隐瞒真相越会引起更大的怀疑。对于处于危机风波中的组织来说，最大的致命伤便是失信于民，弄虚作假、封锁消息、愚弄公众，往往会产生一系列连锁反应，进一步加重危机的负面作用，给组织造成不可挽回的损失。

### （三）迅速反应原则

许多危机事件发生以后，所产生的危害仍在持续，并且有加剧、扩散蔓延之势。在危机出现的最初 12~24 小时内，消息会像病毒一样，以裂变方式高速传播。这时可靠的消息往往不多，社会上充斥着谣言和猜测。如果事态得不到及时控制，将给组织和社会公众带来更大的有形或无形损失。所以，公关危机处理的首要原则是要及时反应、快速决策、果断行动，与媒体和公众进行沟通，从而迅速控制事态。危机发生后，能否首先控制住事态，使其不扩大、不升级、不蔓延，是处理危机的关键，赢得了时间就等于赢得了形象。组织成员要有高度的责任心和警惕性，时刻对各种周边事态发展进行监控，一旦发现某种不良情况出现，要及时作出反应将事端处理在萌芽状态。组织要建立内部反应机制，在机构设置、人员安排、权责划分、奖惩制度及必需的物资设备方面都要适当安排，以防止事态发生后，无人问津或相互推诿的情况发生。

### （四）承担责任原则

组织在开展危机公关时，是敷衍应付还是积极承担责任，决定着危机的发展方向。一旦发生危机，公众一般会关心两个问题：一个是物质方面的问题，即物质利益永远是公众关注的焦点，组织应该主动承担公众的利益损失，采取有效措施补偿损失，着力维护公众的合法权益；另一个是精神层面的问题，即组织要在意公众的感受，站在受害者的立场表示同情和安抚，必要时通过新闻媒介向公众表达歉意,解决深层次的心理、情感问题,从而赢得公众的理解和支持。实际上,公众和媒体往往在心目中已经有了一杆秤,对应该怎样处理才会感到满意有心理预期。因此企业绝对不能选择对抗,态度至关重要。

**课堂活动**

2006年2月,国内部分媒体就“B护理液可能导致角膜炎,新加坡遭遇停售”进行了相关报道。2月20日,B公司在北京发表声明:新加坡的隐形眼镜使用者角膜炎发病增加是一个个案,中国内地现在销售的B护理液98%是本地生产,中国内地包括北京地区不会停止销售。这个声明就如同一颗炸弹,让危机迅速暴发。B护理液遭到了致命性打击,恶劣影响还波及了B公司的其他产品。直至5月15日,B总公司宣布在全球永久性地召回该公司生产的B护理液。请大家讨论B公司这起危机处理过程中存在的问题是什么。

### (五)坦诚沟通原则

企业处于危机漩涡中时,是公众和媒介的焦点,其一举一动都将接受公众的审视和质疑,有时新闻媒体也会夸大事实。国内一些企业在危机时刻,往往是铁将军把门,或者让一两个无关紧要的人物出场说一些“无可奉告”之类的言辞,这样只会引起人们更强烈的好奇心。此时,社会公众最关心的是组织的处理态度。只有态度明确、坦率诚恳,才能赢得大家的信任、理解和谅解,才能缓和矛盾、缓解对立和紧张情绪,才能使解决方案得到大家的支持与合作。因此,组织要取得公众和新闻媒介的信任,消除侥幸心理和企图蒙混过关的心态,主动与新闻媒介联系,尽快与公众沟通,说明事实真相,促使双方互相理解,消除疑虑与不安。

危机处理中,组织遵循坦诚沟通原则、及时向公众发布信息的意义在于保障社会公众的知情权、体现组织的社会责任感、为危机应对创造良好的外部环境、维护和树立组织的良好形象。危机沟通包含两个方面:一是危机事件中组织内部的沟通问题;二是组织与社会公众和利益相关者之间的沟通公关。概括来说,企业组织危机沟通的覆盖范围主要有企业内部的管理层和员工、直接消费者及客户、产业链上下环节利益相关者、政府权威部门和行业组织、新闻媒体和社会公众等群体。可以说,组织内外部的信息传递和沟通效果是妥善处理危机的核心问题。

### (六)事先预防原则

凡事预则立,不预则废。“防火”胜于“灭火”,当危机发生以后,对公众利益的伤害和企业组织形象的损失往往已经造成,这时再尽力去“补救”,是作为“消防员”在挽回损失。因而,对于任何组织和个人,最大限度地减少危机损失和影响的做法便是避免危机的出现。

### (七)系统运行原则

在进行危机处理时必须系统运作,冷静、有序、果断,组建班子、专项负责,指挥协调统一、行动步骤统一,统一观点,稳住阵脚,而不可失控、失序、失真,否则只能造成更大的混乱,使局势恶化。

### (八)权威证实原则

自己称赞自己是没用的,没有权威的认可只会徒留笑柄。在危机发生后,企业不要一味地自己喊冤，而要请权威的第三方出面澄清事实，重获公众的信任。如“茶水发炎”事件发生后，原卫生部在组织北京各大医院及卫生部临床检验中心进行了专题研究的基础上，在新闻发布会上表示相关媒体的一些做法“有悖于媒体记者职业道德的规范要求”“不利于维持正常的医疗秩序和构建和谐的医患关系”。

### （九）灵活性原则

由于危机多属于突发性的，不可能有现成的措施和手段，因此根据实际情况灵活处理很重要，也很关键。针对不同情况下的危机情况具体问题具体分析，结合事态形势的变化、组织自身的优势和弱势、内外部资源条件等进行灵活处理和应对，不仅能力挽狂澜、成功跨越危机，甚至还能将危机事件转变成提升企业形象的契机。

危机事件的发生对于医药企业来说是可怕的，但处理不当更可怕；相反，迅速反应、积极应对可以化解危机，取得良好的社会反响和企业的经济效益。比如“PPA 事件”中受影响最大的“史克”公司，通过与专门处理危机事件的公司合作，并迅速推出不含 PPA 的“新康泰克”，取得了很好的补救效果；而“S 公司”则反应迟缓、贻误战机，等事件澄清时，整个上百亿销售的“摩天大楼”瞬间变成一堆瓦砾。

**知识链接**

危机发生后的公众策略

1. 对内部公众　及时将情况及对策告诉全体员工，同心协力共渡难关。

2. 对事故受害者　应真诚表达歉意，冷静倾听意见和要求。

3. 对新闻传播媒介　有必要告知或传播信息，要公开坦诚、积极主动地配合取得新闻媒体的信任和支持，组织与公众的沟通需要借助媒体的支持。

4. 对上级领导部门　应及时向组织的直属上级领导汇报情况。事故处理结束后，应将详细的情况、解决的方法及今后预防的措施、组织应承担的责任形成综合报告，送交上级部门。

5. 对组织所在社区　应向当地居民登门道歉；必要时可以在全国性或地方性的报纸上刊出致歉广告，直到给予经济赔偿。

## 三、危机处理的程序

可以按照前文将危机划分为三个阶段来进行处理。

### （一）危机潜伏期

**1. 识别组织危机并分级**　在这一时期，组织要努力识别潜在的公关危机，对可能引发危机的风险进行评估和排序，找出高危议题，做到心中有数、有的放矢。清晰并明确哪些群体、目标人群、团体及专家是要结成同盟的，与利益相关团体及专家保持长期良好的关系，并定期进行咨询。

**2. 编写危机应急管理预案**　在识别了危机后，组织就要编制危机公关行动方案，包括预警机制、处理流程和主要信息规划，并及时进行更新和调整。

**3. 成立危机处理小组并指定新闻发言人**　危机处理是一个系统工程，组织在危机公关准备期要成立由组织负责人、相关职能部门人员等组成的危机处理小组。明确危机处理小组的职责和工作程序，并指定危机时的新闻发言人，保证在危机发生时统一信息发布口径。

**4. 建立危机预警系统**　在危机潜伏期，组织要防患于未然，建立危机预警系统。详见本章第二节。

**5. 危机管理预案培训和演练**　在危机潜伏期，针对不同的人员定期开展有效的危机管理培训、演练，能够完善危机管理预案，提高组织成员的危机应对能力。组织要按编写的预案对各部门员工进行培训，要将对公关危机的预测、分析和应急措施用通俗易懂的方式向员工介绍，并进行模拟演练，明确相关人员在危机管理中应该扮演的角色和履行的职责，熟悉危机管理预案的内容和危机公关程序，锻炼员工冷静处理危机的能力，积累处理公关危机的经验，降低危机对组织造成的影响，减少危机带来的损失。

**知识链接**

危机时的新闻发言人

危机时的新闻发言人要由具有一定演说和应变能力的最高领导层副职担任。组织的最高领导不宜出任此角色，也不宜过早对事件表态，否则，组织在危机处理中就会失去必要的回旋余地。公共关系部要将收集到的有关危机事件信息及时提供给发言人，让其对整个资料有充分的理解和掌握。面对记者的提问，发言人首先要保持镇静，从容对答，千万不能感情用事，随便回答记者那些诱惑力极强的问题；其次回答时要将问题引导到已明确的事实上，做到有根有据，事件责任没有明确时，最好不要提及责任，既不要轻易承担，也不要随意推卸；最后对所有记者都要一视同仁。

### （二）危机暴发期

危机发生后，应尽快采取措施。

**1. 启动危机应急预案，成立危机处理小组**　危机发生后，要迅速判断危机事件级别，并启动危机应急预案，成立由组织主要领导亲自负责、各职能部门负责人参加的危机处理小组，明确危机处理小组成员的职责，协调、管理危机公关的流程，开展有效的内部与外部沟通。

**2. 迅速展开调查，弄清危机原因**　危机处理小组要成立调查小组，查明危机发生的时间、地点、原因，有无人员伤亡和财产损失，造成了什么样的影响；评估危机形势、涉及哪些组织和人员，并采取有力措施，控制事态进一步发展。

**3. 指定新闻发言人，进行新闻发布会**　危机发生后，媒体、社会公众和利益相关者对信息的渴求非常强烈。如果组织不及时发布消息，将造成信息真空，丧失舆论的主导权，对组织的形象和危机的处理极为不利。因此，要在第一时间指定新闻发言人，向媒体和社会公众传达事件的即时信息、组织的态度、采取的措施、解决的程度，通过媒体来满足公众趋利避害的需求，缓和公众的紧张情绪，取得公众的理解和支持，树立组织的良好形象。危机中新闻发言人应坚持的原则有：

(1)第一时间原则：发生突发危机事件后，组织应该在第一时间发布信息，掌握舆论的主动权及事件处理的主导权，抢占制高点，先入为主，先声夺人，先发制人；不求全，只求快，但必须准。

(2)滚动发布原则：第一时间发布的信息不一定是全面的。有了进一步的信息，就不断地滚动发布最新情况，对过去由于情况不清晰而发布的不准确的信息要立即纠正，不断滚动发布信息以保持组织是唯一权威信息发布者的地位。

(3)统一口径原则：对外公布的口径只能是一个。从新闻发言人到有关政府部门、第三方专家、其他第三方利益相关者，以及与事件有关并可能接触媒体的人，对外口径必须高度一致，不能提供互相矛盾的信息。沟通口径不一致，沟通就会变成危机。

(4)真实透明原则：发生突发危机事故后，组织应该通过媒体第一时间真实透明地传达信息，确保所公布的信息没有刻意掩饰的成分。危机时不能掩饰问题，必须说实话，不能撒谎或说假话。

**4. 迅速处理危机，安抚公众**　危机发生后，要按照危机处理小组的部署和规划迅速有效地开展工作，确认危机事件中的利益相关者，了解他们的情况，与他们及时沟通，表达组织的关心，积极主动地承担责任，赔礼道歉，赔偿损失，做好善后工作。

危机事件发生60分钟内的CAP法则：C(concern)就是关心，表示对事态的关注；A(action)就是动作，就是针对这件事情将要采取什么样的措施、什么样的动作，让公众能够了解到进一步发展的情况；P(perspective)就是观点、视角，就是说对于这个事件的看法和视角，要把它分享给公众。这三个方面的表态才能让企业建立一个沟通中的最初形象。

### (三) 危机恢复期

**1. 开展评估工作**　在危机恢复期，组织要对危机公关工作进行评估，总结经验教训。要通过媒体、组织内部人员、相关专家、利益相关者、主管部门，了解他们对组织应对危机的评价；了解危机给组织带来的损失，包括有形的损失和无形的舆论声誉损失，如媒体对危机的负面报道给企业带来的损失。针对危机的原因、发展趋势和组织在危机中暴露的问题，采取积极有效的整改措施，改进完善。

**2. 适当问责**　危机处理后，组织可以针对相应的责任，对由于工作失误导致组织危机产生的个人进行问责，如内部通报批评、进行检讨、免职、追究法律责任等。对危机发生后处理措施不当，导致未能及时处理危机或进一步加深危机的行为也要进行问责，如危机发生后未及时上报上级有关部门，企图隐瞒或谎报；危机发生后不作为或乱作为，延缓危机的处理。

**3. 修复组织形象**　危机对组织来说既是危险也是机遇，两者是对立统一的。如果处理得不好，就会变成一场危机甚至是灾难；如果处理得好，能将危机转化为组织的机遇。危机过后，采取恢复性措施，积极落实整改，消除危机带来的负面影响，恢复组织生存和发展的常态，重新缔结与目标公众和利益相关者的良性互动关系，矫正并修复组织形象。具体来说，可以从以下几个方面进行：

(1)积极履行社会责任：危机过后，组织可以通过积极履行社会责任来转移公众和媒体的焦点，如开展赞助公益活动、资助希望小学、关注老人的生活等都可以提升组织的形象。

(2)对利益相关者进行赔偿：危机过后，组织必须重视对利益相关者的赔偿，这是重新与利益相关者建立关系的必然要求，也是组织在法律和道德层面必须承担的责任。补偿包括物质和精神两个方面，如对受害者造成的生命财产损失给予经济赔偿，但并不是说赔偿以后就一了百了，作为一个有责任心的企业,要持续地关注受害者的状况,并提供持续的帮助。组织领导人要时时表现出对受害者的内疚、歉意和关心,这更能改善组织的形象,获得受害者、受害者家庭及公众的好感。

(3)加强与公众的沟通:危机恢复期一个重要的工作就是恢复组织与公众之间的沟通,包括和利益相关者、受害者、专家、媒体的沟通,可以让他们参加组织的新闻发布会,与公众召开座谈会,组织的领导经常和公众交流,邀请利益相关者参观组织等。

在危机处理的过程中,如果能够遵循危机处理的一般原则,按照危机处理的方针措施步步为营,那么不仅使危机得到遏制、削减和恢复,甚至可以将危机看成一次发展的契机,抓住机会,实现新的跨越。

**点滴积累** √

1. 从危机事件暴发前的预防、危机事件发生后的应对和危机后期处理环节，既要遵循一些危机管理的基本程序和规则，又无绝对统一的模式可以照搬，需要灵活运用。
2. 危机处理的基本规则有公众至上原则、积极主动原则、迅速反应原则、承担责任原则、坦诚沟通原则、事先预防原则、系统运行原则、权威证实原则和灵活性原则。

## 第四节　公共关系谈判

谈判是人类交际活动的核心内容之一,从菜市场到商场、从职场到家庭,谈判无处不在。讨价还价只是在价格上做文章,并未影响成本;而谈判更多的是通过成本的变化来影响价格。美国著名谈判专家威恩·巴罗和格莱恩在《谈判与技巧》一书中指出:“谈判是一种双方致力于说服对方接受其要求时所运用的一种交换意见的技能。其最终目的就是要达成一项对双方都有利的协议。”谈判不应仅着眼于短期经济利益,而更应着眼于创造长期共同价值。《沃顿商学院最受欢迎的谈判课》的作者斯图尔特·戴蒙德教授对谈判的最新理论,使我们对头脑中固有的咄咄逼人的非赢即输的谈判有了全新的认识和理解。斯图尔特认为:谈判不是“赢得一切”而是“争取更多”。谈判的成功与否,不在于结果是“双赢”还是“有输有赢”;不在于谈判者是“强硬”或“温和”;也不在于谈判世界是否充满理性,而是立足于人们在真实生活中的观点、想法、感受以及生活方式,帮助所有人实现核心目标。

### 一、公共关系谈判的特点

公共关系谈判主要是运用人际传播、沟通信息、协调关系等方法消除相互关系中的障碍,力求提升需求各方满意度的活动过程。概括起来有如下几个特点:

**1. 共赢**　共赢的理念是指合作的各方在处理关系时,以不损害公共利益、生态环境为前提,满足各自的需要,共同获得利益。共赢是公共关系理论科学化发展和向着非零与博弈迈进的结果,这将有助于化解公共关系交往中的矛盾和冲突。

**2. 自愿**　谈判各方在自愿的前提下达成谈判意向,这种基于诚意的谈判,使寻求最佳共同利益成为可能。

**3. 多样**　由于公共关系谈判种类的多样性,与之匹配的策略就要灵活多样。针对不同的谈判情形和条件应用不同的谈判策略,才能取得圆满的谈判效果。

## 二、公共关系谈判的原则

**1. 诚信原则**　诚信为商务之本,更是做人之本。随着经济全球化,各类组织都要相继建立信用档案,信用体系的不完备会阻碍经济发展。市场经济下谈判双方必须建立良好的沟通,以诚相待。诚实是最好的竞争手段。

**2. 双赢原则**　将谈判当做一个合作过程,和对手像伙伴一样,共同寻找解决双方需要的方案。这样的谈判不是纯粹的讨价还价的利益争夺战,而是寻求最佳共同利益的双赢合作。创造性的双赢谈判方案能尽量满足谈判各方的合法利益,能够公平地解决谈判各方的利益冲突。谈判各方都有潜在的共同利益存在,要能识别共同利益所在,以共同利益为契入点可以使谈判更顺利。

**3. 公平原则**　谈判中的公平是相对的,谈判各方在各自利益保障的前提下都有一定的利益补给。谈判各方认定自身的需要,然后共同探寻对方的需要,寻找满足各方需要的条件和可行途径。谈判专家说,交易与关系是相互关联的。牢固的关系会产生信任,使双方更加自由地共享信息,也会带来更有创意、更有价值的协议。

## 三、公共关系谈判的基本程序

谈判是一种具有科学性的人际交往行为,不能即兴反应,它有一定的基本程序可遵循。

### (一) 准备程序

**1. 详细调查**　谈判前要做大量的调查研究工作,包括对方的需要、意图、方案、策略,甚至参与谈判人员的素质、性格、嗜好等。以科学的态度,对收集的情报资料进行详细的信息筛选和整理分类,避免谈判中由于信息的失真和对细节的忽略而导致的不必要的损失。

**2. 客观评估**　评估自己的实力是谈判前的一项重要工作,不切实际地过高或过低评估都会对谈判的结果产生不利的影响。认清自己的实力才能有的放矢地确立谈判目标,设计谈判方案。同时还要结合对对方的掌握情况,预先制订出针对性较强的应变措施。

**3. 确定目标**　谈判双方都有希望达成的预期目标,在众多的需求中,尽可能地找到有共同交集的部分。谈判目标确立后,要进行包括法律、时间、地点、经济条件、民族风俗等多种因素的可行性分析。然后依据谈判目标、已经掌握的有效信息以及自己的实力设计谈判方案,制订谈判战略和策略。

**4. 确定人员、时间、地点**　谈判是直接与人打交道的实践活动,政策性、专业性很强。为使谈判能够达到预期目的,慎重选择谈判人员尤为重要。谈判人员除了要在知识结构上进行合理搭配外,还要具备五个能力:科学的逻辑思维能力、敏锐的观察能力、较强的口语表达能力、灵活的应变能力及快速决断的能力。同时谈判人员还要具有高尚的情操和修养,善于倾听,仪表端庄。

谈判前明确每个组员负责的明细。另外谈判时间的选择对谈判的成功与否事关重大,若赴异地谈判一定要安排好,充分休息后再进行谈判;尽量避免在用餐时进行谈判;尽量避开身体不适时进行谈判。谈判的环境心理因素要求选择谈判地点时尽可能选择自己熟悉的场所,若不能则应选择双方都不熟悉的第三地。若要经过多轮谈判，可选择轮流到双方所在地进行谈判。谈判的时间、地点也要经过谈判取得双方同意。以上准备工作就绪后还要进行模拟谈判，以便于从中找出工作中的漏洞，使谈判方案更加完美。

（二）进行程序

**1. 营造良好的谈判气氛**　良好的谈判气氛利于谈判双方的沟通和协调，也会为即将开始的谈判传达良好的合作信息。这就要求谈判前要做好周密细致的准备工作，分析研究对方的行为，运用中性话题，加强沟通了解，尽量引导对方与己方协调合作。

**2. 召开预备会议**　明确双方谈判的目标，以及阐明双方通过何种途径和方法才能达此目标，以便于为后续各阶段谈判的顺利进行打下基础。在会议期间谈判双方就谈判目标、谈判计划、谈判进度和谈判人员四个方面的内容进行详细磋商，交换意见，力求达成一致。

**3. 开场陈述**　开场陈述就是双方分别表明己方对相关问题的看法和原则。谈判前，为了摸清对方的态度和原则有必要做好开场陈述。

开场陈述通常有两种方式：一种是由一方提出书面方案，并可做口头补充；另外一方则围绕着对方的书面方案发表意见。二是双方选择会晤时分别进行口头陈述。

开场陈述的内容包括己方认为这次谈判涉及的主要问题；己方希望通过谈判取得的利益；己方可向对方作出的让步和进一步的商谈事项；己方的原则及对对方各项建议的回答。

双方通过各自的陈述，对对方的立场和意图有了一定程度的了解，为了更好地确定下一阶段的谈判议题，双方有必要提出一些寻求共同利益的建设性意见。当对方对己方的建议有异议时，过多地辩护或激烈地抨击对方的建议都将会给共同确定最佳方案制造障碍。

**4. 正式谈判阶段**　双方经过前期的谈判铺垫，开始正面交锋。双方相互交换情况，尽量准确地给出对方所能接受的条件范围，力求双方共同满意的结局。公共关系谈判不是纯粹的讨价还价的利益争夺战，更多的是寻求一种合作。谈判双方应该将注意力集中在达成目标上，而非获胜。当谈判进展到一定时期，由于双方对各自利益的期望或对某一问题的立场和观点很难达成共识，双方不愿再做进一步让步，就会使谈判陷入僵局。谈判一旦陷入僵局，双方都应采取积极的措施，切忌纠缠于立场性争执，要多多关注双方各自的潜在利益；双方成交底线的巨大差距、谈判人员素质不够、谈判人员由于主观和客观原因所造成的沟通障碍以及外部环境的突然变化，往往是导致谈判出现僵局的重要因素。谈判的最终目的是双赢，除了要满足自己的需求外，也要换位思考，考虑对方有什么样的需求。因此僵局的出现并不意味着谈判已经失败，相反可以避免非理性合作导致的损失。

## 四、公共关系谈判的技巧

公共关系谈判不是纯粹的讨价还价的利益争夺战，而是寻求最佳共同利益的双赢合作。谈判中不仅有交易，更有关系，大多数人认为谈判中的交易与关系是对立的，此消彼长；但谈判专家却指出，交易与关系是相关联的，牢固的关系会提高彼此的信任度，会更加自由地分享信息，也会给双方带来意想不到的收获。

在良好关系的基础上，谈判者掌握以下技巧，将会有助于谈判的顺利进行。

1. **真诚求实**　一个精明的谈判者可以很难对付，但必须言而有信。谈判者需要的是拥有一种能在沟通中了解对方和赢得对方信任的谈判技巧。

2. **清醒理智**　一个体现双赢策略的谈判，就要力求遵循公正公平、互利互惠的谈判原则，灵活运用相应的谈判策略，尽可能地得到谈判双方都能欣然接受的结果。

3. **求同存异**　任何谈判中双方都必须明确各自的利益所在，然后在分歧中探求能为双方创造价值的共同之处或互补之点，最终达成协议。

4. **有备无患**　谈判是系统工程，因此谈判过程中要预设好不同的困难、问题和解决方案，甚至还要准备一些具备弹性的备案。如果你有备案，会让你的谈判谈出一个大家期望的双赢局面。

5. **用心感悟**　谈判的高起点是多听少说，说就说到点子上，不要漫天乱说。当然要使谈判活动取得成功、富有成效，谈判者还需要进行反复训练和大量实践，一次谈判的失败并不代表未来没有合作的可能性，不要关闭未来谈判之门。只有在实践中不断摸索处理各种关系的尺度和艺术，学会融会贯通，才能掌握谈判的真谛和规律，才能跨入成功之门。

**点滴积累**

1. 谈判不应仅着眼于短期经济利益，而更应着眼于创造长期共同价值。
2. 公共关系谈判是力求提升需求各方满意度的活动过程，以追求共赢为目标。
3. 真诚求实、清醒理智、求同存异、有备无患是公共关系谈判中应掌握的技巧。

## 目标检测

### 一、选择题

#### （一）单项选择题

1.“危机就像死亡和纳税一样是不可避免的”，说明危机具有（　　）

A. 必然性　　B. 可测性　　C. 紧迫性　　D. 严重性

2. 按照各类突发公共事件的性质、严重程度、可控性和影响范围等因素，将危机事件分为四级，即Ⅰ级（特别重大）用下列哪种颜色表示（　　）

A. 黄色　　B. 橙色　　C. 蓝色　　D. 红色

3. Ⅳ级（一般）危机事件由下列哪级政府统一领导和协调应急处置工作（　　）

A. 中央　　B. 省级　　C. 市级　　D. 县级

4. 组织应建立发言人制度，确保“一个声音，一个观点”，掌握主动权是遵循（　　）

A. 积极主动原则　　B. 坦诚透明原则

C. 公众至上原则　　D. 口径一致原则

5. 危机公关的最重要的原则是（　　）

A. 积极主动原则　　B. 坦诚透明原则

C. 公众至上原则　　D. 口径一致原则

（二）多项选择题

1. 下列情形可能引发危机的有（ ）

A. 产品质量不合格　B. 知假售假　C. 经济合同纠纷

D. 严重的自然灾害　E. 员工服务态度恶劣

2. 危机公关的意义包括（ ）

A. 减少危机造成的各种损失　B. 维护社会组织的良好形象

C. 增强组织的内部团结　D. 协调与公众的关系

E. 与媒体建立密切联系

3. 组织行为不当引起危机的情况有（ ）

A. 严重的内部事件　B. 工作失误　C. 决策失误

D. 观念陈旧　E. 纠纷事件

4. 组织指定发言人要发布的内容有（ ）

A. 目前事件的有关情况　B. 明确表示坚持公众利益至上

C. 强调组织愿意承担责任　D. 表明组织正在采取措施解决问题

E. 明确答复记者提出的所有问题

5. 下列对危机特征的叙述正确的是（ ）

A. 必然性与偶然性　B. 突发性与渐进性　C. 未知性与可测性

D. 急迫性与关注性　E. 破坏性与建设性

二、简答题

1. 危机可以分为哪几期？

2. 危机产生的原因有哪些？

3. 如何处理危机事件？

三、案例分析题

案例：1982 年 9 月，美国芝加哥地区发生有人服用含氰化物的某药中毒死亡的严重事故，一开始死亡人数只有 3 人，后来却传说全美各地死亡人数高达 250 人。其影响迅速扩散到全国各地，调查显示有 94%的消费者知道某药中毒事件。

事件发生后，A 公司首先立即抽调大批人马对所有药片进行检验。经过公司各部门的联合调查，在全部 800 万片药剂的检验中，发现所有受污染的药片源于一批药，总计不超过 75 片，并且全部在芝加哥地区，不会对全美的其他地区有丝毫影响，而最终的死亡人数也确定为 7 人。但 A 公司仍然按照公司最高危机方案原则，即“在遇到危机时，公司应首先考虑公众和消费者利益”，不惜花巨资在最短的时间内向各大药店收回了所有的数百万瓶这种药，并花 50 万美元向有关的医生、医院和经销商发出警报。

事故发生后，某药的市场份额曾一度下降。当时美国政府和芝加哥等地的地方政府正在制定新的药品安全法，要求药品生产企业采用“无污染包装”。A 公司看准了这一机会，立即率先响应新规定，结果在价值 12 亿美元的止痛片市场上挤走了它的竞争对手，仅用 5 个月的时间就夺回了原市场份额的 70%。

根据以上案例分析：

1. 此次危机发生的原因是什么？
2. A 公司处理危机的成功之处有哪些？

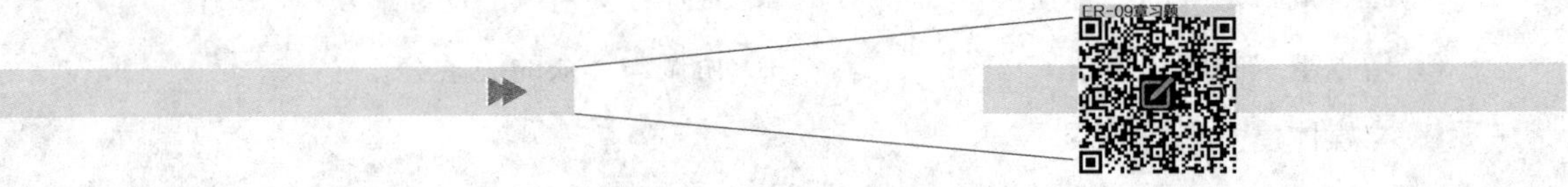


（惠 春）

# 参考文献

[1] 叶茂康.公共关系写作教程.上海:复旦大学出版社,2003.

[2] 陶应虎,顾晓燕.公共关系原理与实务.北京:清华大学出版社,2006.

[3] 刘佳环.公共关系实务.广州:广东高等教育出版社,2006.

[4] 赵驹,王小玲.公关策划.北京:北京大学出版社,2006.

[5] 中国国际公共关系协会.最佳公共关系案例(第七届).北京:清华大学出版社,2007.

[6] 吴东泰,张亚.实用公共关系学.北京:北京交通大学出版社,2008.

[7] 沈永祥,洪霄.公共关系学.2 版.北京:化学工业出版社,2009.

[8] 李道平.公共关系学.3 版.北京:经济科学出版社,2008.

[9] 何伟祥.公共关系原理与实务.3 版.大连:东北财经大学出版社,2009.

[10] 朱晓杰.公共关系理论与实训.北京:清华大学出版社,2009.

[11] 曾琳智.新编公关案例教程.上海:复旦大学出版社,2010.

[12] 李楚源.白云生处 古药清香——广州白云山和记黄埔中药有限公司发展史.广州:广东科技出版社,2010.

[13] 司爱丽,王祥武.公共关系实用教程.北京:机械工业出版社,2010.

[14] 薛可,余明阳.公共关系学.北京:科学出版社,2010.

[15] 谭昆智,娄拥军,林炜双.公共关系理论与实务.北京:机械工业出版社,2010.

[16] 廖妍,李凡.礼仪文书写作方法与技巧.北京:中国人事出版社,2011.

# 目标检测参考答案

## 第一章　公共关系概述

### 一、选择题

（一）单项选择题

1. A　2. A　3. A　4. D　5. C

（二）多项选择题

1. ABCDE　2. ABCDE　3. ABCD　4. ABDE　5. ABD

### 二、简答题

1. 公共关系是社会组织为了塑造自身形象，通过运用传播手段，与公众进行双向交流沟通，以达到相互了解、信任与支持的合作关系的科学和艺术。

公共关系的基本特征包括：情感性、双向性、广泛性、整体性、长期性、创造性、全员性。

社会组织、公众和传播是构成公共关系的三大要素。

2. (1)公共关系有利于建立和维护组织信誉和形象，有利于建立组织与公众之间双向信息沟通的渠道，有利于组织改变公众的误解，传播正确的信息，有利于增强组织内在的凝聚力，协调与外界的关系。

(2)公共关系能够促使个人观念更新和知识更新，有助于个人能力的提高。

(3)公共关系活动可以促进社会环境优化。

3. 公共关系与人际关系的区别：一是主体不同，公共关系的行为主体是社会组织，人际关系的行为主体是个人；二是对象不同，公共关系的对象是与组织有关的公众，人际关系的对象包括与组织无关的私人关系对象；三是内容不同，公共关系是一种组织的管理活动与职能，处理的组织事务和公众事务，人际关系处理的是私人事务；四是传播沟通手段不同，公共关系十分强调运用组织传播和大众传播的方式，人际传播局限于面对面、个体与个体的交流方式。

公共关系与人际关系的联系：内容上，公共关系包含了一部分人际关系；方法上，公共关系实务也包括了人际沟通。公共关系人员需要较强的人际沟通能力。良好的人际关系必然有助于组织公共关系的成功。

### 三、案例分析题

企业应该树立公众利益为首的观念，构建健康和谐的公众关系。

# 第二章　公共关系的历史发展

## 一、选择题

（一）单项选择题

1. D　　2. B　　3. B　　4. D　　5. A

（二）多项选择题

1. ABC　2. ABCDE　3. ABC　4. ABC　5. ABCDE

## 二、简答题

1. 艾维·李以公众的需求为出发点，让重视公众利益的理念在当时成为不可逆转的潮流。他的公关思想是“说真话”，他的信条是“公众必须被告知”。艾维·李因对公共关系发展所作出的杰出贡献，而被人誉为“公共关系之父”。

2. 商品经济的出现是公共关系产生与发展的经济基础。社会政治生活的民主化及民主政治制度的产生是公共关系产生和发展的社会政治条件。传播手段和通信技术的进步是现代公共关系兴起的物质基础。社会文化由“理性”转向“人性”是公共关系产生和发展的文化动力。

## 三、案例分析题

1. 研究公众对象的一个重要内容就是分析公众的心理和行为，以便于使传播沟通工作具有较强的针对性和科学性。此案例就是一个组织利用公众的求新欲望和逆反心理，成功地把自己的产品推向市场的公关活动。求新欲望是人的一种基本欲望，就是想要从自己周围的环境中寻求新刺激的欲望，来满足自己的好奇心，这是人们追随流行的心理原因之一。逆反心理指作用于个体的同类事物，超过了个体感官所能接受的限度而产生的一种相反的体验，使个体有意识地脱离习惯的思维轨道，向相反的思维方向探索。布希耐就是利用人们的这两种心理，产生了“丑陋玩具”的创意，并使某玩具公司获得巨大的经济利益。“丑陋玩具”之所以风靡全球，关键就在于它迎合了人们的两种心理需求。在公共关系活动中，组织也应该充分利用公众的求新欲望和逆反心理，采用科学的传播方式，选用适当的传播工具，实现组织和公众之间沟通的顺畅，从而使公共关系活动的效果更加圆满。

2. 应对事件进行全面调查，掌握压力锅厂不当行为的资料，用法律手段维护自己的利益和声誉。同时，迅速利用各种传播媒介等有效手段及时向公众说明事实真相。成立处理问题的专门机构，制订处理公共关系危机的基本方针对策。通过新闻发布会的形式，毫无保留地公开事件的真相，公开表明自己的态度和处理原则。利用各种媒体，对产品质量进行深入宣传，并采取有效手段，恢复产品在公众心目中的地位。发表反不正当竞争宣言，争取公众的同情和理解，呼吁社会打击这种不正当的竞争行为。通过媒体，追踪报道压力锅厂的处理过程，让公众彻底明白事件的真相，恢复企业在公众中的形象。

# 第三章　公共关系的主体与客体

## 一、选择题

（一）单项选择题

1. A　2. D　3. B　4. A　5. C

（二）多项选择题

1. ACD　2. AB　3. ABCE　4. ABCDE　5. BCD

## 二、简答题

1. (1)优势:①能够最大限度地发挥组织内部各种因素的作用,提高公共关系工作的成绩和效益;②能够充分提高公共关系工作的针对性和及时性;③有利于保持公共关系工作的连续性和稳定性;④有利于节约经费开支。

(2)劣势:①部门职责不明晰,导致负担过重;②作为组织内部机构看待问题难免不够客观公正。

2. 咨询诊断、联络沟通、搜集信息、新闻与广告代理、策划专题活动。

3. 受医药企业营利性和社会性特征的影响,将医药企业的公共关系目标定为“塑造负责任的医药企业形象”。主要体现在两个方面:一是促进医药企业内部和谐发展,获得企业内部员工的信任和支持,激发医药企业员工的工作积极性,增强医药企业内部的凝聚力,从而提升医药企业的市场竞争力;二是促进医药企业与社会各类公众的有效沟通,塑造并传播医药企业良好的社会形象,提升医药企业的公信力,从而顺利完成医药企业的预期发展目标。

## 三、案例分析题

要点:1. 违背公共关系诚实守信的基本原则;因移情效应,由牙防组织的撤除而产生对某产品的不信任,B公司因此陷入信任危机。

2. B公司应面向公众,真诚道歉,修正传播策略;根据公众的心理特征,展开积极的交流沟通与相应的公共关系活动,扭转公众的态度。

# 第四章　公共关系传播

## 一、选择题

（一）单项选择题

1. A　2. D　3. B　4. C　5. C

（二）多项选择题

1. ADE　2. ABCD　3. ABE　4. ABD　5. ABD

## 二、简答题

1. 公共关系传播是社会组织选择媒介把信息传递给相关公众,公众接受信息后通过媒介反馈,社会组织接受反馈、调整策略的过程。

2. 自身传播、人际传播、公众传播、组织传播、大众传播;应根据公共关系传播内容、对象等因素选择传播方式,通常是整合多种方式。

3. 一般来讲,应根据媒介本身特点、传播内容、受传者的特点来选择相应的媒介,并讲求经济效益、注重时间安排。

4. 要想获得良好的传播效果,必须创建最佳传播者条件、建立良好的信息条件、认真分析传播对象、营造良好的传播氛围、善于运用恰当的传播技巧。

**三、案例分析题**

1. "PLL"推广案例

(1)"PLL"推广过程中,整合利用了各种传播方式,如征集产品商品名称、商标图案及广告语的活动、电视晚会、户外宣传活动等人际传播方式,举办新闻发布会、产品展销会、赞助竞赛活动、中华人口奖等群体传播方式,利用报刊、广播、电视媒体等大众传播方式等,最大程度地影响了社会公众,收到了很好的效果。

(2)利用了人际传播媒介、报纸、广播、电视媒介。

2. (1)新媒体是新的技术支撑体系下出现的媒体形态,如数字杂志、数字报纸、数字广播、手机短信、移动电视、网络、桌面视窗、数字电视、数字电影、触摸媒体等。相对于报刊、户外、广播、电视四大传统意义上的媒体,新媒体被形象地称为"第五媒体"。

(2)新媒体具有交互性与即时性、海量性与共享性、多媒体与超文本、个性化与社群化的特征。

## 第五章　公共关系工作程序

**一、选择题**

(一) 单项选择题

1. C　2. D　3. A　4. C　5. A

(二) 多项选择题

1. AC　2. ABCD　3. ABCD　4. ABCD　5. ABD

**二、简答题**

1. ①调查目的不同;②调查对象不同;③调查内容不同。

2. 公关策略的媒介策划可依据以下几个原则;根据公共关系工作目标要求选择媒介、根据不同的公众对象来选择媒介、根据传播内容选择媒介、根据资金投入选择媒介。

3. 具体影响公共关系实施的障碍主要有以下几种类型:

①主体障碍;②传播障碍;③观念障碍;④习俗障碍;⑤心理障碍;⑥突发事件障碍。

公共关系实施障碍的排除方法:

①主体障碍排除;②传播障碍排除;③观念障碍排除;④习俗障碍排除;⑤心理障碍排除;⑥突发事件障碍排除。

三、案例分析题(略)

## 第六章　公共关系从业人员的基本素质与能力

一、选择题

(一) 单项选择题

1. B　　2. C　　3. A　　4. D　　5. B

(二) 多项选择题

1. BCDE　2. ACDE　3. BDE　4. BD　5. ABCD

二、简答题

1. 公共关系从业人员应具备的基本素质包括良好的品德素质、良好的知识结构、过硬的心理素质和健康的身体素质这四个方面。

2. 公共关系从业人员应具备的能力包括处理人际关系的社交能力、组织协调能力、语言表达能力、创造策划能力、写作能力、应变能力和自控能力。

3. 公共关系从业人员要和社会上的各种各样的人打交道,常常需要面对各种难题、矛盾和困境,需要自身具备良好的心理素质。主要表现在充满自信、意志坚强、思维方式成熟、性格开朗、兴趣爱好广泛和气质良好。

4. 公共关系从业人员的培养原则是科学理论知识与思想品德教育相结合;理论与实践相结合;因材施教、因人施教;专业知识和综合知识相结合。

三、案例分析题

演讲是一种艺术程度较高的传播手段,成功的演讲是从准备开始的。做好演讲的准备。包括了解听众,熟悉主题和内容,搜集素材和资料,准备演讲稿,作适当的演练等。演讲虽然是一种言语的表达,但演讲与平常的讲话不同,需要作较充分的准备工作。要有准备,首先就是要有调查,有调查才有发言权。这种调查包括:了解演讲的听众,如他们的年龄层次、知识结构、社会背景、意见态度、行为方式等,以此为根据来确定演讲的主题和内容,搜集演讲的素材,选择合适的演讲方式。

分析评点:

周恩来这次演讲之所以能够获得如此巨大的成功,与他十分认真地对待这次演讲、做了大量的调查准备工作是分不开的。周恩来在事前下功夫去阅读当时重庆的经济材料,并且叫经济学家许涤新前去汇报重庆资本家存在的问题和思想动态,汇报资本家对于国民党的经济政策和官僚资本的态度等情况。真正做到了"有调查才有发言权"。周恩来对许涤新所说的那番话对我们很有启发:"对人家讲话,必须了解对方的活思想,说出话来才不会文不对题。""如果不抓住对方的活思想,那就很难取得应有的效果。"这说明,周恩来善于了解演讲的听众,对他们的社会背景、思想动态、意见态度及行为方式等做了透彻的分析研究,以此为根据来确定自己的演讲的主题、内容以及合适的演讲方式。

# 第七章 公共关系礼仪

一、选择题

（一）单项选择题

1. B 2. C 3. B 4. A 5. D

（二）多项选择题

1. ABCD 2. ABCDE 3. ABD 4. BCD 5. ABCD

二、简答题

1. 礼仪是一种文化现象。礼仪的产生、发展和演化，都是社会物质生活和精神生活的真实反映。同时，礼仪也是人类历史的产物，它伴随着人类社会的出现和发展而产生与发展，具有阶级性、差异性、普遍性和发展性等性质。

礼仪的作用是表示人们不同地位的相互关系和调整，处理人们相互关系的手段。表现在四个方面：尊重的作用、约束的作用、教化的作用和调节的作用。

2. 公关交谈礼仪是人们在交谈中所应该注意的礼节、仪态，主要内容是：

（1）创造良好的交谈氛围。

（2）选择恰当的交谈内容。

（3）礼让对方。

（4）音量适中，语调温和。

（5）要借助肢体语言来增强表达的效果。

3. 握手时，距对方约一步远，上身稍向前倾，两足立正，伸出右手，四指并拢，虎口相交，拇指张开下滑，向受礼者握手。平等而自然的握手姿态是两手的手掌都处于垂直状态。这是一种最普通也最稳妥的握手姿势。握手时双方互相注视、微笑、问候、致意，不要看第三者或显得心不在焉。

4. 宴会组织有以下几个过程：

（1）邀请宴会嘉宾；

（2）订菜、选酒；

（3）席位安排；

（4）宴会程序。

正式宴会开始前，主人一方要按照职务高低组成迎宾线，站在宴会厅前迎接客人。客人到达后，主人上前与其一一握手、问候，由工作人员引导进入休息厅，等主要客人都到达后一起进入宴会厅。

5. 维护国家利益，严肃外事纪律；严格遵守礼宾次序；注意外事迎送礼仪；充分尊重外宾的风俗习惯；与外国人交往要遵循“不必过谦”和“女士优先”的原则。

**三、案例分析题**

1. 礼仪的实质是通过人与人交往的程序来反映人们之间的互相尊重。因此,公关礼仪的最根本的原则就是尊重公众。把赠送这种应该私密操作的事情变成公开事件本来就需要慎重从事,在大多数城乡居民的住房距离"满意"还有相当大的差距的时候,送出价值如此之高的别墅给并不缺少住房的名演员,又反映了该公司对一般消费者的蔑视,是社会责任感缺失的典型表现。

2. 以房地产开发为业的公司为形成名人效应和轰动效应居然送出如此大礼,很容易使消费者对公司的基本形象做出负面判断,"羊毛出在羊身上",怎么吸引消费者购买?

3. 即使仅仅从礼仪考虑,这次赠送行为也违反了公关礼仪中的尊重、公平、从简、适中诸原则,完全达不到礼仪的目的。

4. 受赠者的回答更是缺乏尊重的表现。把价值20万美元的别墅比作"一件衬衫",不仅反映了"先富起来的人"对钱财的不屑,而且是把"朋友"的赠送看成是无足轻重的小事。

5. 这次赠送的结果是"双输"。

## 第八章　公共关系专题活动

**一、选择题**

(一)单项选择题

1. D　　2. D　　3. B　　4. A　　5. C

(二)多项选择题

1. ABCDE　2. ABCE　3. ABCDE　4. CDE　5. ABCDE

**二、简答题**

1. ①做好会前筹备;②确定主题;③确定举行新闻发布会的时间和地点;④选择好主持人和发言人;⑤确定邀请记者;⑥准备好发言提纲和辅助材料;⑦安排记者参观活动;⑧布置会场;⑨制订经费预算;⑩做好接待工作。

2. 在举办展览会之前,首先要分析其必要性和可行性,否则就有可能费用开支过大而得不偿失或是盲目举办而起不到应有的作用。因为展览会是大型综合性的公关专题活动,需投入较多的人力、物力、财力。主要考虑以下几个方面:①明确主题;②编制预算;③确定单位、参展项目和展览会类型;④选择时间和地点;⑤培训人员;⑥发布信息;⑦布置展厅。

3. ①做好赞助活动研究;②制订赞助计划;③费用预算;④审核评定;⑤具体实施;⑥效果评定。

4. ①庆典活动的主题明确,围绕主题来安排活动内容;②拟定庆典活动的程序,落实有关任务,明确职责分工;③拟定邀请的宾客名单;④利用新闻媒介做信息传播工作。

5. ①确立主题;②确定日期;③成立机构,配备专门人员来负责此事;④宣传准备;⑤确定开放内容;⑥选择路线;⑦做好接待。

**三、案例分析题(略)**

# 第九章　公共关系危机管理

## 一、选择题

（一）单项选择题

1. A　2. D　3. D　4. A　5. C

（二）多项选择题

1. ABCDE　2. ABD　3. BCDE　4. ABCD　5. ABCDE

## 二、简答题

1. ①危机潜伏期；②危机暴发期；③危机恢复期。

2. (1)危机的外部原因：①不可抗力的灾难或重大事件、事故；②政治制度、经济政策、法律法规等因素变化对组织既得利益的影响而造成的危机；③失实报道引起的危机；④其他：谣言和敲诈者的破坏等给组织带来的危机。

(2)危机的内部原因：①管理者缺乏危机意识；②产品、服务质量有问题；③组织人员素质低下；④公共关系活动本身的失策。

3. (1)危机潜伏期：①识别组织危机并分级；②编写危机应急管理预案；③成立危机处理小组并指定新闻发言人；④建立危机预警系统；⑤危机管理预案培训和演练。

(2)危机暴发期：①启动危机应急预案，成立危机处理小组；②迅速展开调查，弄清危机原因；③指定新闻发言人，进行新闻发布会；④迅速处理危机，安抚公众。

(3)危机恢复期：①开展评估工作；②适当问责；③修复组织形象。

## 三、案例分析题（略）

# 公共关系基础课程标准

（供药学类、药品制造类、食品药品管理类、食品工业类专业用）

ER-课程标准